Die Parteienfinanzierung in Taiwan und in Deutschland

Rechtspolitisches Symposium
Legal Policy Symposium

Herausgegeben im Institut für Rechtspolitik an der Universität Trier
von Bernd von Hoffmann und Gerhard Robbers

Band 15

PETER LANG
Frankfurt am Main · Berlin · Bern · Bruxelles · New York · Oxford · Wien

Ying-Chu Wu

Die Parteienfinanzierung in Taiwan und in Deutschland

PETER LANG
Internationaler Verlag der Wissenschaften

Bibliografische Information der Deutschen Nationalbibliothek
Die Deutsche Nationalbibliothek verzeichnet diese Publikation in der Deutschen Nationalbibliografie; detaillierte bibliografische Daten sind im Internet über http://dnb.d-nb.de abrufbar.

Zugl.: Trier, Univ., Diss., 2011

Umschlaggestaltung:
Olaf Glöckler, Atelier Platen, Friedberg

Gedruckt auf alterungsbeständigem,
säurefreiem Papier.

D 385
ISSN 1610-8906
ISBN 978-3-631-63676-3

www.peterlang.de

Inhaltsverzeichnis

Abkürzungsliste

Die häufigsten in der Arbeit verwendeten Abkürzungen sind nachfolgend aufgeführt. Weitere Abkürzungen richten sich nach Kirchner/Pannier, Abkürzungsverzeichnis der Rechtssprache, 6. Auflage, 2008.

a. A.	andere Ansicht
Abs.	Absatz
AöR	Archiv des öffentlichen Rechts
Aufl.	Auflage
Bd.	Band
BGBl.	Bundesgesetzblatt
BVerfG	Bundesverfassungsgericht
BVerfGE	Bundesverfassungsgerichtsentscheidung
BVerwGE	Bundesverwaltungsgerichtsentscheidung
Diss.	Dissertation
DöD	Der öffentliche Dienst
DöV	Die öffentliche Verwaltung
DPP	Demokratische Progress Partei (taiwanische Partei)
DVBl.	Deutsches Verwaltungsblatt
EA	Ergänzende Artikel (zur Verfassung Taiwans)
f.	die nächste folgende Seite
ff.	die nächsten folgenden Seite
FS	Festschrift
GG	Grundgesetz
h. M.	herrschende Meinung
HbdStR	Handbuch des Staatsrechts der Bundesrepublik Deutschland
HbVerfR	Handbuch des Verfassungsrechts der Bundesrepublik Deutschland
Hrsg.	Herausgabe
i. d. F	in der Fassung
i. S. d.	im Sinne des/der
i. V. m.	in Verbindung mit
JöR	Jahrbuch des öffentlichen Rechts der Gegenwart
Jura	Juristische Ausbildung
JuS	Juristische Schulung

JZ	Juristenzeitung
KMT	Kuomintang (taiwanische Partei)
NF.	Neue Folge
NJW	Neue Juristische Wochenschrift
NTD	New Taiwan Dollar
NVwZ	Neue Zeitschrift für Verwaltungsrecht
PartG	Parteiengesetz
PFP	People First Party (taiwanische Partei)
PolSpendenG	Gesetz über politische Spenden (Taiwan)
PräWG	Gesetz über die Wahl und Abwahl des Präsidenten und Vizepräsidenten (Taiwan)
RC	Republik of China (Taiwan)
Rn.	Randnummer
S.	Seite
TSU	Taiwan Solidarity Union (taiwanische Partei)
VereinsG	Gesetz über bürgerlichen Verein (Taiwan)
Vgl.	Vergleiche
VRC	Verfassung der Republik China (Taiwan)
VVDStRL	Veröffentlichungen der Vereinigung der Deutschen Staatsrechtslehrer
WahlG	Gesetz über die Wahl und Abwahl politischer Ämter (Taiwan)
z. B.	zum Beispiel
ZaöRV	Zeitschrift für ausländisches öffentliches Recht und Völkerrecht
ZParl	Zeitschrift für Parlamentsfragen
ZRP	Zeitschrift für Rechtspolitik

A. Einleitung

I. Hintergrund und Ziel der Arbeit

Politische Parteien sind notwendige Bestandteile aller demokratischen Ordnungen. Ohne sie könnte in den modernen egalitären Massendemokratien die politische Willensbildung nicht mehr organisiert werden. Sie sammeln die auf die politische Machtausübung gerichteten Meinungen, Interessen und Bestrebungen, gleichen sie in sich aus und formen sie zu Alternativen, zwischen denen die Bürger auswählen können. Damit übt im Wahlakt das Volk nicht nur Staatsgewalt aus, sondern bildet unter erheblicher Einflussnahme der Parteien zugleich einen politischen Willen über die Zusammensetzung des Parlaments bzw. über die künftige Regierung.[1]

Mit der Aufhebung des Ausnahmezustands im Jahre 1987 und der Abschaffung der Kriegsverfassung im Jahr 1991 fing für die Taiwaner das demokratische Leben erst an.[2] Bis heute fanden insgesamt siebenmal Abgeordnetenwahlen und dreimal Präsidentschaftswahlen statt. Meine besondere Aufmerksamkeit gewinnen die Relevanz und Funktionsweise der Parteienfinanzierung. Denn es lässt sich von den Bestimmungen zur Parteienfinanzierung auf die Entwicklung des Parteiensystems in einer demokratischen Gesellschaft schließen. Einerseits müssen Parteien unterstützt und gefördert werden. Parteien benötigen Geldmittel zur Wahlwerbung und um die entsprechenden Einrichtungen, Organisationsstrukturen und deren Verwaltung zu unterhalten. Zur Aufrechterhaltung ihrer politischen Funktion und zugleich der Verhinderung von Korruption stellt sich die Frage der staatlichen Zuwendungen. Überlegungen dazu müssen zwischen der Freiheits- und Gleichheitsgewährleitung einerseits und der Möglichkeit der Behinderung oder Verfälschung der Volkswillensbildung durch die Parteien andererseits abwägen. Andererseits müssen auch die Rechte der einzelnen Bürger berücksichtigt werden. Denn Demokratie gebietet auch gleiche Chancen der Bürger bei der Einflussnahme auf die Politik; daher ist zu vermeiden, dass finanzstarke gesellschaftliche Kräfte ihre politischen Ziele besser verwirklichen können als finanzschwächere. Der Wille des aus Gleichberechtigten bestehenden Volkes soll unverfälscht von

1 Streinz, in: v. Mangoldt/Klein/Starck, GG II, Art. 21, Rn. 20ff.; Morlok, in: Dreier, GG, Bd. II, Art. 21, Rn. 19f.

2 Vgl. Huntington, The third wave: democratization in the late twentieth century, 1991, S. 23.

der unterschiedlichen Finanzkraft verschiedener gesellschaftlicher Gruppierungen gebildet und verwirklicht werden.

Deshalb soll hier untersucht und diskutiert werden, ob die gegenwärtigen Bestimmungen in Taiwan die ungleichen Einflussmöglichkeiten der Parteien, wie sie historisch bedingt zweifellos bestehen (siehe dazu unten Kapitel E – kurze Geschichte und Definition der Parteien in Taiwan, S. 83 ff.), noch verschärfen könnten, und ob dies wiederum zur Beeinträchtigung der Gleichheit der Parteien und zur Schädigung der repräsentativen Demokratie führen könnte. Dafür soll anhand einer vergleichenden Gegenüberstellung mit dem deutschen Recht der Parteienfinanzierung versucht werden, die (verfassungs)rechtlichen Probleme in Taiwan herauszuarbeiten.

II. Methode

In Taiwan gibt es, ähnlich wie in Deutschland, direkte und indirekte staatliche Zuschüsse an Parteien. Im Gegensatz zu Deutschland verteilen sich die einschlägigen Regelungen jedoch auf viele Gesetze und ist die juristische Diskussion im Bereich des Parteienrechts bzw. des Rechts der Parteienfinanzierung, sowohl auf Verfassungsebene als auch auf einfacher Gesetzebene, nicht sehr umfangreich und nicht vergleichbar vollständig. In der Rechtsprechung wird das Thema bisher überhaupt nicht ausdrücklich diskutiert. Durch die Darstellung des Systems der Parteienfinanzierung in Taiwan und seinen Vergleich mit der deutschen Parteienfinanzierung, die auf den Grundsätzen der Parteiengleichheit und der Chancengleichheit beruht, soll sich das Problem der taiwanischen Parteienfinanzierung verdeutlichen.

III. Eingrenzung der Parteienfinanzierung

Da der Begriff „Parteienfinanzierung“ in Deutschland und in Taiwan gesetzlich nicht definiert ist, wird er in der Rechtsprechung und Literatur unterschiedlich verwandt. In Deutschland rechnet die weiteste Definition darunter alle Kosten der gesamten parteipolitischen Tätigkeit. Abgeordnetenentschädigungen gehören dann auch dazu.[3] Eine andere Definition grenzt diesen weiten Begriff insofern ein, als darunter neben den reinen Zahlungen unmittelbar an Parteien auch Geld-

3 Schleth, Parteifinanzen – eine Studie über Kosten und Finanzierung der Parteientätigkeit, zu deren politischer Problematik und zu den Möglichkeiten einer Reform, 1973, S. 25 ff.

oder Sachzuwendungen an Fraktionen oder parteinahe Stiftungen fallen sollen.[4] Eine dritte Definition versteht darunter nur Zahlungen an die Partei selbst, weil andernfalls konkrete Reformüberlegungen ins Uferlose führen würden.[5] In der taiwanischen Literatur bezieht sich der Begriff der Parteienfinanzierung meist nur auf die Zahlungen an die Parteien selbst. Um eine Rechtsvergleichung zu ermöglichen, wird hier die letzte der drei vorgestellten Definitionen genommen. Folglich wird auf Geld- oder Sachzuwendungen an Fraktionen oder parteinahe Stiftungen im Weiteren nicht eingegangen.

IV. Diskussionsaufbau

Diese Arbeit setzt sich grundsätzlich aus drei Hauptteilen zusammen. Zunächst wird das Augenmerk auf das deutsche Parteienfinanzierungssystem gelegt, um eine grundlegende Kenntnis von der Parteienfinanzierung zu erlauben. Dafür wesentlich ist aber zunächst der Status der Parteien im Grundgesetz.

Der erste Hauptteil ist entsprechend in drei Abschnitte gegliedert. Erster Gegenstand der Diskussion ist die Definition der Parteien in Deutschland. Im darauf folgenden Abschnitt geht es um den verfassungsrechtlichen Status der Freiheit und der Gleichheit der Parteien. Hinsichtlich des Status der Gleichheit werden die Chancengleichheit der Parteien, ihre Herleitung aus dem Grundgesetz, ihr Charakter und schließlich ihr Inhalt behandelt. Der dritte Abschnitt geht darauf ein, wie der solchermaßen theoretisch ermittelte Status der Parteien in der Parteienfinanzierung umgesetzt wird. Dazu werden hier die unterschiedlichen Zuwendungsarten, wie private Spenden an Parteien, Formen der mittelbaren staatlichen Parteienfinanzierung und direkte staatliche Zuschüsse diskutiert.

Der zweite Teil behandelt die Situation der Parteien in Taiwan. Nach einer kurzen Darstellung der geschichtlichen Entwicklung und der Definition von Parteien im taiwanischen Recht wird versucht, ihren verfassungsrechtlichen Status zu verorten, und möglicherweise einschlägige Freiheits- und Chancengleichheitsbestimmung in der Verfassung zu ermitteln. Der darauf folgende Abschnitt stellt die gegenwärtigen unterschiedlichen Quellen der Parteienfinanzierung in Taiwan dar.

Im dritten Teil wird unter den oben erwähnten Aspekten untersucht, ob die gegenwärtigen Bestimmungen über die Parteienfinanzierung in Taiwan die Freiheit der Parteien und die Gleichheit der Parteien verletzen. Da das System in

4 Armin, Parteienfinanzierung – eine verfassungsrechtliche Untersuchung, 1982, S. 25; Sell, Parteienfinanzierung in Deutschland, in: Dimitris Th. Tsatsos (Hrsg.), Parteienfinanzierung im europäischen Vergleich, S. 90.

5 Vgl. Bericht zur Neuordnung der Parteienfinanzierung – Vorschläge der vom Bundespräsidenten berufenen Sachverständigenkommission, 1983, S. 85 ff.

Deutschland lediglich als Spiegel dienen soll, wird es hier weniger um vermutliche oder versteckte rechtliche Probleme in Deutschland gehen, natürlich ohne dass dessen Regelungssystem unkritisch als idealer Maßstab missverstanden würde.

V. Übersetzungen

Die deutschen Übersetzungen der Rechtsprechung Taiwans, die in der Arbeit verwendet werden, sind von der Verfasserin angefertigt worden. Zum Vergleich befindet sich eine – amtliche – englische Übersetzung aller zitierten verfassungsrechtlichen Entscheidungen („Auslegungen des Justiz-Yuan“) im Anhang. Die literarischen Quellen, die nicht auf English oder Deutsch verfasst sind, werden in den Fußnoten zunächst mit ihrem Originaltitel in chinesischen Langzeichen (traditionelle, in Taiwan weiterhin gebräuchliche Schreibweise des Chinesischen) und danach mit dessen deutscher Übersetzung zitiert.

Erster Teil: Parteienfinanzierung in Deutschland

B. Definition der Parteien im Parteiengesetz

Eine der wichtigsten verfassungsrechtlichen Bestimmungen zu den deutschen politischen Parteien findet sich in Art. 21 GG, welcher besagt: *Die Parteien wirken bei der politischen Willensbildung des Volkes mit. Ihre Gründung ist frei. Ihre innere Ordnung muss demokratischen Grundsätzen entsprechen. Sie müssen über die Herkunft und Verwendung ihrer Mittel sowie über ihr Vermögen öffentlich Rechenschaft geben.* Art. 21 Abs. 1 S. 1 GG setzt den Parteienbegriff voraus, ohne ihn selbst zu definieren. Der Begriff Partei wird in § 2 Parteiengesetz (PartG)[6] definiert. Obwohl eine Auffassung davon ausgeht, dass der Gesetzgeber nicht zuständig sei, einen in der Verfassung verwendeten Begriff verbindlich zu interpretieren,[7] ist das Bundesverfassungsgericht (BVerfG) dem Parteienbegriff des Parteiengesetzes in mehreren Entscheidungen gefolgt[8], weil es darin eine verfassungsgemäße Konkretisierung des Parteienbegriffs sieht.[9] § 2 Abs. 1 PartG lautet: *Vereinigungen von Bürgern, die dauernd oder für längere Zeit für den Bereich des Bundes oder eines Landes auf die politische Willensbildung Einfluss nehmen und an der Vertretung des Volkes im Deutschen Bundestag oder einem Landtag mitwirken wollen, wenn sie nach dem Gesamtbild der tatsächlichen Verhältnisse, insbesondere nach Umfang und Festigkeit ihrer Organisation, nach der Zahl ihrer Mitglieder und nach ihrem Hervortreten in der Öffentlichkeit eine ausreichende Gewähr für die Ernsthaftigkeit dieser Zielsetzung bieten. Mitglieder einer Partei können nur natürliche Personen sein.*[10] Nach dieser Definition ist eine Partei durch drei Merkmale gekennzeichnet, nämlich durch Struktur, Ziel und Ernsthaftigkeit.

---

6 I. d. F der Bekanntmachung v. 31.01.1994 (BGBl. I S. 149).

7 Ipsen, in: Sachs, GG, Art. 21, Rn. 15; Kunig, in: von Münch/Kunig, GGK II, Art. 21, Rn. 12; Klein, in: Maunz/Dürig, Art. 21, Rn. 222.

8 BVerfGE 24, 264; 47, 198 (222).

9 BVerfGE 89, 266 (269 f.); 91, 276 (284).

10 Diese Definition wird kritisiert: Vgl. Wietschtel, Der Parteibegriff, 1996, S. 143 ff.

I. Struktur

1. Mitgliedschaft natürlicher Personen

Nach § 2 Abs. 1 S. 1 PartG handelt es sich bei Parteien um „Vereinigungen von Bürgern". Bei einer Vereinigung handelt es sich um einen Zusammenschluss von mehreren Personen zur Verfolgung eines bestimmten Zwecks.[11] Dies erfordert für Parteien ein Mindestmaß an Eigenständigkeit der Willensbildung und organisatorischer Selbstständigkeit.[12] Weiterhin können, im Unterschied zu Vereinigungen im Sinne von Art. 9 GG, Mitglieder einer Partei gemäß § 2 Abs. 1 S. 2 PartG nur natürliche Personen sein. Diese Einschränkung geht von der demokratischen Funktion der Parteien aus und entspricht insofern der in Art. 21 Abs. 1, 20 Abs. 2 GG gestellten Forderung.[13] Durch Parteien sollen die Bürger, also die Angehörigen des Staatsvolkes, ihre politischen Mitwirkungsrechte wirksam wahrnehmen. Die Parteien haben zwar kein Monopol auf Mitwirkung der politischen Willensbildung des Volkes. Sie repräsentieren aber im Rahmen ihrer Beteiligung an Wahlen den Wählern ihre Wahlkandidaten und haben so die Möglichkeit, auf die staatliche Willensbildung Einfluss zu nehmen. In Staatsorganen sollen – vermittelt durch die Parteien – nur die Bürger entscheiden. Die innerparteiliche Demokratie könnte darüber hinaus wegen der Anerkennung der Mitgliedschaft juristischer Personen gefährdet werden. Denn die Mitgliedschaft juristischer Personen würde den in ihnen organisierten Einzelnen zusätzliche Möglichkeiten eröffnen, innerhalb der Parteien Einfluss zu gewinnen. Eine solche ungleiche Einflussmöglichkeit auf die politische Willensbildung könnte die Chancengleichheit beeinträchtigen. Die parteiinterne Willensbildung könnte im Extremfall von einer anderen Organisation beherrscht und gelenkt werden. Um die innerparteiliche Demokratie zu sichern und die gleiche Einflussmöglichkeit der Bürger auf die politische Willensbildung zu gewährleisten, dürfen Parteien in ihren Satzungen die Mitgliedschaft juristischer Personen nicht vorsehen. Falls etwa ein Verband einer Partei beiträte, würde dies zur Nichtigkeit des Beitritts führen. Daher sind auch Zusammenschlüsse mehrerer Parteien, sog. Blockbildungen, nicht als Parteien im eigentlichen Sinne zu verstehen.[14] Eine Untergliederung der Partei in recht-

11 Vgl. Bauer, in: Dreier, GG, Bd. I, Art. 9, Rn. 38 ff.; Löwer, in: von Münch/Kunig, GGK I, Art. 9, Rn. 2; Höfling, in: Sachs, GG, Art. 9, Rn. 2 ff.

12 BVerwGE 74, 176 (180).

13 BVerfGE 91, 262 (267); 91, 276 (284).

14 Vgl. zu diesen Ausführungen: Klein, in: Maunz/Dürig, Art. 21, Rn. 224; Pieroth, in: Jarass/Pieroth, Art. 21, Rn. 5; Wißmann, in: Kersten/Rixen, Parteiengesetz, § 2, Rn. 19; Ipsen, in: Ipsen, Parteiengesetz, § 2, Rn. 13.

lich verselbständigte Teile, wie z. B. Landesverbände, widerspricht § 2 Abs. 1 S. 2 PartG hingegen nicht.[15]

2. Ausschluss von „Ausländerparteien“

§ 2 Abs. 1 S. 1 PartG enthält den Begriff „Bürger“. § 2 Abs. 3 PartG zeigt die Einschränkung der Mitgliedschaft noch deutlicher auf und schließt „Ausländerparteien“ aus: *Politische Vereinigungen sind nicht Parteien, wenn*

1. *ihre Mitglieder oder die Mitglieder ihres Vorstandes in der Mehrheit Ausländer sind oder*
2. *ihr Sitz oder ihre Geschäftsleitung sich außerhalb des Geltungsbereichs diese Gesetzes befindet.*

Ausländerparteien sind aus dem Parteienbegriff gem. § 2 Abs. 3 PartG ausgeschlossen. Der Begriff „Ausländer“ soll hier auch Staatenlose umfassen, denn das Gesetz zielt, der soeben dargelegten Überlegung folgend, letztlich auf die Voraussetzung der deutschen Staatsangehörigkeit der Mitglieder ab.[16] Obwohl § 2 Abs. 3 PartG eine reine Ausländerpartei ausschließt, deutet die Vorschrift mit der Wendung „in der Mehrheit“ darauf hin, dass das Parteiengesetz der Aufnahme von Ausländern als Parteimitgliedern nicht entgegensteht. Darüber hinaus bezieht sich die Wendung „in der Mehrheit“ nicht nur auf die Mitglieder, sondern auch auf die Mitglieder des Vorstandes.[17] Neben der Mitgliedschaft einer Partei wird in § 2 Abs. 3 Nr. 2 PartG auch der Parteisitz eingeschränkt. Diese Vorschrift bezieht sich allerdings nur auf die Gesamtpartei, nicht auf alle ihre Untergliederungen. Daher widerspricht § 2 Abs. 3 Nr. 2 PartG der Bildung sog. Auslandsgruppen deutscher Parteien nicht.[18]

II. Zielsetzung der dauerhaften Mitwirkung an der Volksvertretung des Bundes oder eines Landes

1. Politische Ziele

Eine Partei muss das Ziel der dauerhaften oder längerfristigen Einflussnahme auf die politische Willensbildung im Bund oder einem Land haben.[19] An einer sol-

15 Streinz, in: v. Mangoldt/Klein/Starck, GG II, Art. 21, Rn. 54.
16 Kunig, in: von Münch/Kunig, GGK II, Art. 21, Rn. 27.
17 Ipsen, in: Ipsen, Parteiengesetz, § 2, Rn. 14; Kunig, in: von Münch/Kunig, GGK II, Art. 21, Rn. 27.
18 Streinz, in: v. Mangoldt/Klein/Starck, GG II, Art. 21, Rn. 56.
19 BVerfGE 111, 382 (409).

chen politischen Zielsetzung fehlt es, wenn eine Organisation sich ausschließlich oder überwiegend an wirtschaftlichen Zielen orientiert.[20] Das heißt aber nicht, dass Parteien überhaupt keine erwerbswirtschaftliche Aktivität entfalten können. Um Einkünfte zu erzielen, können Parteien erwerbswirtschaftliche Tätigkeiten betreiben, sofern diese Tätigkeiten von untergeordneter Bedeutung bleiben.[21] Parteien müssen lediglich auf politische Zielen ausgerichtet sein. Das ist nicht mit weiteren Anforderungen an die programmatische Ausrichtung verbunden. „Politisch" ist eine Ausrichtung an der Allgemeinheit der die Bürger betreffenden Themen.[22] Damit wird eine verfassungsfeindliche Zielsetzung nicht vom Parteienbegriff ausgeschlossen. Früher wurde die Meinung vertreten, dass Parteien eine Verpflichtung auf das Gemeinwohl haben,[23] was nach heute herrschender Meinung aber nicht erforderlich ist,[24] da die Verfassungstreue eben gerade nicht begriffsnotwendig ist.[25] Der Parteibegriff solle inhaltliche Neutralität bewahren, weil eine inhaltliche Aufladung zur Beeinträchtigung der Freiheit der Parteigründung nach Art. 21 Abs. 1 Abs. 2 GG führen würde.[26]

2. Volksvertretung

Der Einfluss auf die politische Willensbildung kann durch unterschiedliche Möglichkeiten umgesetzt werden. Nach § 2 Abs. 1 S. 1 Hs. 1 PartG soll eine solche Einflussnahme durch die Mitwirkung im Rahmen der Legislative im Deutschen Bundestag oder Landtag erfolgen. Aufgrund dieser gesetzlichen Einschränkung ist es nicht ausreichend, wenn eine Partei sich lediglich an Abstimmungen i. S. d. Art. 20 Abs. 2 S. 2 GG beteiligt.[27] Falls sich eine Partei nur an Wahlen beteiligen

---

20 Kluth, in: Epping/Hillgruber, GG, Art. 21, Rn. 32; Klein, in: Maunz/Dürig, Art. 21, Rn. 232.

21 Vgl. Henke, in: BK, Art. 21, Rn. 25; Sannwald, in: Hofmann/Hopfauf, GG, Art. 21, Rn. 29; Kunig, in: von Münch/Kunig, GGK II, Art. 21, Rn. 15.

22 So Kluth, in: Epping/Hillgruber, GG, Art. 21, Rn. 32.

23 Grewe, Zum Begriff der politischen Partei, in: FS Kaufmann, 1950, S. 78 ff.; Menger, Zur verfassungsrechtlichen Stellung der deutschen politischen Partei, AöR 78, 149 (156); Krüger, Allgemeine Staatslehre, 2. Aufl., 1966, S. 357 ff.; heute noch Henke, in: BK, Art. 21, Rn. 27 f.

24 Pieroth, in: Jarass/Pieroth, Art. 21, Rn. 4; Gusy, Ak-GG, Art. 21, Rn. 59; Kunig, in: von Münch/Kunig, GGK II, Art. 21, Rn. 26; Grimm, in: HbVerfR, § 14, S. 619. Die Gegenmeinung geht davon aus, dass zwar eine Ausrichtung der Partei auf das Gemeinwohl nicht erforderlich ist. Jedoch sei in der Tat eine gewisse Orientierung der Parteien auf das Gemeinwohl dem Begriff der Partei immanent und hat im entstehungsgeschichtlichen Umfeld des Grundgesetzes ihre Spuren schon hinterlassen, vgl. Volkmann, in: Friauf/Höfling (Hrsg.), BKGG, Art. 21, Rn. 24.

25 Weitere Ansichtspunkte über das Verhältnis zwischen Gemeinwohl und Parteien in: Morlok/Alemann/Merten (Hrsg.), Gemeinwohl und politische Parteien, 2008.

26 Morlok, in: Dreier, GG, Bd. II, Art. 21, Rn. 38.

27 Kunig, in: von Münch/Kunig, GGK II, Art. 21, Rn. 15.

will, um so eine Befragung der Wähler zu konkreten Einzelthemen durchzuführen, ist dies ungenügend, da es dann am Element der „Mitwirkung" in der Volksvertretung fehlt.[28] Die Abgabe von Wahlempfehlungen zugunsten anderer Parteien reicht auch nicht aus. Potentielle Parteien müssen ihre eigenen Wahlkandidaten aufstellen wollen. Die Aufstellung eigener Kandidaten muss allerdings nicht in allen Wahlkreisen erfolgen.[29]

3. Auf Bundes- und Landesebene

Das Erfordernis „Bereich des Bundes oder eines Landes" schließt kommunale Wählervereinigungen (sog. Rathausparteien) vom Parteibegriff aus. Das BVerfG hat diese Einschränkung für verfassungsmäßig erklärt und damit begründet, dass *„die politische Willensbildung des Volkes im eigentlichen Sinne"* sich nur im Bundestag und in den Landesparteien vollziehe, *„weil auf der Ebene der Gebietskörperschaften nicht eigentlich politische Entscheidungen fallen, die Gebietskörperschaften vielmehr in erster Linie Träger von Verwaltungsaufgaben sind"*.[30] Die *„ihrem Wesen und ihrer Struktur nach in erster Linie am Staatsganzen orientierten politischen Parteien"* werden von *„lediglich kommunalen Interessen verfolgenden Wählergruppen"* unterschieden.[31] Der Auffassung des BVerfG folgend, wurden im Schrifttum teilweise die Vereinigungen, die sich nur an Kommunalwahlen beteiligen, dem Schutzbereich der Vereinigungsfreiheit in Art. 9 GG zugeordnet.[32] Die Befürworter argumentieren, dass die Vertretung der kommunalen Körperschaften zwar vom Volk gewählt werde. „Das Volk" aber, das nach Art. 28 Abs. 1 S. 2 GG in Kreisen und Gemeinden eine gewählte Vertretung haben muss, sei „Volk" nicht im gleichen Sinne wie das Staatsvolk.[33] Darüber hinaus verlange das Grundgesetz eine funktional orientierte Gesamtschau und markiere in Art. 28 Abs. 2 GG eine differenzierte rechtliche Einordnung von staatlicher und kommunaler Ebene. Schließlich seien die politischen Leitentscheidungen der staatlichen Ebene vorbehalten. Die kommunale Körperschaft richte sich dagegen vielmehr auf die örtlichen Angelegenheiten und die

28 BVerfGE 74, 96 (101).

29 Streinz, in: v. Mangoldt/Klein/Starck, GG II, Art. 21, Rn. 60; Kunig, in: HbdStR III, § 40, Rn. 8.

30 BVerfGE 2, 1 (76).

31 BVerfGE 11, 266 (267). Vgl. auch BVerfGE 6, 367 (372 f.); 47, 253 (272); 69, 92 (104).

32 Löwer, in: von Münch/Kunig, GGK I, Art. 9, Rn. 34; Scholz, in: Maunz/Dürig, Art. 9, Rn. 75; Kepmer, in: v. Mangoldt/Klein/Starck, Art. 9, Rn. 37; Merten, in: HbdStR VII, § 165, Rn. 69.

33 Henke, in: BK, Art. 21, Rn. 37.

Selbstverwaltung.[34] Weiterhin könne eine nur örtlich verfasste Organisation zwar erfolgreich an Wahlen und dem politischen Leben auf kommunaler Ebene teilnehmen. Dieses Modell habe aber auf Landes- und Bundesebene kaum Erfolgsaussichten.[35] Aufgrund der in institutioneller und sachlicher Hinsicht zwischen Parlamentswahlen und Kommunalwahlen bestehenden Unterschieden sei der Ausschluss der Rathausparteien vom Parteienbegriff verfassungsmäßig.[36] Diese Auffassung des BVerfG findet im Schrifttum jedoch nicht nur Befürworter, sondern auch Gegner. Diese Gegenmeinung geht davon aus, dass eine derartige Differenzierung tatsächlich ausgeschlossen sei, da auf allen Ebenen staatlicher Organisation „politische" Entscheidungen fielen. Damit gehe es auch in Gemeinden und Kreisen um die politische Willensbildung des Volkes. Darüber hinaus würden in Gemeinden gerade gem. Art. 28 Abs. 1 S. 2 GG Wahlen i. S. d. Art. 20 Abs. 2 S. 2 GG stattfinden. Dies deute ebenfalls darauf hin, dass die politische Willensbildung des Staatsvolkes „von unten nach oben" auch die kommunale Ebene einschließen müsse.[37]

Vom Erfordernis „Bereich des Bundes oder eines Landes" in § 2 PartG werden des Weiteren nicht Vereinigungen, die die Erlangung parlamentarischer Mandate ausschließlich im Europäischen Parlament anstreben, erfasst. Die diesem Erfordernis entgegengebrachte Kritik geht allerdings davon aus, dass das Europäische Parlament Teil an der Ausübung der von den Mitgliedstaaten auf die Europäische Union übertragenen Hoheitsrechte habe. Daher stelle auch die Teilnahme an den Wahlen zum Europäischen Parlament nach Art. 23 Abs. 1 GG einen Teil der von Art. 21 GG erfassten politischen Willensbildung des deutschen Staatsvolkes dar. Deshalb sollten ausschließlich europäisch ausgerichtete Vereinigungen, abweichend von § 2 PartG, ebenfalls vom Parteienbegriff erfasst werden.[38]

4. Dauernd oder für längere Zeit

Nach § 2 Abs. 2 PartG verliert eine Vereinigung ihre Rechtsstellung als Partei, wenn sie sechs Jahre lang weder an einer Bundes- noch an einer Landtagswahl

34 Wißmann, in: Kersten/Rixen, Parteiengesetz, § 2, Rn. 37.

35 Kluth, in: Epping/Hillgruber, GG, Art. 21, Rn. 25.

36 Lorenz/Burgi, Der praktische Fall – Öffentliches Recht: Der Streit über die kommunalen Wählervereinigung, JuS 1990, 822 (823).

37 Pieroth, in: Jarass/Pieroth, Art. 21, Rn. 7; Maurer, Die Rechtsstellung der politischen Parteien, JuS 1991, 881 (884); Lipphardt, Die Gleichheit der politischen Parteien vor der öffentlichen Gewalt, 1975, S. 677 ff.; Hesse, Grundzüge des Verfassungsrechts der Bundesrepublik Deutschland, 20. Aufl., 1999, Rn. 168.

38 Vgl. Morlok, in: Dreier, GG, Bd. II, Art. 21, Rn. 36; Klein, in: Maunz/Dürig, Art. 21, Rn. 242; a. A. Kluth, in: Epping/Hillgruber, GG, Art. 21, Rn. 28.

mit eigenen Wahlvorschlägen teilgenommen hat.[39] Das BVerfG hält diese zeitliche Einschränkung für verhältnismäßig: *„Gehört es zum Parteibegriff des Art. 21 Abs. 1 GG, dass sich eine politische Partei an den Wahlen in Bund und Ländern beteiligt, so ist es nur konsequent, dass eine Partei ihren Parteicharakter verliert, wenn sie über eine längere Zeit hinaus sich an solchen Wahlen nicht beteiligt. Wie lang dieser Zeitraum bemessen ist, ergibt sich nicht unmittelbar aus Art. 21 Abs. 1 GG. Vorausgesetzt wird nur, dass eine Partei ihre Aufgabe, an der Willensbildung des Volkes durch Beteiligung an Wahlen mitzuwirken, innerhalb einer vernünftigen Zeitspanne erfüllen muss. [...] Nach Art. 21 Abs. 3 GG ist es Sache des Gesetzgebers, das Nähere zu regeln. Der Gesetzgeber hat die in Art. 21 Abs. 1 GG gezogenen Grenzen mit § 2 Abs. 2 PartG nicht überschritten.“*[40] Damit ist diese Einschränkung verfassungsmäßig.[41]

III. Ernsthaftigkeit der Zielsetzung

Um zu vermeiden, dass die Parteieigenschaft bloß von Behauptungen abhängt, ist nach Auffassung des BVerfG eine ausreichende Gewähr für die Ernsthaftigkeit der Zielsetzung zu fordern. Die Parteieigenschaft soll demnach auch nach äußeren Merkmalen beurteilt werden. Die Vereinigung muss *„nach dem Gesamtbild der tatsächlichen Verhältnisse, insbesondere nach Umfang und Festigkeit ihrer Organisation, nach der Zahl ihrer Mitglieder und nach ihrem Hervortreten in der Öffentlichkeit eine ausreichende Gewähr für die Ernsthaftigkeit dieser Zielsetzung bieten“*.[42] Umgekehrt bedeutet dies, dass Vereinigungen, *„die nach ihrem Organisationsgrad und ihren Aktivitäten offensichtlich nicht imstande sind, auf die politische Willensbildung des Volkes Einfluss zu nehmen, bei denen die Verfolgung dieser Zielsetzung erkennbar unrealistisch und aussichtslos ist und damit nicht als ernsthaft eingestuft werden kann“*, nicht als Parteien anzusehen sind.[43] Umfang und Festigkeit der Organisation, Zahl der Mitglieder und Hervortreten in der Öffentlichkeit gehören hierfür zu den wichtigen Faktoren.[44] Für „Umfang und Festigkeit“ der Parteiorganisation ist aufgrund der prinzipiellen Organi-

---

39 BVerfGE 24, 260 (264 ff.); 47, 222; 79, 384.

40 BVerfGE 24, 260 (265).

41 Es wird in der Literatur kritisch angemerkt, dass die Bestimmung der Sechs-Jahres-Frist nicht zwischen Parteien unterscheidet, die sich erfolglos um parlamentarische Mandate bemüht haben, und solchen Parteien, die sich in der Aufbauphase befinden und sich daher noch an keiner Wahl beteiligt haben, vgl. Kunig, in: von Münch/Kunig, GGK II, Art. 21, Rn. 23.

42 BVerfGE 91, 262 (270).

43 BVerfGE 91, 262 (271 f.)

44 Vgl. Henke, in: BK, Art. 21, Rn. 40 ff.; Wißmann, in: Kersten/Rixen, Parteiengesetz, § 2, Rn. 40.

sationsfreiheit der Parteien kein verbindlicher Maßstab vorhanden.[45] Eine durch § 6 PartG geforderte Satzung bzw. ein Programm genügen dem strukturellen Element einer Partei. Anforderungen an die Mindestmitgliederzahl einer Partei werden gesetzlich nicht abschließend geregelt.[46] Erforderlich ist jedenfalls, dass eine Partei von einem Mitgliederwechsel unabhängig ist.[47] Hinzugefügt wird ein werbendes Hervortreten in der Öffentlichkeit verlangt. Dieses Element wird erst in Frage gestellt, wenn sich z. B. ein bekundeter Wille zur Beteiligung an einem Parlament aus gewerblichem Streben als vorgetäuscht erweist.[48] Objektiv greifbar ist vor allem die Beteiligung an Wahlen. Obwohl die Parteieigenschaft nicht vom Wahlerfolg abhängig ist, könnte es nach Auffassung des BVerfG an der Ernsthaftigkeit mangeln und damit an der Parteieigenschaft fehlen, wenn die Zielsetzung, auf die politische Willensbildung des Volkes Einfluss zu nehmen, „erkennbar unrealistisch und aussichtslos" sei.[49] Wie eine Partei die Ernsthaftigkeit ihrer Zielsetzung unter Beweis stellt, bleibt ihr nach Auffassung des BVerfG prinzipiell selbst überlassen. *„Ihr ist es unbenommen, in ihrer politischen Arbeit Schwerpunkte zu setzen, sei es etwa im Bereich der Mitgliederanwerbung und –aktivierung, der Öffentlichkeitsarbeit zwischen den Wahlen und der Wahlteilnahme. Zurückhaltung in einem Bereich kann durch verstärkte Bemühungen auf anderen Gebieten in gewissen Grenzen ausgeglichen werden"*.[50] Maßgebend ist die Gesamtwürdigung der tatsächlichen Verhältnisse einer Partei. Dritte von der Ernsthaftigkeit vollständig zu überzeugen ist nicht notwendig. Schließlich darf das Kriterium der Ernsthaftigkeit an keinerlei Inhaltskontrolle anknüpfen.[51]

---

45 Wißmann, in: Kersten/Rixen, Parteiengesetz, § 2, Rn. 42.

46 Vgl. BVerfGE 24, 300 (332).

47 Wißmann, in: Kersten/Rixen, Parteiengesetz, § 2, Rn. 43.

48 Kunig, in: HbdStR III, § 40, Rn. 10.

49 A. A. Ipsen, in: Sachs, GG, Art. 21, Rn. 21; Kunig, in: von Münch/Kunig, GGK II, Art. 21, Rn. 23; Wietschel, Unzulässige Parteiverbotsanträge wegen Nichtvorliegens der Parteieigenschaft, ZRP 1996, 208 (210 f.); Morlok, in: Dreier, GG, Bd. II, Art. 21, Rn. 39.

50 BVerfGE 91, 262 (271).

51 Die Kritiker halten diese Merkmale dagegen für einen unsicheren Maßstab, vgl. Kunig, in: von Münch/Kunig, GGK II, Art. 21, Rn. 23; Klein, in: Maunz/Dürig, Art. 21 Rn. 229; Ipsen, in: Sachs, GG, Art. 21, Rn. 21; Wietschel, Unzulässige Parteiverbotsanträge wegen Nichtvorliegens der Parteieigenschaft, ZRP 1996, 208 (210 f.); Streinz, in: v. Mangoldt/Klein/Starck, GG II, Art. 21, Rn. 68; Kluth, in: Epping/Hillgruber, GG, Art. 21, Rn. 30.

C. Verfassungsrechtliche Grundlage

I. Parteienfreiheit

1. Grundrechtscharakter des Art. 21 Abs. 1 S. 2 GG

Zur Frage, ob Art. 21 Abs. 1 S. 2 GG Grundrechtscharakter besitzt, bestehen verschiedene Auffassungen in der Literatur. Bei der Meinungsverschiedenheit geht es im Kern darum, ob Art. 21 Abs. 1 S. 2 GG gegenüber Art. 9 GG eine *lex specialis* darstellt, und ob ihn der Grundrechtscharakter als grundrechtsgleiches Recht i. S. v. Art. 93 Abs. 1 Nr. 4a GG qualifiziert und folglich der Schutz des Art. 21 GG im Rahmen der Individualverfassungsbeschwerde gemäß Art. 93 Abs. 1 Nr. 4a GG durchgesetzt werden kann.

Eine Ansicht geht davon aus, dass Art. 21 Abs. 1 S. 2 GG zwar ein subjektives Recht, aber kein Grundrecht sei.[52] Dies wird zunächst damit begründet, dass Art. 21 GG in Abschnitt II und nicht in Abschnitt I der Grundgesetzgliederung stehe. Weiterhin wurzelten grundrechtliche Freiheiten in der Menschenwürde. Diese seien daher regelmäßig personale Freiheiten, die normalerweise nicht der Erfüllung einer bestimmten Sozialfunktion dienen.[53] Im Gegensatz zum Einzelnen gebe das Grundgesetz den Parteien einen besonderen verfassungsrechtlichen Status, damit sie eine besondere Funktion und Aufgabe im System des Grundgesetzes erfüllen können. Außerdem bilde die Parteienkonkurrenz ein Mittel zur demokratischen Steuerung des Staates. Deshalb beanspruchten einerseits die Parteien die Freiheit nicht wegen ihres Selbstwertes. Es handle sich vielmehr um eine funktionale Freiheit, welche folglich nach Ziel und Ausmaß ihrer Funktion bestimmt und begrenzt werden müsse. Andererseits könne diese Steuerung nur erfolgreich sein, wenn der Staat seinerseits die Parteienkonkurrenz nicht beeinträchtige. Daher benötigen die Parteien dem Staat gegenüber einen Status der Freiheit, der eine Umkehr des demokratischen Grundverhältnisses verhindere. Damit die Freiheit der Parteien in höherem Maße geschützt werden könne, müsse Art. 21 Abs. 1 S. 2 GG keinen Grundrechtscharakter besitzen. Folglich sei es verfehlt, Art. 21 GG gegenüber Art. 9 GG als *lex specialis* anzusehen.[54]

52 Siehe u.a. Morlok, in: Dreier, GG, Bd. II, Art. 21, Rn. 48 f.

53 Stern, Das Staatsrecht der Bundesrepublik Deutschland, Bd. III/1, 1988, S. 383 f.

54 Zum Vorstehenden: Grimm, in: HbVerfR, § 14, Rn. 33 f.; Morlok, in: Dreier, GG, Bd. II, Art. 21, Rn. 48 f.; Streinz, in: v. Mangoldt/Klein/Starck, GG II, Art. 21, Rn. 99; Kunig, in: von Münch/

Einen weiteren Anhaltspunkt gegen den Grundrechtscharakter des Art. 21 Abs. 1 S. 2 GG bietet die Rechtsprechung des BVerfG.[55] Danach habe das BVerfG zwar die Spezialität von Art. 21 Abs. 2 GG gegenüber Art. 9 Abs. 2 GG erklärt.[56] Diese lasse sich aber auch mit anderen Deutungen vereinbaren. Danach müsse Art. 21 Abs. 1 GG gegenüber Art. 9 Abs. 1 GG nicht als *lex specialis* verstanden werden, soweit das BVerfG allgemein von einer verfassungsrechtlichen Sonderstellung spreche, die sich in Art. 21 Abs. 1 GG zeige.

Das bedeutet nicht, dass die Parteien keine Grundrechte hätten und nicht vom Grundgesetz geschützt würden. Ein Teil der Literatur vertritt die Auffassung, dass die Parteien im Rahmen von Art. 19 Abs. 3 GG auch in den Genuss der Grundrechte kommen, soweit sie freie gesellschaftliche Gebilde seien.[57] Eine andere Auffassung verweist darauf, dass die Parteien durch Art. 21 GG eine Einrichtungsgarantie genießen.[58] Die Einrichtungsgarantie des Art. 21 GG wirke auf die einschlägigen Grundrechte der Parteien und ihrer Mitglieder modifizierend ein. Das präge die Schutzbereiche ebenso wie die Schranken der Einzelgrundrechte in spezifischer Weise, soweit die Einzelgrundrechte (ihrem Wesen nach) nach Art. 19 Abs. 3 GG auf die Parteien anwendbar seien.[59]

Daneben gibt es aber auch Befürworter der Spezialität des Art. 21 GG gegenüber Art. 9 GG, welche Art. 21 Abs. 1 S. 2 GG als Individualgrundrecht qualifizieren wollen.[60] Die Parteien seien historisch in Ausübung der politischen Freiheiten der Bürger entstanden. Sie würden ihre Betätigung angesichts dieser Freiheiten entfalten. Vor diesem Hintergrund sei es unsinnig, den Parteien diesen grundrechtlichen Schutz durch Verweis auf eine Norm zu entziehen. Überzeugender sei es daher, die grundrechtliche Basis der Parteigründung und der Betätigungen der Parteien anzuerkennen und Art. 21 GG in die grundrechtlichen Gewährleistungen für die Parteien zu integrieren. Eine solche Interpretation des Art. 21 GG sei nur möglich, wenn die Norm im Ganzen als *lex specialis* zu Art. 9 Abs. 1 und 2 GG und damit als spezielle Schrankenregelung zu verstehen sei. Sie gestalte die Freiheitsgewährleistungen des Art. 9 Abs. 1 GG näher aus. Eine Verankerung der

---

Kunig, GGK II, Art. 21, Rn. 46; Schmidt, Politische Parteien und andere Vereinigungen, NJW 1984, 762 (766).

55 Hesse, Die Verfassungsrechtliche Stellung der politischen Parteien im modernen Staat, VVDStRL 17, 41 (45).

56 BVerfGE 1, 208 (255); 2, 1 (13); 12, 246 (304); 17, 155 (166); 25, 69 (78).

57 Grimm, in: HbVerfR, § 14, Rn. 33.

58 Mauersberger, Die Freiheit der Parteien: Der Rechtscharakter des Art. 21 GG, 1994, S. 32 f.

59 Morlok, in: Dreier, GG, Bd. II, Art. 21, Rn. 49.

60 Henke, in: BK, Art. 21, Rn. 217; Seifert, Die politischen Parteien im Recht der Bundesrepublik Deutschland, S. 111 f.; Sannwald, in: Hofmann/Hopfauf, GG, Art. 21, Rn. 42; Tsatsos/Morlok, Parteienrecht, 1982, S. 75; Kluth, in: Epping/Hillgruber, GG, Art. 21, Rn. 91 ff.; Lipphardt, Die Gleichheit der politischen Parteien vor der öffentlichen Gewalt, 1975, S. 693.

Freiheit der Parteien in Art. 9 Abs. 1 GG bzw. den übrigen Freiheitsgrundrechten sei dann erforderlich und möglich, soweit diese gem. Art. 19 Abs. 3 GG ihrem Wesen nach auf die Parteien anwendbar seien. Die Regelungen des Art. 21 GG seien lediglich verstärkende und verpflichtend-beschränkende Modifikationen.[61]

Ein weiteres Argument gegen jene Meinung, dass die Grundrechte in der Menschenwürde wurzelten und keiner Sozialfunktion dienten, verweist auf die Unvereinbarkeit jener Meinung mit Art. 19 Abs. 3 GG. Die Bestimmung des Art. 19 Abs. 3 GG zeige deutlich, dass sich auch Freiheitsrechte nicht stets auf die Menschenwürde zurückführen lassen.[62]

Die Befürworter des Grundrechtscharakters gehen davon aus, dass der gesamte Art. 21 GG als Spezialvorschrift gegenüber Art. 9 GG angesehen werden muss, obwohl das BVerfG nur die Spezialität des Art. 21 Abs. 2 GG gegenüber Art. 9 Abs. 2 GG hervorgehoben hat. Unter der Annahme, dass Art. 21 GG eine Spezialvorschrift gegenüber Art. 9 GG sei, könne die Parteienfreiheit in Art. 21 GG auch einen Grundrechtscharakter beinhalten. Demnach könne der Schutz des Art. 21 GG im Rahmen der Individualverfassungsbeschwerde gem. Art. 93 Abs. 1 Nr. 4a GG durchgesetzt werden. Der Schutz des Art. 21 GG bleibe dann nicht hinter dem des Art. 9 GG zurück. Art. 21 GG als Einrichtungsgarantie zu verstehen, fordere zwar ein höheres Schutzniveau für Art. 21 GG, führe aber zu Problemen bei der verfassungsprozessualen Umsetzung der einzelnen Freiheitsgewährleistungen. Die fehlende Erwähnung des Art. 21 GG in Art. 93 Abs. 1 Nr. 4a GG stehe dieser Qualifikation nicht entgegen, weil das Verhältnis der Spezialität nicht ausschließe, dass sich die Gründungsfreiheit als Individualgrundrecht aus der allgemeinen Vereinigungsfreiheit entwickelt habe.[63]

2. Gründungsfreiheit

Der erste Aspekt der Parteienfreiheit ist die Gründungsfreiheit. Die Freiheit, eine politische Partei zu gründen, ist von Art. 21 Abs. 1 S. 2 GG gewährleistet. Die Gründung einer Partei bedarf keiner staatlichen Genehmigung oder Zulassung.[64] Das Recht der Parteiengründung steht wegen des Bezugs zur politischen Wil-

61 Kluth, in: Epping/Hillgruber, GG, Art. 21, Rn. 92 ff.; Mauersberger, Die Freiheit der Parteien: Der Rechtscharakter des Art. 21 GG, 1994, S. 40.

62 Ipsen, in: Sachs, GG, Art. 21, Rn. 30.

63 Ipsen, in: Sachs, GG, Art. 21, Rn. 31; Kluth, in: Epping/Hillgruber, GG, Art. 21, Rn. 97 f.

64 Sannwald, in: Hofmann/Hopfauf, GG, Art. 21, Rn. 41; Klein, in: Maunz/Dürig, Art. 21, Rn. 273; Kunig, in: von Münch/Kunig, GGK II, Art. 21, Rn. 45.

lensbildung und zur Volkssouveränität[65] den natürlichen Personen[66], und zwar prinzipiell den Bürgern, zu. Die Berechtigung von Ausländer zur Parteigründung wird ganz allgemein verneint.[67] Denn bereits die generelle Vereinigungsfreiheit steht nur Deutschen zu. Darüber hinaus schließt das parteikonstitutive Merkmal, sich auf die Willensbildung des Volkes und die Volksvertretung zu beziehen, Nichtwahlberechtigte und deren Organisationen aus.[68] Bei anderer Betrachtung muss in der Frage, ob Ausländern das Recht auf Gründung einer Partei zusteht, differenziert werden. Soweit sie in Deutschland an der Willensbildung der Staatsgewalt mitwirken dürften, sollten Ausländer auf Gründung einer Partei haben. Das gelte besonders für EU-Bürger auf europäischer (Art. 23 Abs. 1 GG) und auf kommunaler (Art. 28 Abs. 1 S. 3 GG) Ebene. Daher seien diese auch Träger der Parteigründungsfreiheit, sofern die jeweiligen Parteien auch eine Mitwirkung in den EU-Bürgern offen stehenden Volksvertretungen anstrebten.[69] Sonstige Ausländer sind dagegen nach der Rechtsprechung des BVerfG vom Wahlrecht zu Volksvertretungen grundsätzlich ausgeschlossen[70] und haben daher kein Recht auf Gründung einer politischen Partei.

Ungeachtet der Frage, ob Ausländern das Recht zur Parteigründung zustehen soll, steht unstreitig jedem deutschen Bürger frei, sich mit anderen in einer Partei zusammenzuschließen und zu wirken. Darüber hinaus umfasst die Gründungsfreiheit das Recht, einer bestehenden Partei beizutreten und das Recht, einer Partei fernzubleiben bzw. aus ihr auszutreten.[71] Kehrseite dessen soll das Recht auf Auflösung der Partei und ihre Vereinigung mit anderen Parteien sein.[72] Obwohl der Staat die Ausübung dieser Rechte nicht erschweren darf, ist er nicht daran gehindert, die Bildung politischer Parteien rechtlich zu begünstigen.[73]

Die Gründungsfreiheit gem. Art. 21 Abs. 1 S. 2 GG umfasst das Sichzusammenfinden und Verständigen auf eine gemeinsame Programmatik und die Wahl der Organisationsform.[74] Parteien werden zur Verfolgung politischer Ziele gegrün-

---

65 Morlok, Demokratie und Wahlen, in: Badura/Dreier (Hrsg.), FS 50 Jahre BVerfG, Bd. II, 2001, S. 559 (562 ff.).

66 Gusy, Ak-GG, Art. 21, Rn. 62; Ipsen, in: Sachs, GG, Art. 21, Rn. 29; a. A. Tsatsos/Morlok, Parteienrecht, 1982, S. 77.

67 Gusy, Ak-GG, Art. 21, Rn. 63; Morlok, in: Dreier, GG, Bd. II, Art. 21, Rn. 51.

68 Im europäischen Unionsrecht genießen EU-Bürger die Parteienfreiheit. Morlok, in: Dreier, GG, Bd. II, Art. 21, Rn. 14, 51.

69 So Gusy, Ak-GG, Art. 21, Rn. 63.

70 BVerfGE 83, 37 ff.; 60, 71 ff.

71 Pieroth, in: Jarass/Pieroth, Art. 21, Rn. 15.

72 Streinz, in: v. Mangoldt/Klein/Starck, GG II, Art. 21, Rn. 105; Henke, in: BK, Art. 21, Rn. 270, 273; Tsatsos/Morlok, Parteienrecht, 1982, S. 77; a. A. Gusy, Ak-GG, Art. 21, Rn. 62.

73 Gusy, AK-GG, Art. 21, Rn. 62.

74 BVerfGE 104, 14 (19).

det. Zur Freiheit gem. Art. 21 Abs. 1 S. 2 GG gehört die Freiheit der Zieldefinition, die auch umfasst, wie die Parteien sich im Namen, in ihrer Satzung und im Parteiprogramm darstellen wollen.[75] Damit ist die Programmfreiheit geschützt, denn die Gründungsfreiheit wäre ohne diese Programmautonomie wertlos. Jede inhaltliche Anforderung an das Programm einer Partei seitens des Staates wäre eine Bewertungsbefugnis und würde den Parteienwettbewerb verfälschen.[76] § 6 Abs. 1 S. 1 PartG schreibt zwar die Notwendigkeit eines Parteiprogramms vor, stellt aber keine inhaltlichen Anforderungen.

Die Freiheit der Namenswahl wird ebenfalls geschützt. Dies ist darauf zurückzuführen, dass bereits die Gründungsfreiheit auf die Parteiidentität abzielt. Der Name der Partei ist eines der wichtigsten identitätsbestimmenden Merkmale. Daher wird das Recht auf freie Wahl des Namens durch die Gründer bzw. Mitglieder gewährleistet.[77] Jede Partei wird bei der Namenswahl darauf bedacht sein, ihre Ideale und inhaltliche Ausrichtung möglichst prägnant zum Ausdruck zu bringen.[78] Damit lässt sich die Freiheit der Namenswahl der Programmautonomie zuordnen. Eingriffe der öffentlichen Gewalt in die freie Namenswahl führen zur Verletzung eines Kerngehalts der Parteienfreiheit.[79] Neben dem Parteinamen können zu den identitätsbestimmenden Merkmalen auch Wappen, Logos oder Zeichen zählen. Falls zwischen den Namen zweier Parteien starke Ähnlichkeit besteht, kann die zuständige Behörde dennoch eine mutmaßliche „Verwechselungsgefahr" nicht als Grund zur Verweigerung der Wahlzulassung heranziehen.[80] Für Streitigkeiten über Parteinamen sind die ordentlichen Gerichte zuständig.[81]

Weiterhin gewährleistet die Gründungsfreiheit die Wahl der Rechtsform.[82] Da Parteien als Gebilde im gesellschaftlichen Raum angesiedelt sind, kommt allein die Rechtsform des rechtsfähigen oder des nichtrechtsfähigen Vereins nach bürgerlichem Recht in Betracht (§§ 21, 54 BGB).[83] Im Rahmen ihrer grundgesetzlich geschützten Organisationsfreiheit können die Parteien zwar prinzipiell selbst entscheiden wie sie sich gliedern. Art. 21 Abs. 1 S. 3 GG schränkt diese Entscheidung jedoch ein. Aufgrund dessen haben sie nur die Freiheit, die für sie kraft ver-

75 Kunig, in: HbdStR III, § 40, Rn. 26; Morlok, in: Dreier, GG, Bd. II, Art. 21, Rn. 57; Gusy, AK-GG, Art. 21, Rn. 64.

76 Grimm, in: HdbVerfG, § 14, Rn. 32; Streinz, in: v. Mangoldt/Klein/Starck, GG II, Art. 21, Rn. 108.

77 Gusy, AK-GG, Art. 21, Rn. 64.

78 Vgl. Sannwald, in: Hofmann/Hopfauf, GG, Art. 21, Rn. 43.

79 Klein, in: Maunz/Dürig, Art. 21, Rn. 276.

80 BVerfGE 89, 291 (308).

81 BGH, JZ 1965, 524 (525).

82 BVerfGE 104, 14 (19).

83 Klein, in: Maunz/Dürig, Art. 21 Rn. 274; Seifert, Die politischen Parteien im Recht der Bundesrepublik Deutschland, 1975, S. 116f.

fassungsrechtlicher bzw. gesetzlicher Anordnung verbindlichen demokratischen Grundsätze im Rahmen des geltenden Rechts auszugestalten.[84]

3. Betätigungsfreiheit

Geschützt wird darüber hinaus die Betätigungsfreiheit als ein der Partei zustehendes Recht[85], weil die gegründete Partei sich frei entfalten können muss. Sie umfasst alle spezifisch parteipolitischen Betätigungen. Damit sind die geschützten parteitypischen Tätigkeiten nicht auf herkömmliche Betätigungsformen einer Partei beschränkt, wie sie etwa die Mitgliederfreiheit, die Wettbewerbsfreiheit und die Finanzierungsfreiheit schützen. Dies umfasst auch gänzlich neuartige Betätigungsformen, so beispielsweise Aktivitäten kultureller oder wirtschaftlicher Art, die die Programmatik und Inhalte der Partei nach außen darstellen und dabei auch für sie werben sollen.[86] Nicht geschützt sind dagegen rein erwerbsorientierte wirtschaftliche Betätigungen.[87]

a) Mitgliederfreiheit

Wegen des mit der Programmfreiheit verbundenen Rechts sind die Parteien grundsätzlich in der Aufnahme von Mitgliedern frei. Es ist fraglich, in welchem Verhältnis die Beitrittsfreiheit des Einzelnen und die Aufnahmefreiheit der Parteien stehen. Dies führt zur Diskussion der Frage, ob der einzelne Staatsbürger einen Anspruch auf Zugang zu den bestehenden politischen Parteien hat. Meinungsvertreter, die einen Aufnahmeanspruch gegenüber Parteien ablehnen, argumentieren mit dem Hinweis, dass Staatsbürger nach der Ablehnung der Aufnahme in eine Partei immer noch die Möglichkeit haben, nach Art. 21 Abs. 1 S. 2 GG eine neue Partei zu gründen. Außerdem seien die Bedingungen der Aufnahme vollständig der Regelung in der jeweiligen Satzung überlassen, also der Autonomie des Vereins. Lediglich ein Zwang zum Eintritt in einen Verein sei nach Art. 9 GG unzulässig. Diese Rechtslage bedürfe für die Parteien unter dem Gesichtspunkt demokratischer Grundsätze keiner Korrektur. Die demokratischen Grundsätze verlangen vollkommene Freiheit der Parteibildung und die Freiheit des Beitritts zu den Parteien, damit jedermann unbeeinflusst vor irgendwelchen konstituierten

84 Gusy, AK-GG, Art. 21, Rn. 64; Klein, in: Maunz/Dürig, Art. 21, Rn. 275.

85 Streinz, in: v. Mangoldt/Klein/Starck, GG II, Art. 21, Rn. 99; Klein, in: Maunz/Dürig, Art. 21, Rn. 273; Ipsen, in: Sachs, GG, Art. 21, Rn. 29; Sannwald, in: Hofmann/Hopfauf, GG, Art. 21, Rn. 45; Ohlberg, Die Parteigründungsfreiheit – eine vergessene Verfassungsnorm? 1987, S. 21.

86 Morlok, in: Dreier, GG, Bd. II, Art. 21, Rn. 52.

87 Schindler, Die Partei als Unternehmer, 2006, S. 68 ff.

Gewalten in Freiheit an der Bildung des politischen Willens in der Gesellschaft teilnehmen könne.[88]

Die Gegenansicht, die sich für einen Aufnahmeanspruch gegenüber Parteien ausspricht, beruft sich auf das Demokratieprinzip und stellt heraus, dass die Funktion der politischen Parteien die von Bindegliedern zwischen Staatsvolk und Staatsorganen sei. Diese Funktion lasse sich nur erfüllen, wenn die Rechtsordnung gewährleiste, dass die Parteien zum Staatsvolk hin offen seien. Anderenfalls bestehe die Gefahr, dass in ihnen der Volkswille durch oligarchische Sperren verfälscht werden könnte. Ein weiterer Gesichtspunkt sei das verfassungsrechtliche Gebot, allen Bürgern gleiche politische Rechte und Chancen zu gewährleisten. Wahlrechtsgleichheit, Chancengleichheit sowie Gleichheit der Rechte jedes Parteimitglieds seien Konkretisierungen des Demokratieprinzips. Falls ein Recht auf Zugang zu den Parteien nicht gegeben sei, bestehe keine Gleichheit der politischen Rechte der Bürger. Schließlich strahlten die Wertvorstellungen der Grundrechte, welche die Freiheit zu politischer Betätigung verbürgten, in den vorstaatlichen Raum aus, in dem die Parteien wirken. Falls kein Aufnahmeanspruch vorhanden sei, sei es möglich, dass Bürger nur übrig bliebe, die von den Parteien vorgenommene Kandidatenaufstellung zu billigen. Die Bürger hätten dann nur das aktive Wahlrecht, aber keine Möglichkeit bei der Bildung des politischen Willens in einer Partei mitzuwirken. Die Literaturstimmen, die sich für einen Aufnahmeanspruch aussprechen, betonen aber auch, dass der Anspruch auf Zugang zu den Parteien Grenzen habe: Wer kein Wahlrecht habe, dem gegenüber könnten Parteien den Aufnahmeantrag ablehnen.[89]

Zu dieser Frage hat sich das BVerfG noch keine Stellung bezogen. Die einschlägige gesetzliche Bestimmung gem. § 10 Abs. 1 PartG, sieht aber vor, dass die zuständigen Organe der Partei nach näherer Bestimmung der Satzung frei über die Aufnahme von Mitgliedern entscheiden und die Ablehnung eines Aufnahmeantrages nicht notwendigerweise begründet werden muss. Unzulässig sind lediglich allgemeine, sowie befristete Aufnahmesperren, § 10 Abs. 1 S. 3 PartG. Nach § 10 Abs. 1 S. 4 PartG können infolge eines Richterspruchs Perso-

88 Zum Vorstehenden: Henke, Das Recht der politischen Parteien, 1972, S. 89ff.; Seifert, Die politischen Parteien im Recht der Bundesrepublik Deutschland, 1975, S. 209; Luthmann, Rechtsstellung der Mitglieder von politischen Parteien, DVBl. 1962, 166 (169f.).

89 Zum Vorstehenden: Tsatsos/Morlok, Parteienrecht, 1982, S. 59ff.; Magiera, Der Rechtsanspruch auf Parteibeitritt, DÖV 1973, 762 (765ff.); Knöpfle, Der Zugang zu den politischen Parteien, Der Staat 1970, 321 (334ff.); Trautmann, Innerparteiliche Demokratie im Parteienstaat, 1975, S. 193ff.; Wolfrum, Die innerparteiliche demokratische Ordnung nach dem Parteiengesetz, 1974, S. 157ff.; Stoklossa, Zugang zu den politischen Parteien im Spannungsfeld zwischen Vereinsautonomie und Parteienstaat, 1989, S. 87ff.; Morlok, Der Anspruch auf Zugang zu den politischen Parteien, in: Merten/Schmidt/Stettner (Hrsg.), Der Verwaltungsstaat im Wandel, 1996, S. 231 (247ff.). Kritik: Wißmann, in: Kersten/Rixen, Parteiengesetz, § 10, Rn. 8.

nen, die weder wählbar sind, noch ein eigenes Wahlrecht besitzen, kein Parteimitglied werden. Diese Einschränkung ist durch die Anknüpfung der Parteimitgliedschaft an das Wahlrecht zwar gerechtfertigt, hat aber kaum praktische Bedeutung, da Parteien an solchen Mitgliedern kaum Interesse haben dürften.[90]

b) Wettbewerbsfreiheit

Die Parteien müssen nach außen wirken können, um ihre Ansichten im Kampf der politischen Meinungen vertreten zu können und anschließend Wählerstimmen zu gewinnen.[91] Nach außen wirkende Tätigkeiten aller Art fallen in den Schutzbereich der Parteifreiheit aus Art. 21 Abs. 1 S. 2 GG; vor allem werden dabei die Meinungsäußerungs- (Art. 5 Abs. 1 S. 1 GG) und die Pressefreiheit (Art. 5 Abs. 1 S. 2 GG) sowie die Versammlungsfreiheit (Art. 8 GG) aktiviert.[92] Ein guter Teil der äußeren Parteitätigkeit besteht im Wettbewerb der Parteien miteinander, besonders bei Wahlen. Der Straßenwahlkampf mit Plakatwerbung, Informationsständen und Flugblattverteilung ist daher geschützt.[93] Die Verwendung von Ständen, Tischen und Gestellen bedarf zwar einer Sondernutzungserlaubnis.[94] Das Ermessen der Verwaltung bei der Entscheidung über straßenrechtliche Sondernutzungsgenehmigungen verdichtet sich aber in Wahlkampfzeiten regelmäßig zu einer Pflicht, eine straßenrechtliche Sondernutzungserlaubnis im innerstädtischen Verkehrsraum zu erteilen.[95] Soweit Wahlkampfversammlungen im öffentlichen Raum nicht ohnehin als Gemeingebrauch[96] zu qualifizieren sind, besteht für sie ein Anspruch auf Sondernutzungserlaubnis. Dabei darf nicht nach den Zielen oder der Programmatik der Parteien differenziert werden, sodass einer Partei nicht mit dem Hinweis auf ihre verfassungsfeindlichen Ziele die Zulassung zu kommunalen Versammlungsräumen verweigert werden kann.[97]

---

90 Streinz, in: v. Mangoldt/Klein/Starck, GG II, Art. 21, Rn. 109.

91 Streinz, in: v. Mangoldt/Klein/Starck, GG II, Art. 21, Rn. 111.

92 Morlok, in: Dreier, GG, Bd. II, Art. 21, Rn. 14, 60.

93 Hardmann, Die Wahlkampfwerbung von Parteien in der Bundesrepublik Deutschland, 1992, S. 95 ff.; Walther, Wahlkampfrecht, 1989, S. 102 ff.

94 BVerwGE 56, 63 (67).

95 BVerwGE 56, 56 (59 ff.).

96 BVerwGE 56, 24 (25 ff.).

97 BVerwG DVBl. 1990, 154.

4. Schranken

Das Grundgesetz setzt der Parteienfreiheit bestimmte Schranken und erlegt Verpflichtungen auf, die sie von der allgemeinen Vereinigungsfreiheit abhebt. Insbesondere sind als spezifische Schranken der Parteienfreiheit die Verpflichtung auf die innerparteiliche Demokratie, Art. 21 Abs. 1 S. 3 GG, das Gebot der öffentlichen Rechenschaftslegung, Art. 21 Abs. 1 S. 4 GG, sowie die Möglichkeit eines Verbots verfassungswidriger Parteien, Art. 21 Abs. 2 GG zu nennen. Ferner gelten die allgemeinen Schranken als verfassungsimmanente Schranken sowie die besonderen Schranken, die den Grundrechten gesetzt sind. Allerdings ist bei deren Anwendung der modifizierende Einfluss von Art. 21 GG selbst zu berücksichtigen, vor allem bei Wahlkampfaktivitäten.[98]

II. Chancengleichheit

1. Herleitung

Die Demokratie beruht auf der freien Konkurrenz von Meinungen und Interessen sowie von Personen und Gruppen. Damit die Funktion des Wettbewerbs erfüllt werden kann, ist es notwendig, dass diejenigen, die sich am Wettbewerb beteiligen wollen, mit gleichen Chancen in ihn eintreten und sich in ihm betätigen können.[99] Die Freiheit der Parteien ist notwendig gleiche Freiheit. Aus dieser Grundidee der Demokratie folgt neben der Parteienfreiheit die Parteiengleichheit, die gleiche Wettbewerbschancen verlangt.[100] Dies wird bereits in der frühen Rechtsprechung des BVerfG beleuchtet: *„Die Demokratie kann nicht funktionieren, wenn nicht die Parteien grundsätzlich unter gleichen rechtlichen Bedingungen in den Wahlkampf eintreten“*. Das Recht auf Chancengleichheit versteht sich nach der Auffassung des BVerfG deshalb *„als Bestandteil der demokratischen Grundordnung von selbst“*.[101]

---

98 Morlok, in: Dreier, GG, Bd. II, Art. 21, Rn. 64; Streinz, in: v. Mangoldt/Klein/Starck, GG II, Art. 21, Rn. 117 f.

99 Arnim, Wer kümmert sich um das Gemeinwohl? – Auflösung der politischen Verantwortung im Parteienstaat, ZRP 2002, 223 (225).

100 Arnim, Politische Parteien, DÖV 1985, 593 (594 f.); vgl. Morlok, Das BVerfG als Hüter des Parteienwettbewerbs, NVwZ 2005, 157 (157 f.).

101 BVerfGE 1, 208 (242).

a) Im Schrifttum

Zur Herleitung der Chancengleichheit der Parteien ist im Grundgesetz nichts ausdrücklich statuiert. In der Literatur werden dazu unterschiedliche Meinungen vertreten. Zum einen wird die Chancengleichheit allein aus Art. 21 GG abgeleitet.[102] Es wird vertreten, dass der allgemeine Gleichheitsgrundsatz hinter seine speziellen Ausprägungen zurücktrete. Solche seien für den spezifischen Funktionsbereich der Parteien die Funktionszuweisung in Art. 21 Abs. 1 S. 1 GG und die Gründungsfreiheit in Art. 21 Abs. 1 S. 2 GG. Der formal zu verstehende Grundsatz der Wahlrechtsgleichheit (Art. 38 Abs. 1 S. 1 GG) sei in seinem Anwendungsbereich zu stark eingeengt, um eine umfassende Chancengleichheit der Parteien garantieren zu können. Art. 21 Abs. 1 S. 2 GG würde bereits auf den spezifischen Funktionsbereich der Parteien hinweisen und sei somit eine solche spezielle Ausprägung gegenüber dem allgemeinen Gleichheitsgrundsatz. Deshalb brauche zur Begründung der Chancengleichheit neben Art. 21 GG nicht auf andere Bestimmungen zurückgegriffen zu werden.[103]

Zum zweiten wird der wahlrechtliche Gleichheitssatz des Art. 38 Abs. 1 S. 1 GG herangezogen.[104] Danach sei die Chancengleichheit der Parteien nach dem Grundsatz der gleichen Wahl (Art. 38 Abs. 1 S. 1 GG) zu beurteilen, wenn der Sinn der Mitwirkung bei der politischen Willensbildung vom Demokratieverständnis abhänge. Die Diskussion im Schrifttum darüber, ob die Chancengleichheit aus Art. 3 Abs. 1, Art. 20 Abs. 2 oder Art. 21 Abs. 1 GG abzuleiten sei, beruhe darauf, dass der formale Charakter der Chancengleichheit nicht immer berücksichtigt werde. Formale Gleichbehandlung fordere im Grundgesetz aber nur Art. 38 Abs. 1 S. 1 GG.[105]

Zum dritten wird die Chancengleichheit in Art. 21 Abs. 1 S. 1 und S. 2 GG i. V. m. dem in Art. 20 Abs. 1 GG und Art. 28 Abs. 1 S. 1 GG genannten Demokratieprinzip verortet.[106] Hierbei wird davon ausgegangen, dass der wahlrechtliche Gleichheitssatz in Art. 38 Abs. 1 GG und Art. 28 Abs. 1 S. 2 GG für die Herleitung der Chancengleichheit ungeeignet ist, weil er in erster Linie für die individuelle Wahlrechtsgleichheit stehe und auf den Wahlbereich gemünzt sei. Der allgemeine Gleichheitssatz aus Art. 3 Abs. 1 GG sei ebenfalls unpassend, da er nicht direkt

102 Lippenhardt, Die Gleichheit der politischen Parteien vor der öffentlichen Gewalt, 1975, S. 118; Grimm in: HbVerfR, § 14, Rn. 42; Kunig, in: HbdStR III, § 40, Rn. 93.

103 Ipsen, in: Sachs, GG, Art. 21, Rn. 33; Kunig, in: HbdStR III, § 40, Rn. 93.

104 Roellecke, in Clemens/Umbach, Art. 21, Rn. 87; Badura, in: BK, Anhang zu Art. 38, Rn. 15 ff.; Badura, Staatsrecht, 3. Aufl., 2003, S. 448.

105 Roellecke, in Clemens/Umbach, Art. 21, Rn. 87.

106 Tsatsos/Morlok, Parteienrecht, 1982, S. 88 f.

einschlägig sei. Zur Realisierung eines freien Parteienwettbewerbs dürfe zwischen Parteien keine rechtliche Differenzierung vorgenommen werden.

Viertens wird die Chancengleichheit aus Art. 21 Abs. 1 GG i. V. m. Art. 3 Abs. 1 GG hergeleitet. Dem liegt die Überlegung zugrunde, dass die Verfassung keinen ausdrücklichen, speziellen Gleichheitssatz enthalte, der die Chancengleichheit der politischen Parteien formuliere. Die Grundrechte gelten für Parteien, die allerdings durch Art. 21 GG eine besondere Prägung erhielten. Grundrechtlicher Ausgangspunkt bleibe also für die Chancengleichheit der allgemeine Gleichheitssatz des Art. 3 Abs. 1 GG. Außerdem passe der Grundsatz der Wahlgleichheit gem. Art. 38 Abs. 1, 28 Abs. 1 S. 2 GG nicht direkt. Der wahlrechtliche Gleichheitssatz betreffe grundsätzlich nur den Bereich der Wahl, während der Grundsatz der Chancengleichheit für das gesamte Feld der Parteienmitwirkung an der politischen Willensbildung gelte.[107] Eine alternative Ansicht, die aber zum gleichen Ergebnis führt, beruft sich auf eine verfahrensrechtliche Überlegung und hebt hervor, dass allein Art. 21 GG für die Gewährleistung der Gleichheit nicht ausreicht sei. Ein Rückgriff auf Art. 3 Abs. 1 GG sei verfahrensrechtlich notwendig, wenn Parteien Verfassungsbeschwerde gegen hoheitliche Maßnahmen einlegen wollten.[108] Darüber hinaus verdichte sich das allgemeine Willkürverbot des Art. 3 Abs. 1 GG über Art. 21 Abs. 1 GG zum Gebot formaler Gleichbehandlung.[109]

Zum Fünften wird versucht, eine andere kombinierte verfassungsrechtliche Grundlage herzuleiten. Diese Meinung beruht darauf, dass jeder einzelne Artikel, für sich genommen, für das Herleiten der Chancengleichheit nicht ausreiche. Falls die Chancengleichheit parteipolitischer Betätigung lediglich in der wahlrechtlichen Gleichheit fuße, werde die Spezialität dieser Bestimmungen ihr nicht gerecht. Die ausschließliche Gründung im allgemeinen Gleichheitssatz wiederum sollte abgelehnt werden, weil dieser regelmäßig nur als Willkürverbot verstanden werde und damit der parteirechtlichen Gleichheit als einem wettbewerbskonstitutiven Gebot nicht gerecht werde. Art. 21 Abs. 1 GG allein habe keinen Grundrechtscharakter, was die Verfassungsbeschwerde ausschließe. Folglich ist die Chancengleichheit der Parteien und ihrer Mitglieder aus Art. 3 Abs. 1 GG, dem Demokratieprinzip und Art. 21 Abs. 1 GG abzuleiten.[110]

107 Vgl. Jülich, Chancengleichheit der Parteien – Zur Grenze staatlichen Handelns gegenüber den politischen Parteien nach dem Grundsatz, 1967, S. 76; Henke, in: BK, Art. 21, Rn. 218; Mauersberger, Die Freiheit der Parteien: Der Rechtscharakter des Art. 21 GG, 1994, S. 110 f.

108 Jülich, Chancengleichheit der Parteien – Zur Grenze staatlichen Handelns gegenüber den politischen Parteien nach dem Grundsatz, 1967, S. 76.

109 Mauer, Die Rechtsstellung der politischen Parteien, JuS 1991, 881 (887).

110 Klein, in: Maunz/Dürig, Art. 21, Rn. 304; Morlok, in: Dreier, GG, Bd. II, Art. 21, Rn. 76; Kluth, in: Epping/Hillgruber, GG, Art. 21, Rn. 127.

Zum sechsten gibt es bereichsspezifische differenzierte Herleitungen aus Art. 20 Abs. 1 S. 1 GG sowie Art. 3 GG i. V. m. Art. 21 Abs. 1 S. 1 und S. 2 GG oder für politische Wahlen als „seinem wichtigsten Geltungsbereich“ Art. 38 Abs. 1 S. 1 GG und Art. 28 Abs. 1 S. 2 GG. Demnach soll die Wahlgleichheit in Art. 38 Abs. 1 GG in auf die Wahl bezogenen Angelegenheiten angewendet werden. Je enger der Zusammenhang zu den Wahlen sei, desto einschlägiger sei die strikt formal zu deutende Wahlrechtsgleichheit. Soweit die Angelegenheit außerhalb der Wahl liege und die Wahlgleichheit nicht anwendbar sei, bleibe Raum für Differenzierungen im Rahmen des allgemeinen Grundsatzes in Art. 3 Abs. 1 GG. Das gelte zunächst für die Parteien untereinander. Gegenüber sonstigen Mitwirkenden an der politischen Willensbildung des Volkes könne dann Art. 21 GG ein limitiertes rechtliches Differenzierungsgebot bewirken.[111]

b) Herleitung aus der Rechtsprechung des BVerfG

Die Chancengleichheit ist nach der ständigen Rechtsprechung des BVerfG dem verfassungsrechtlichen Status der Parteien zuzurechnen.[112] Das BVerfG hat in ständiger Rechtsprechung betont: Das Recht auf Chancengleichheit *„ist zwar im Grundgesetz nicht ausdrücklich gewährleistet, ergibt sich aber aus der Bedeutung, die der Freiheit der Parteiengründung und dem Mehrparteienprinzip für die Freiheitliche Demokratie zukommt“*.[113] Das BVerfG hat den Grundsatz der Chancengleichheit der Parteien in verschiedenen Bereichen unterschiedlich begründet. Zum einen leitete das BVerfG die Chancengleichheit allein aus Art. 21 Abs. 1 GG ab: *„Dieses Grundrecht ist vom Bundesverfassungsgericht aus Art. 21 Abs. 1 GG zunächst für den Wahlvorgang selbst entwickelt worden.“*[114] Die Chancengleichheit wurde in anderen Fällen aber auch aus Art. 3 Abs. 1 GG i. V. m. Art. 21 GG abgeleitet.[115] Beispielsweise hat das BVerfG in einer früheren Entscheidung erklärt: *„Wie das Bundesverfassungsgericht bereits mehrfach entschieden hat, ist der Grundsatz der politischen Parteien grundrechtlich gesichert. Dies ergibt sich aus Art. 3 Abs. 1 und 3 in Verbindung mit Art. 21 Abs. 1 GG.“*[116] Die Chancengleichheit wird gelegentlich auch auf Art. 21 Abs. 1 S. 1 GG

111 Gusy, Ak-GG, Art. 21, Rn. 88; Seifert, Die politischen Parteien im Recht der Bundesrepublik Deutschland, 1975, S. 131 f.; Hwai-Tzong Lee, Chancengleichheit der politischen Parteien – Eine sich aus der „Natur der Sache“ ergebende Betrachtung, Diss. München, 1994, S. 13; Streinz, in: v. Mangoldt/Klein/Starck, GG II, Art. 21, Rn. 122.

112 BVerfGE 1, 208 (242); 73, 40 (65); 82, 322 (337).

113 BVerfGE 6, 273 (280); 7, 99 (107); 47, 198 (225); 52, 63 (88); 73, 1 (28 f.); 73, 40 (88); 82, 322 (337); 85, 264 (297) ; 111, 54 (104 f.); 111, 382 (398).

114 BVerfGE 8, 51 (63).

115 BVerfGE 6, 273 (280); 7, 99 (107); 47, 198 (225); 85, 264 (296); 111, 54 (104 f.); 111, 382 (398).

116 BVerfGE 7, 99 (107); vgl. BVerfGE 6, 273 (280).

i. V. m. Art. 38 GG gestützt.[117] In einem anderen Fall deutet das BVerfG anders darauf hin: *„Das Grundgesetz gewährleistet durch Art. 3, Art. 21 und Art. 38 GG die Chancengleichheit der Parteien"*.[118] In einigen wahlrechtsbezogenen Fällen stellt das BVerfG die gleichen Chancen bei der Wahl auf die Wahlrechtsgleichheit (Art. 38 Abs. 1, Art. 28 Abs. 1 S. 2 GG) ab.[119]

Über die unterschiedliche Herleitung der Chancengleichheit durch das BVerfG wird in der wissenschaftlichen Literatur die Meinung vertreten, dass Art. 21 Abs. 1 GG in der Rechtsprechung herangezogen werde, wenn es um ein Organstreitverfahren gehe, weil in diesem Verfahren Grundrechte nicht geltend gemacht werden können. Art. 3 GG finde dagegen Anwendung, wenn es sich um eine Verfassungsbeschwerde handele.[120] Das BVerfG habe die Chancengleichheit insgesamt in einen Komplex eingeordnet, der sich aus den Aspekten des Mehrparteiensystems, der Freiheit der Parteiengründung, dem allgemeinen Gleichheitssatz und der Wahlgleichheit gemeinsam ergebe.[121]

2. Träger

Träger des Rechts auf chancengleiche parteipolitische Betätigung sind sowohl natürliche Personen als auch politische Parteien. Jeder Bürger ist in seinen parteipolitischen Aktivitäten also auch darin geschützt, chancengleich mit anderen zu konkurrieren.[122] Die Parteien selbst genießen das Recht als Organisationen.[123]

3. Formale Gleichheit

a) Umfang

Der Grundsatz der Chancengleichheit gebietet eine formale Gleichbehandlung der Parteien und führt zu einem grundsätzlichen Differenzierungsverbot.[124] Eine

117 BVerfGE 44, 125 (145); 82, 322 (337); 84, 304 (324).

118 BVerfGE 104, 14 (19).

119 BVerfGE 4, 375 (382); 7, 63 (70); 11, 266 (272); 13, 1 (12); 34, 81 (98); 41, 399 (413).

120 Maurer, Die Rechtsstellung der politischen Parteien, JuS 1991, 881 (886); Streinz, in: v. Mangoldt/Klein/Starck, GG II, Art. 21, Rn. 121.

121 Hwai-Tzong Lee, Chancengleichheit der politischen Parteien – Eine sich aus der „Natur der Sache" ergebende Betrachtung, Diss. München, 1994, S. 9; Streinz, in: v. Mangoldt/Klein/Starck, GG II, Art. 21, Rn. 119.

122 Vgl. Kißlinger, Das Recht auf politische Chancengleichheit, 1998, S. 88 ff.

123 Morlok, in: Dreier, GG, Bd. II, Art. 21, Rn. 77.

124 BVerfGE 69, 257 (268); 82, 322 (337); 104, 14 (20).

Ungleichbehandlung der Parteien ist zwar erlaubt, kann aber nur durch zwingende Gründe gerechtfertigt werden.[125] Darüber hinaus ergibt sich der Charakter als Gleichheit der Chancen aus der Wettbewerbsidee. Die Gleichheit der Parteien richtet sich daher auf „Startgleichheit“[126] und auf Gleichheit in den Wettbewerbsbedingungen, nicht auf das Ergebnis.

Ferner werden Parteien erst in ihrer personellen und programmatischen Unterschiedlichkeit sinnvoll, die auch zu Unterschieden in Mitgliedschaft, Wählerstimmen, Finanzkraft usw. führt. Diese Ungleichheit ist als Produkt des freien und offenen politischen Prozesses dem Staat vorgegeben.[127] Folglich ist die Entwicklung von Ungleichheiten unter dem Mehrheitsprinzip erwünscht. Damit sich diese erwünschte Entwicklung vollziehen kann, besteht eine Verpflichtung staatlicher Institutionen zur Neutralität gegenüber Parteien und ihren Anhängern.[128] Der Staat darf die vorgefundene Wettbewerbslage nicht verfälschen oder beeinflussen.[129] Dies hat zur Folge, dass weder die bestehenden Unterschiede nivelliert noch vergrößert werden sollen. Neutralität bedeutet nicht lediglich, dass der Staat politisch schweigt. Staatsneutralität in diesem Sinne ist aktive Neutralität. Der Staat soll durch sein politisches Handeln und seine politischen Äußerungen Neutralität herstellen bzw. gewährleisten.[130] Das Recht der Parteien auf Chancengleichheit zieht dem Ermessen des Gesetzgebers besonders enge Grenzen.[131] Der Gesetzgeber ist dagegen nicht verpflichtet, vorgegebene und sich aus den tatsächlichen Verhältnissen ergebende Unterschiede in den Wettbewerbschancen auszugleichen.[132]

b) Abgestufte Chancengleichheit

Fragen nach Art und Umfang der Ungleichbehandlung sowie danach, wie sie gerechtfertigt werden können, sind problematisch und umstritten.[133] Besonders

---

125 BVerfGE 6, 273 (280); 8, 51 (64 f.); 73, 40 (88 f.); 104, 14 (20); 111, 382 (398).

126 Schoch, Der Gleichheitssatz, DVBl. 1988, 863 (880 f.); Schwerdtner, Chancengleichheit und Minderheitenschutz in der Kommunalpolitik, DÖV 1990, 14 (16); Robbers, Der Gleichheitssatz, DÖV 1988, 749 (757); es wird aber bezweifelt, dass die Verwendung der „Chancengleichheit“ weder „Chancen-“ noch „Startgleichheit“ entspricht: Starck, in: v. Mangoldt/Klein/Starck, GG I, Art. 3, Rn. 33.

127 Grimm in: HbVerfR, § 14, Rn. 42.

128 Koch, Neutralitätspflicht und Chancengleichheit bei Leistungen an politische Parteien, ZParl. 2002, 694 (698 ff.).

129 BVerfGE 20, 56 (118); 41, 399 (414); 42, 53 (59); 44, 125 (146); 52, 63 (89); 73, 40 (89); 85, 264 (297); 104, 287 (300); 111, 382 (398).

130 Gusy, Ak-GG, Art. 21, Rn. 98.

131 BVerfGE 8, 51 (64 f.); 24, 300 (341); 44, 125 (146); 52, 63 (89); 73, 40 (89); 82, 322 (337 f.).

132 BVerfGE 14, 121 (134); 20, 56 (118); 69, 92 (109); 73, 40 (89); 85, 264 (297); 104, 287 (300).

133 Streinz, in: v. Mangoldt/Klein/Starck, GG II, Art. 21, Rn. 124.

streitig ist die einfachrechtliche Bestimmung von § 5 PartG. Der Grundsatz der formalen Chancengleichheit wird dadurch modifiziert. Dies wird als „abgestufte Chancengleichheit“ bezeichnet. § 5 Abs. 1 S. 1 PartG regelt den Fall, dass ein Träger öffentlicher Gewalt den Parteien Einrichtungen zur Verfügung stellt oder andere öffentliche Leistungen gewährt. Erfasst werden sämtliche Träger öffentlicher Gewalt einschließlich Körperschaften und Anstalten des öffentlichen Rechts unabhängig von der Form der Tätigkeit und der Art der Rechtsbeziehungen. Besonders betroffene Fälle sind etwa die Vergabe von Sendezeiten im Rundfunk, die Nutzung öffentlicher Räume für Parteiveranstaltungen, die Genehmigung von Sondernutzung an öffentlichen Straßen und Plätzen sowie die Verteilung öffentlicher Zuwendung.[134] Ausgenommen ist die Parteienfinanzierung aus staatlichen Mitteln, die im vierten Abschnitt des Parteiengesetzes (§§ 18ff. PartG) geregelt sind.

§ 5 Abs. 1 S. 2 PartG gestattet die „Abstufung“ des Umfangs der Leistungsgewährung „nach der Bedeutung der Parteien“ und setzt als Grenze das „für die Erreichung ihres Zweckes erforderliche Mindestmaß“. Die „Bedeutung“ ist gemäß § 5 Abs. 1 S. 3 PartG „nach den Ergebnissen vorausgegangener Wahlen zu Volksvertretungen“ zu gewichten. § 5 Abs. 1 S. 4 PartG räumt Parteien, die im Deutschen Bundestag in Fraktionsstärke vertreten sind, ein Minimum in Höhe der Hälfte der Gewährungen für jede andere Partei ein. § 5 Abs. 1 PartG gibt jedoch keinen Anspruch auf Leistungen, sondern ein Recht auf Mitbeteiligung an gewährten Leistungen und zur Verfügung gestellten Einrichtungen. Weiterhin bleiben nach § 5 Abs. 2 PartG Gewährungen öffentlicher Leistungen im Zusammenhang mit einer Wahl auf Parteien beschränkt, die dafür Wahlvorschläge eingereicht haben. Die Leistungen können an bestimmte sachliche, von allen Parteien zu erfüllende Voraussetzungen gebunden werden (§ 5 Abs. 3 PartG).

aa) Gegenauffassung

Die Gegenauffassung in der Literatur geht davon aus, dass § 5 PartG die Möglichkeit der Abweichung vom Grundsatz formaler Gleichbehandlung der Parteien eröffnet. Der Gleichheitssatz fordere eine formale Gleichbehandlung, so dass alle Parteien im Wahlkampf strikt gleich zu behandeln seien. Eine Abstufung nach der „Bedeutung“ der politischen Parteien lasse sich nicht formal handhaben, sondern erfordere eine Bewertung. Damit verliere der Grundsatz der Chancengleichheit

---

134 Für diese Beispiele siehe: Streinz, in: v. Mangoldt/Klein/Starck, GG II, Art. 21, Rn. 125; Kunig, in: HbdStR III, § 40, Rn. 95 m.w.N.

seine formale Natur und lässt Raum für Ermessenserwägungen. Folglich führe er zwangsläufig zu einem materiellen Verständnis von Chancengleichheit.[135]

Ein weiterer Anhaltspunkt dafür ist, dass das demokratische Prinzip als das Leitprinzip für die Ordnung der politischen Willensbildung einen grundsätzlich freien und offenen politischen Prozess verlangt. Damit vertrage sich eine an der unterschiedlichen Parteienstärke orientierte Differenzierung nicht, weil hierdurch den Parteien keine chancengleichen Startbedingungen eingeräumt werden.[136] Ferner bedeute abgestufte Chancengleichheit also nicht Freiheit von staatlicher Parteinahme, sondern ziele darauf ab, durch Leistungen der öffentlichen Hand die Willensbildung der Wähler zugunsten der im Parlament vertretenen Parteien zu beeinflussen. Sie stabilisiere dann das bestehende Parteiensystem und damit faktisch ein Oligopol der etablierten Parteien.[137]

Eine weitere kritische Stimme befürchtet, dass zwar die Abstufung zunächst nur an die äußere „Bedeutung" oder den Wahlerfolg als zentrale Messgröße des Bürgerzuspruchs anknüpft. Indes sei die Bedeutung wesentlich eine Folge der inhaltlichen und personellen Attraktivität der Parteien, so dass sich jede Förderung nach der Bedeutung zwangsläufig auch als Förderung bestimmter Politikinhalte auswirke.[138]

Des Weiteren wird vertreten, dass der Staat mit der Einräumung unterschiedlich bemessener Sendezeiten in die Willensbildung des Volkes selbst eingreife und diese beeinflusse. Durch unterschiedlich bemessene kostenlose Sendezeiten in öffentlich-rechtlichen Rundfunkanstalten verkürze der Staat die Darstellungschancen der kleineren Parteien. Dadurch werde die freie und gleiche Willensbildung des Volkes nicht gefördert, sondern im Gegenteil beeinträchtigt.[139] Dem Gedanken, der Wählerschaft von Staats wegen die unterschiedliche Bedeutung der Parteien vor Augen führen zu müssen, begegnet diese Meinung mit einer gewissen Distanz. Denn es sei in der Demokratie nicht Aufgabe einer allsorgenden Obrigkeit, Vorkehrungen zu treffen, dass sich Wähler das „richtige" Bild von den Parteien machen. Im Gegenteil messe sich der Staat mit seiner Vorsortierung

---

135 Kunig, in: HbdStR III, § 40, Rn. 96; Lipphardt, Die Gleichheit der politischen Parteien vor der öffentlichen Gewalt, 1975, S. 646; Klapp, Chancengleichheit von Landesparteien im Verhältnis zu bundesweit organisierten Parteien – Zugleich ein Beitrag zu aktuellen Fragen des Parteien- und Rundfunkrechts, 1989, S. 13f.

136 Neumann/Wesener, Rundfunkfreiheit, Grundsatz der Chancengleichheit und Wahlwerbung der politischen Parteien, DVBl. 1984, 914 (918).

137 Meyer, in: HbdStR III, § 46, Rn. 65; Kröger, Schematische Parteiengleichheit als Grundbedingung der modernen Demokratie, in: Festschrift Grewe, 1981, S. 513ff.

138 Volkmann, in: Friauf/Höfling (Hrsg.), BKGG, Art. 21, Rn. 60; vgl. Volkmann, Politische Parteien und öffentliche Leistung, 1993, S. 216ff.

139 Ipsen, in: Sachs, GG, Art. 21, Rn. 42ff.

der Parteien ein Recht an, das ausschließlich der Aktivbürgerschaft bei ihrer Wahlentscheidung zustehe.[140]

Eine alternative Meinung innerhalb der Gegenauffassung richtet sich nicht auf die Frage der Zulässigkeit der abgestuften Chancengleichheit. Sie ist sogar der Ansicht, dass die abgestufte Chancengleichheit nicht unzulässig sei, falls eine Ungleichbehandlung der Parteien notwendig sei. Sie richtet sich vielmehr auf die Frage des differenzierten Anhaltspunkts in § 5 Abs. 1 PartG. Ausgangspunkt dieser Überlegung ist, dass alle Tätigkeiten der Parteien dem Ziel der Erringung von Bedeutung für die Parteien dienen. Die bisher durch vorangegangene Wahlen gekennzeichnete Bedeutung der Parteien dürfe aber nicht umgekehrt als Kriterium angewendet werden.[141] Ferner sei der Erfolg bei Bundestagswahlen hierfür jedenfalls kein brauchbarer Anhaltspunkt, wenn die jeweilige Leistung nicht auf Bundesebene oder im Hinblick auf Leistungen der Parteien für Zwecke des Bundes erbracht werde.[142] Eine andere Meinung unterscheidet zwischen begrenzten und unbegrenzten Ressourcen. Demnach seien Sendezeiten für Wahlsendungen gleichmäßig auf alle an der Wahl beteiligten Parteien zu verteilen. Bei der Raumvergabe für Parteiveranstaltungen ist nicht entscheidend auf die Bedeutung der Partei, sondern auf die auch sonst heranzuziehenden Kriterien für die Verwaltung knapper Ressourcen abzustellen, etwa auch die zeitliche Priorität der Antragstellung.[143] Zusammengefasst wird durch die abgestufte Chancengleichheit in § 5 PartG die Chancengleichheit verletzt, die Norm sei daher verfassungswidrig.

bb) Kritik an der Gegenauffassung

Die Gegenmeinung wiederum dazu hält die „abgestufte Chancengleichheit" für verfassungsmäßig, falls der Staat in dieses Wettbewerbsgeschehen nicht verzerrend eingreift.[144] Diese Kritik geht davon aus, dass eine strikt formale Gleichbehandlung aller Parteien bei der Vergabe staatlicher Leistungen ein Eingriff in deren Chancengleichheit wäre. Würde der Staat einer großen Partei im gleichen Umfang Sendezeiten zur Verfügung stellen wie einer kleinen oder neuen Partei, könnte er die auf den Wählerwillen zurückzuführende tatsächliche Ungleichheit der Startbedingungen verändern. Statt die vorgefundene Wettbewerbslage der

---

140 Seifert, Die politischen Parteien im Recht der Bundesrepublik Deutschland, 1975, S. 149; Tsatsos/Morlok, Parteienrecht, 1982, S. 99.

141 Hwai-Tzong Lee, Chancengleichheit der politischen Parteien – Eine sich aus der „Natur der Sache" ergebende Betrachtung, Diss. München, 1994, S. 170 f.

142 Gusy, Ak-GG, Art. 21, Rn. 93.

143 Kunig, Politische Parteien im Grundgesetz, Jura 1991, 247 (253).

144 Zippelius/Würtenberger, Deutsches Staatsrecht, 2008, S. 99 f.

Parteien zu respektieren, könnte die Wettbewerbslage zugunsten kleiner Parteien verändert und verfälscht werden. Darüber hinaus sei eine streng formale Gleichheit der Parteien mit der streng formalen Gleichheit des Bürgereinflusses nicht vereinbar. Würde eine Partei mit wenigen Anhängern ebenso viel Sendezeit im Rundfunk bzw. ebenso viel staatliche Leistungen erhalten wie die großen Parteien, so würden die hinter ihr stehenden Bürger bevorzugt. Ihre Partei bekäme um ein Vielfaches mehr an Sendezeit oder Geld zur Wahlwerbung aus öffentlichen Mitteln als die hinter großen Parteien stehenden Bürger. Formale Gleichbehandlung von Parteien würde die von kleinen Parteien repräsentierten Bürger privilegieren. Eine der Gleichheit der Bürger zuwiderlaufende formale Gleichheit der Parteien dürfe es aber nicht geben, da die Gleichheit der Bürger im Vordergrund steht.[145]

cc) Auffassung der Rechtsprechung

Die Frage, ob also die staatlichen Leistungen abgestuft verteilt werden können, wird vom BVerfG positiv als verfassungsmäßig beantwortet. Zur Begründung der Bejahung dieser Frage wird die verfassungsrechtlich gebotene Abwehr der „staatspolitischen Gefahr" einer Parteienzersplitterung[146] genannt. Die Entscheidung des BVerfG über die Verteilung der Sendezeit deutet zumindest darauf hin, dass eine Abweichung der Chancengleichheit aus zwingenden Gründen zulässig ist. Und die Bedeutung einer Partei kann für die Berechnung der Zeiten in diesem Sinne herangezogen werden:

„Die Bildung von möglicherweise zahlreichen neuen Parteien gefährdet die Funktionsfähigkeit von Parlament und Regierung. Das verfassungsrechtlich legitime Ziel, den Charakter der Wahl als des entscheidenden Integrationsvorganges bei der politischen Willensbildung des Volkes zu sichern, scheint daher auch in diesem Bereich – ähnlich wie dies bei dem Unterschriftenquorum und der Sperrklausel der Fall ist – als ein wichtiger Grund, der es erlaubt, innerhalb eines eng umgrentzen Rahmes von der formalen Chancengleichheit abzuweichen. Dem kann dadurch Rechnung getragen werden, dass die besondere Bedeutung der Parteien, durch deren Gegen- und Miteinanderwirken die bisherige Entwicklung entscheidend geprägt worden ist und deren mehr oder minder großer Einfluss auf die staatliche Willensbildung voraussichtlich die weitere Entwicklung bestimmen

145 Arnim, Der strenge und der formale Gleichheitssatz, DÖV 1984, 85 (87); Kißlinger, Das Recht auf politische Chancengleichheit, 1998, S. 152 ff; Pieroth/Schlink, Grundrechte Staatsrecht II, 25. Aufl., 2009, Rn. 518; vgl. Streinz, in: v. Mangoldt/Klein/Starck, GG II, Art. 21, Rn. 127 ff.

146 Dieses Anhaltspunkt wird aber auch kritisiert: Kunig, in: HbdStR III, § 40, Rn. 98.

wird, der Aktivbügerschaft auch bei der Wahlwerbung im Rundfunk durch eine Abstufung der Sendezeiten vor Augen geführt und vergegenwärtigt wird".[147]

Auch wird vom BVerfG in einer anderen Entscheidung deutlich ausgesprochen, dass § 5 PartG nicht gegen den Grundsatz der Chancengleichheit verstößt. Anfänglich wiederholt das BVerfG die im vorherigen Urteil genannten Kriterien:

„Ein zwingender Grund, der es rechtfertigt, von der formalen Chancengleichheit der Parteien abzuweichen, ist die Sicherung des Charakters der Wahl als des entscheidenden Integrationsvorganges bei der politischen Willensbildung des Volkes. Daher darf die besondere Bedeutung der Parteien, durch deren Gegen- und Miteinanderwirken die bisherige Entwicklung entscheidend geprägt worden ist, bei der Gewährung öffentlicher Leistungen berücksichtigt werden. Als Kriterien für die jeweilige Bedeutung der politischen Parteien kommen vor allem die Ergebnisse der vorhergehenden Parlamentswahl in Betracht, danach die Dauer des Bestehens der Partei, ihre Kontinuität, ihre Mitgliederzahlen, Umfang und Ausbau ihrer Organisation, ihre Vertretung im Parlament und ihre Beteiligung an der Regierung in Bund und Ländern."[148]

Anschließend weist das BVerfG darauf hin: *„An diesen Maßstäben orientieren sich die Differenzierungskriterien des § 5 PartG. Diese Bestimmung verletzt daher nicht den Anspruch der Parteien auf gleiche Wettbewerbschancen. Der Gesetzgeber will die vorangegangenen Wahlerfolge nur als wichtiges Indiz, aber nicht als ausschließliches Kriterium für die Bedeutung einer Partei gewertet wissen. Die Festsetzung eines relativen Mindestmaßes an öffentlichen Leistungen für alle Parteien (§ 5 Abs. 1 Satz 1 und 2 PartG) zeigt, dass das Gesetz auch den kleineren Parteien gerecht zu werden sucht und gleichwohl die Möglichkeit offenläßt, andere Parteien entsprechend ihrer Bedeutung angemessen zu berücksichtigen."*[149]

Das Bundesverwaltungsgericht (BVerwG) hat eine insofern ergänzende Auffassung gegen eine absolute Gleichbehandlung und ist der Meinung, dass *„die absolute, formale Gleichbehandlung aller Parteien eine Verfälschung mit sich brächte, weil mit einer solchen Gleichbehandlung der Anschein des gleichen Gewichts der verschiedenen Parteien erweckt und der Wähler über die wahre Bedeutung der einzelnen Parteien getäuscht würde; die formale Gleichbehandlung würde damit das Recht der größeren Parteien auf Achtung auch ihrer Chancengleichheit zu Gunsten der kleineren Parteien und damit zugleich das Neutralitätsgebot der Träger öffentlicher Gewalt im Wahlkampf verletzen".*[150]

147 BVerfGE 14, 121 (136).

148 BVerfGE 24, 300 (354f.).

149 BVerfGE 24, 300 (355).

150 BVerwGE 47, 280 (289).

Die öffentlichen Leistungen, wie die Verteilung der Sendezeiten, können zwar nach der „Bedeutung“ der Parteien verteilt werden. Nach der Darlegung des BVerfG ist der Ausschluss einzelner politischer Parteien von Wahlsendungen hingegen unstatthaft. Das BVerfG erläutert, dass die Chancengleichheit allen politischen Parteien zusteht, die nicht im Verfahren nach Art. 21 Abs. 2 GG vom BVerfG verboten worden sind. *„Keinesfalls steht es den Organen des Rundfunks zu, Parteien, die zur Teilnahme an der Wahl zugelassen sind, von der Benutzung des Rundfunks auszuschließen, weil sie diese Parteien für zu unbedeutend oder gar für schädlich halten.“*[151]

Das BVerwG weist in einer späteren Entscheidung über die Verteilung der Sendezeiten im Rundfunk darauf hin, dass eine Partei auch nicht als von vornherein unbedeutend ganz ausgeschlossen bleiben darf. *„Wahlpropaganda in Hörfunk und Fernsehen gehört zu den wichtigsten Werbemitteln im Wahlkampf der politischen Parteien. Gerade für die kleinen, dem breiten Publikum kaum oder gar nicht bekannten Parteien ist die Wahlwerbung in Hörfunk und Fernsehen wegen ihrer über andere Werbungsform weit hinausgehenden Wirkung von Bedeutung. Auch wenn ein Rechtanspruch auf Zuteilung von Sendezeit nicht besteht, muss die Rundfunkanstalt bei der Entscheidung über einen Zuteilungsantrag das Gewicht des Interesses der antragstellenden Partei gebührend berücksichtigen. Das gilt auch und gerade für die kleinen Parteien, selbst die „Splitterparteien“, die sich hinsichtlich ihrer verfassungsrechtlichen Stellung und ihrer Aufgaben ebenso auf Art. 21 Abs. 1 Satz 1 GG und § 1 PartG berufen können wie die großen Parteien. Unterläßt die Rundfunkanstalt eine solche Abwägung oder verkennt sie die Interessengewichtung, so wird sie der Bedeutung, die den politischen Parteien im demokratischen Staat nach Verfassung und Gesetz zukommt, nicht gerecht.“*[152]

4. Anwendungsbereich

Der Anwendungsbereich der Chancengleichheit beschränkt sich nicht auf Wahlen oder deren Vorbereitungsphase, sondern erstreckt sich auf den gesamten Bereich der politischen Willensbildung in Bund, Ländern und Gemeinden, also auf den Teil des politischen Lebens, in dem politischer Wettbewerb stattfindet.[153] Dies

---

151 BVerfGE 7, 99 (107).

152 BVerwGE 87, 270 (275).

153 BVerfGE 8, 51 (64 f.); 14, 121 (132); 20, 56 (116); 66, 107 (114); 85, 264 (297); 104, 14 (20). Vgl. Kißlinger, Das Recht auf politische Chancengleichheit, 1998, S. 62 ff.; Lipphardt, Die Gleichheit der politischen Parteien vor der öffentlichen, 1975, S. 119, 693; Jülich, Chancengleichheit der Parteien – Zur Grenze staatlichen Handelns gegenüber den politischen Parteien nach dem Grundsatz, 1967, S. 87 ff.

erfasst auch parteiliche Aktivitäten im Rahmen direktdemokratischer Entscheidungen und deren Vorbereitung.[154] Der Grundsatz der Chancengleichheit der Parteien ist in der Praxis ein besonders wichtiges Kriterium bei a) der Sitzverteilung, b) der Zulassungsvoraussetzung für die Teilnahme an Wahlen, c) der Vergabe von Räumlichkeiten durch die öffentliche Hand für Parteienveranstaltung, d) der Zuweisung von Sondernutzung an öffentlichen Straßen und Plätzen (Wahlsichtwerbung), e) in den Bereichen der Verteilung von Sendezeiten im Rundfunk bzw. Fernsehen und schließlich im Bereich der Frage der Parteienfinanzierung.[155]

a) Sitzverteilung – 5 %-Sperrklausel

Der Grundsatz der Chancengleichheit der Parteien hat sein wichtigstes Anwendungsfeld bei der Entscheidung des Volkes in der Wahl. Das Wahlrecht muss nicht nur eine strikte Einhaltung der Wählergleichheit, sondern auch der Parteiengleichheit garantieren, damit eine Verfälschung des Wahlergebnisses verhindert wird.[156] Eine der schwerwiegendsten Ungleichbehandlungen ist die wahlrechtliche Sperrklausel, insbesondere das 5 %-Quorum[157] für den Einzug von Parteibewerbern über die Landesliste in ein Parlament. Das BVerfG will solche Ausnahmen von der Parteiengleichheit nur aus „zwingenden Gründen“ zulassen. Bei der 5 %-Klausel erblickt es derartige Gründe in der drohenden Zersplitterung des Parteiensystems, die das Parlament lahm legen und die Regierungsbildung verhindern kann. Sperrklauseln sind folglich nach der Rechtsprechung des BVerfG mit dem Grundsatz der Chancengleichheit vereinbar, soweit dies im Interesse der Einheitlichkeit des ganzen Wahlsystems und zur Sicherung der mit der Parlamentswahl verfolgten staatspolitischen Ziele unbedingt erforderlich ist.[158] Die gesetzliche Ausnahme von der Sperrklausel zugunsten von Parteien, die drei Direktmandate errungen haben (§ 6 Abs. 6 S. 1 BWahlG), hält das BVerfG ebenfalls für mit dem Gleichheitssatz vereinbar.[159] Hingegen ist der Gesetzgeber auf Grund des Gleichheitssatzes nicht verpflichtet, „Landesparteien“ einen Sonderstatus bei der Mandatszuteilung einzuräumen.[160]

154 Morlok, in: Dreier, GG, Bd. II, Art. 21, Rn. 82; Klein, in: Maunz/Dürig, Art. 21, Rn. 297.
155 Kunig, in: HbdStR III, § 40, Rn. 95.
156 Grimm, in: HbVerfR, § 14, Rn. 43.
157 Eine Überlegung für die Senkung der Sperrklauseln: Grimm, in: HbVerfR, § 14, Rn. 44.
158 BVerfGE 1, 208 (256); 3, 383 (394); 4, 31 (40); 4, 375 (380); 5, 77 (83); 6, 84 (92).
159 BVerfGE 95, 408 (421 ff.).
160 BVerfGE 6, 84 (99).

b) Unterschriftenquorum

Die Frage, ob ein Unterschriftenquorum als Zulassungsvoraussetzung für die Teilnahme von bislang nicht im Parlament vertretenen Parteien an Wahlen (z. B. §§ 20 Abs. 2 S. 2, 27 Abs. 1 BWahlG) gegen die Chancengleichheit verstößt, während die bereits im Parlament vertretenen Parteien diese Voraussetzung nicht erfüllen müssen, ist nach Auffassung des BVerfG zu verneinen, da ein solches Quorum grundsätzlich nicht gegen die Chancengleichheit verstößt.[161] Die Ungleichbehandlung rechtfertigt sich daraus, dass es Aufgabe der Wahlen ist, funktionsfähige Mehrheiten zu bilden. Differenzierungen sind im Hinblick auf Parteien zulässig, bei denen zweifelhaft ist, ob sie bei der Bildung funktionsfähiger Mehrheiten und Regierungen mitzuwirken geeignet sind.[162] Eine gesetzliche Differenzierung bei Unterschriftenquoren zwischen alten und neuen politischen Parteien ist nach Auffassung des BVerfG nicht willkürlich.[163]

c) Stadthallen und andere öffentliche Einrichtungen

Der Grundsatz der Chancengleichheit gebietet es, alle Parteien bei der Vermietung von Stadthallen, landes- oder stadteigenen Räumen u.ä. gleich zu behandeln.[164] Aus § 5 Abs. 1 S. 1 PartG und den Gemeindeordnungen der Länder steht den Parteien ein öffentlich-rechtlicher Anspruch auf Zulassung zu Stadthallen und ähnlichen öffentlichen Einrichtungen zu, falls die jeweilige öffentliche Einrichtung auch für Veranstaltungen der beabsichtigten Art gewidmet ist. Eine Widmungsänderung aus Anlass der Anfrage einer Partei wirkt, um Missbräuchen vorzubeugen, erst für die Zukunft.[165] Die Vergabe von Genehmigungen bedeutet nicht eine Einrichtung i. S. v. § 5 Abs. 1 PartG zur Verfügung stellen, weil die Inanspruchnahme einer solchen Erlaubnis vielmehr ein grundrechtlich abgesicherter Freiheitsgebrauch ist. Die Verfassungsfeindlichkeit einer Partei[166] oder die Verfassungsfeindlichkeit der Veranstaltung sind keine zulässigen Versagungsgründe. Die Zulassung darf auch nicht allein wegen zu befürchtender Störungen der öffentlichen Sicherheit oder Ordnung durch Gegendemonstranten zurückgewiesen werden.[167] Kein Zulassungsanspruch besteht nur bei konkreten Anhaltspunkten dafür, dass die veranstaltende Partei bei der Nutzung der Ein-

161 BVerfGE 3, 19 (26 f.); 3, 383 (392 f.); 5, 77 (81); 60, 162 (168).
162 BVerfGE 4, 375, (383 f.).
163 BVerfGE 3, 383, (398 f.).
164 BVerwG, DVBl. 1992, 430 (431).
165 BVerwGE 31, 368 (370).
166 BVerwG, DVBl. 1990, 154 (155).
167 BVerwGE 32, 333 (337 f.); BVerfGE 69, 315 (360 f.).

richtung Rechtsverletzungen begehen wird. Kapazitätsprobleme sind nach Priorität oder bei gleichzeitiger Anmeldung durch das Losverfahren zu entscheiden.[168]

d) Straßenwahlkampf

Zuteilungsprobleme können auch bei der Vergabe von Sondernutzungserlaubnissen im Straßenwahlkampf entstehen, wenn Stände auf öffentlichem Grund betrieben oder Zeitschriften verteilt werden sollen. Die Behörde ist auf den Grundsatz der Gleichbehandlung verpflichtet, soweit der Straßenwahlkampf straßen-, straßenverkehrs- oder immissionsschutzrechtlich einer Genehmigung bedarf. Falls nicht allen Begehren entsprochen werden kann, ist die Priorität ein taugliches Vergabekriterium. Es ist auf das Losverfahren zurückzugreifen, wenn die Prioritätsregel zu einem Wettlauf mit inakzeptablen Folgen führen würde.[169] Bei der Plakatwerbung ist § 5 Abs. 1 PartG heranzuziehen. Es entstehen damit gleiche Ansprüche auf Sondernutzungserlaubnisse bzw. auf Teilhabe an Plakatflächen, wenn eine Plakatierung nur auf von der Gemeinde gestellten Plakatständern zulässig ist oder die Zahl der aufgestellten Werbetafeln begrenzt wird.

e) Vergabe von Sendezeiten

Obwohl im Wahlkampf weder Art. 38 GG noch Art. 21 GG eine Verpflichtung der Rundfunkanstalten zur Ausstrahlung von Wahlwerbesendungen begründen, sind die Rundfunkanstalten auf staatsvertraglicher und landesmediengesetzlicher Grundlage verpflichtet, Wahlwerbesendungen der Parteien auszustrahlen. Dies steht privaten Rundfunkveranstaltern hingegen offen. Die Sendezeit ist von den öffentlich-rechtlichen Rundfunkanstalten kostenlos zur Verfügung zu stellen. Die privaten Rundfunkveranstalter dürfen hingegen die Erstattung ihrer Selbstkosten verlangen. Falls öffentlich-rechtliche Rundfunkanstalten ihre Einrichtungen für Wahlwerbesendungen zur Verfügung stellen, üben sie öffentliche Gewalt aus und haben dabei das Recht der Parteien auf Chancengleichheit zu beachten.[170]

Die Vergabe von Sendezeiten durch öffentlich-rechtliche Rundfunk- und Fernsehanstalten kann aufgrund § 5 Abs. 1 PartG nach der Bedeutung der Parteien entschieden werden. Dies ist vom BVerfG als verfassungsmäßig erkannt worden.[171] Der Ausschluss einzelner politischer Parteien von Wahlsendungen aufgrund ihrer

168 Morlok, in: Dreier, GG, Bd. II, Art. 21, Rn. 93; Kunig, in: von Münch/Kunig, GGK II, Art. 21, Rn. 36; Gusy, Ak-GG, Art. 21, Rn. 95.

169 BVerwGE 47, 280 (288).

170 BVerfGE 69, 257 (268).

171 BVerfGE 14, 121 (136).

Unbedeutsamkeit ist jedoch verfassungswidrig.[172] Darüber hinaus darf eine Ausstrahlung von Wahlwerbesendungen nicht deshalb verweigert werden, weil sie verfassungsfeindliche Inhalte enthalten.[173] Die Verweigerung der Ausstrahlung von Wahlwerbespots kann nur auf offensichtlich strafbaren Inhalt des Werbespots gegründet werden.[174] Jede weitere angemaßte Kontrollkompetenz kann zu einer Verletzung der Chancengleichheit führen.

Rundfunk- und Fernsehanstalten sind andererseits befugt, die Ausstrahlung von Wahlwerbespots politischer Parteien an die Voraussetzung zu knüpfen, dass die Sendezeit nur zum Zweck der Wahlwerbung genutzt wird. Der Bereich der Wahlwerbung umfasst alle Maßnahmen, die darauf abzielen, den Bürger zur Stimmabgabe für eine bestimmte Partei oder für bestimmte Wahlwerber zu bewegen. Die Werbung muss einen inhaltlichen Bezug zur bevorstehenden Wahl aufweisen und auf die Erzielung eines Wahlerfolges gerichtet sein. Eine ausdrückliche Aufforderung, eine bestimmte Partei oder eine bestimmte Person zu wählen, ist nicht unbedingt erforderlich.[175]

III. Freiheitsaspekte der Parteienfinanzierung

Parteienfreiheit wirkt sich auch auf die Parteienfinanzierung aus. Unter den vielfältigen Finanzquellen der Parteien, namentlich Mitgliedsbeiträgen, Mandatsträgerbeiträgen, Spenden und Zuwendungen aus staatlichen Mitteln, kommt den Zuwendungen aus staatlichen Mitteln besonders große Aufmerksamkeit im Bereich der Parteienfreiheit zu.

1. Anspruch auf staatliche Zuwendungen

Die Frage, ob die Parteienfreiheit in Art. 21 Abs. 1 GG einen Anspruch der politischen Parteien auf staatliche Zuwendungen begründet, taucht zuerst in der Diskussion auf. Diese Frage ist grundsätzlich vom BVerfG verneint worden. In einer frühen Entscheidung deutet das BVerfG bereits darauf hin, dass der Staat zur Finanzierung der Parteien nicht verpflichtet ist: *„Die Parteien gehören jedoch nicht zu den obersten Staatsorganen. Sie sind vielmehr frei gebildete, im gesellschafts-politischen Bereich wurzelnde Gruppen, dazu berufen, bei der politischen Willensbildung des Volkes mitzuwirken und in den Bereich der institutionalisier-*

172 BVerfGE 7, 99 (107).
173 BVerfGE 47, 198 (227).
174 BVerfGE 47, 198 (230); 67, 149 (152); 69, 257 (268).
175 BVerfGE 47, 198 (226).

ten Staatlichkeit hineinzuwirken. Da sie selbst nicht zu diesem Bereich gehören, ist der Staat zu ihrer Finanzierung nicht verpflichtet.“[176] Danach hat das BVerfG in ständiger Rechtsprechung erläutert, dass „*das Grundgesetz den Parteien das Risiko des Fehlschlagens eigener Bemühungen um ihre Finanzierung nicht abgenommen hat. Es vertraut vielmehr die politische Willensbildung der Urteilskraft und Aktivität der Bürger an.*“[177] Dies hat zur Folge, dass „*ein verfassungsunmittelbarer Anspruch auf staatliche Parteienfinanzierung mithin nicht existiert.*“[178]

Nach der Gegenauffassung im Schrifttum soll der Staat verpflichtet sein, die Parteien aus staatlichen Mitteln zu finanzieren. Die Ausgangspositionen der Gegenauffassung sind aber unterschiedlich. Eine Meinung beruht darauf, dass aus der verfassungsrechtlichen Funktionsgarantie für das Parteienwesen eine Schutzpflicht des Staates folge. Zur Gewährleistung eines funktionsfähigen Parteiensystems sei der Staat verfassungsrechtlich verpflichtet, den Parteien eine ergänzende Mindestausstattung aus öffentlichen Mitteln anzubieten. Diese Verpflichtung bestehe nicht gegenüber den einzelnen Parteien. Die Parteien seien daher nur im Rahmen des jeweils bestehenden Parteifinanzierungssystems, insbesondere unter dem Blickwinkel der Parteiengleichheit, anspruchsberechtigt.[179] Eine andere Meinung – ähnlich wie der gerade erwähnten – wendet sich auch dem Schutz eines funktionsfähigen Parteiensystems zu, dass Art. 21 Abs. 1 S. 1 GG auch die Funktionsfähigkeit der Parteien gewährleisten wolle. Staatliche Parteienfinanzierung mache Parteien nicht zu Staatsorganen, sondern schütze sie als gesellschaftliche Einrichtungen, derer die politische Willensbildung bedürfe. Der Gesetzgeber müsse Bedingungen schaffen oder erhalten, innerhalb deren Parteien wirken könnten, so wie er auch Bedingungen schaffen müsse, die der Grundrechtsverwirklichung zuträglich seien oder die zur Entwicklung eines kulturellen Lebens beitragen würden. Er müsse den Parteien eine Entfaltungschance lassen, ohne der individuellen Partei staatlich die Entfaltung garantieren zu müssen.[180]

Die dritte Position ist, dass Art. 21 GG als eine institutionelle Garantie der politischen Parteien verstanden werden müsse. Art. 21 GG wolle diese Institutionen mit den notwendigen Garantien ausstatten, damit sie lebenskräftig und funktionstüchtig seien und damit eine Funktionsvoraussetzung einer parlamentarischen Demokratie erfüllen können.[181] Zur Begründung bezieht sich diese Auffassung

---

176 BVerfGE 20, 56 (101).

177 BVerfGE 20, 56 (102 f.); 52, 63 (85 f.); 73, 40 (86); 85, 264 (287); 104, 287 (300); 111, 54 (99).

178 BVerfGE 111, 54 (99).

179 Zum Vorstehenden: Klein, in: Maunz/Dürig, Art. 21, Rn. 434.

180 Vgl. etwa: Kunig, in: HbdStR III, § 40, Rn. 115 f.; Steinberger, Politische Repräsentation in der Bundesrepublik Deutschland, in: Krichhof/Kommers (Hrsg.), Deutschland und sein Grundgesetz – Themen einer deutsch-amerikanischen Konferenz, 1993, S. 136 (176).

181 Morlok, in: Dreier, GG, Bd. II, Art. 21, Rn. 44.

auf die Rechtsprechung des BVerfG zum Umfang der institutionellen Garantie der Privatschulen im Sinnes des Art. 7 Abs. 4 GG. Der vom BVerfG hergeleitete Anspruch privater Ersatzschulen aus der institutionellen Garantie des Art. 7 Abs. 4 GG auf eine staatliche Förderung lasse den Schluss auf eine staatliche Finanzierungspflicht bezüglich der Parteien zu. Mit der verfassungsrechtlich verbrieften Gewährleistung der Gründungsfreiheit der Privatschulen korrespondiere die Gewährleistung der Möglichkeit ihrer Inanspruchnahme. Ebenso wie bei den Privatschulen seien bei den Parteien zwar Mindestkriterien des selbst zu erzielenden finanziellen Erfolges gefordert. Jedoch sei in Anbetracht der enormen Kosten der Staat in der Pflicht, weil diese in ausschließlich privater Trägerschaft nicht aufgebracht werden könnten. Für eine staatliche Finanzierungspflicht spreche auch, dass – wie bei den Privatschulen – die Parteien auch nach Art. 21 Abs. 1 S. 3 GG verfassungsrechtlichen Vorgaben entsprechen müssten und auch insoweit eine Vergleichbarkeit der Sachverhalte gegeben sei.[182]

Der Anknüpfungspunkt der vierten Auffassung ist die Schutzwürdigkeit des verfassungsrechtlichen Mehrparteisystems. Diese Auffassung vertritt, dass mit der Aufgabenzuweisung an die Parteien der Bestand von Parteien objektiv-rechtlich gewährleistet sei. Damit sei insbesondere das Mehrparteiensystem verfassungsrechtlich geschützt.[183] Bei ernsthaften Gefährdungen dieses Systems sei der Staat verpflichtet, Maßnahmen zur seinen Aufrechterhaltung zu treffen,[184] beispielsweise die Selbstauflösung einer Partei zu verhindern, wenn danach nur noch eine Partei bestehen würde, oder auch finanzielle Unterstützung zu gewähren. Unter diesen Umständen gehe es nicht um einen verfassungsrechtlichen Individualanspruch jeder einzelnen Partei, sondern um eine objektiv-rechtliche Verpflichtung des Staates.[185]

Die Auffassung, die sich gegen einen Anspruch auf staatliche Zuwendungen wendet, ist selbst Kritik ausgesetzt. Die Annahme, dass der „Staat" die im Haushalt ausgewiesenen Zuwendungen an die politischen Parteien kürzen oder gar streichen könne, sei vollkommen hypothetisch, weil das Budgetrecht beim Bundestag liege und die Begrenzung der Mittelzuweisung auf Entscheidungen des BVerfG zurückzuführen sei. Soweit aus Art. 21 Abs. 1 GG über eine Art „Institutsgarantie" hinaus subjektive Rechte auf Finanzierung abgeleitet werden, würde sich eine solche Auffassung dem Einwand ausgesetzt sehen, dass derartige

182 Zum Vorstehenden: Morlok, Thesen zu Einzelaspekten der Politikfinanzierung, in: Tsatsos (Hrsg.), Politikfinanzierung in Deutschland und in Europa – Aspekt aus Wissenschaft und Politik, 1997, S. 77 (91 f.).

183 BVerfGE 2, 1 (13); 58, 233 (250); 82, 322 (337).

184 Pieroth, in: Jarass/Pieroth, Art. 21, Rn. 20; Kunig, in: von Münch/Kunig, GGK II, Art. 21, Rn. 33; vgl. Sticker, Der Parteienfinanzierungsstaat, 1998, S. 139 ff.

185 Streinz, in: v. Mangoldt/Klein/Starck, GG II, Art. 21, Rn. 182.

Ansprüche für alle politischen Parteien gelten müssten und eine Differenzierung nach ihrer Bedeutung nicht mehr statthaft wäre.[186]

2. Unmittelbare staatliche Zuwendungen

a) Rechtsprechungswandel zur allgemeinen Finanzierung

Das BVerfG deutet zwar ständig darauf hin, dass die Parteien keinen Anspruch auf Staatsmittel haben. Aber bei der Frage, ob die Parteien Zuschüsse aus öffentlichen Mitteln für ihre gesamte Tätigkeit erhalten können, ist allerdings ein Meinungswandel beim BVerfG zu beobachten. Die Rechtsprechungsgeschichte verläuft in dieser Frage nicht geradlinig.[187] Zunächst hat das BVerfG eine unmittelbare staatliche Finanzierung der Parteien als zulässig angesehen und damit begründet, dass die Abhaltung von Wahlen eine öffentliche Aufgabe ist und dies die finanzielle Förderung der die Wahlen tragenden Parteien rechtfertigt.[188]

In einem späteren Urteil hat es das BVerfG mit den verfassungsrechtlichen Grundsätzen einer parlamentarischen Demokratie mit der verfassungsrechtlichen Stellung der Parteien für unvereinbar gehalten, den Parteien laufende Zuschüsse aus Haushaltsmitteln für ihre gesamte Tätigkeit im Bereich der politischen Meinungs- und Willensbildung zu gewähren. *„Eine völlige oder auch nur überwiegende Deckung des Geldbedarfs der Parteien aus öffentlichen Mitteln ist nach allgemeiner Ansicht mit dem Grundgesetz nicht zu vereinbaren. Eine teilweise Staatsfinanzierung der Parteien durch jährliche oder monatliche Zahlungen für ihre gesamte politische Tätigkeit würde die Parteien dem staatsorganschaftlichen Bereich zwar nicht einfügen, jedoch mit diesem Bereich verschränken und die Parteien der staatlichen Vorsorge überantworten. Mit einer solchen Finanzierung würden die Staatsorgane auf den Prozeß der Meinungs- und Willensbildung einwirken. Für diese Einwirkung läßt sich ein besonderer, sie verfassungsrechtlich legitimierender Grund nicht anführen.“*[189] Die Zuwendung von Staatsmitteln an die Parteien für ihre gesamte politische Tätigkeit kann damit nicht gerechtfertigt werden. Stattdessen wird nur eine Wahlkampfkostenerstattung als zulässig angesehen.[190]

186 Ipsen, in: Sachs, GG, Art. 21, Rn. 98.

187 Steinberger, Rechtsprechung des Bundesverfassungsgerichts zur staatlichen Parteienfinanzierung, Bitburger Gespräche, 1993, S. 25 ff. m. w. N.

188 BVerfGE 8, 51 (63).

189 BVerfGE 20, 56 (101 f.).

190 BVerfGE 20, 56 (113 ff.).

Mit dem Urteil vom 9. April 1992 erfolgte eine Kehrtwende. Das BVerfG erklärte – entgegen der bisherigen Rechtsauffassung des Gerichts – eine allgemeine staatliche Parteienfinanzierung für zulässig. Das BVerfG entfaltet zuerst den Umfang und den Zweck der allgemeinen politischen Tätigkeit der Parteien: *„Die allgemeine politische Tätigkeit der Parteien ist außerhalb von Wahlkämpfen und während derselben die gleiche. Wahlen erfordern allerdings darüber hinaus Vorbereitungen besonderer Art wie etwa die Ausarbeitung von Wahlprogrammen, die Aufstellung von Wahlbewerbern und die Führung von Wahlkämpfen. Dies alles dient dem Zweck, dem Bürger die politischen Ziele der Parteien zu vermitteln und ihn für sie zu gewinnen, also an der politischen Willensbildung des Volkes mitzuwirken (Art. 21 Abs. 1 Satz 1 GG). Dieser Zweck würde indes notwendig verfehlt, wären die Parteien nicht auch darauf bedacht, die im Volke vorhandenen Meinungen, Interessen und Bestrebungen zu sammeln, in sich auszugleichen und zu Alternativen zu formen, unter denen die Bürger auswählen können, und versuchten sie nicht, den Bürgerwillen zu artikulieren und gegenüber den Staatsorganen zur Geltung zu bringen; nicht zuletzt über die Parteien nimmt das Volk auch zwischen den Wahlen Einfluß auf die Entscheidungen der obersten Staatsorgane.“*[191]

Weiterhin begründet das BVerfG, weshalb eine Auffassung entgegen der Position des Gerichts in dem früheren Urteil ausgesprochen wird: *„Die den Parteien in Art. 21 Abs. 1 Satz 1 GG aufgegebene Mitwirkung bei der politischen Willensbildung des Volkes beschränkt sich mithin nicht auf die unmittelbare Wahlvorbereitung. Diese bildet lediglich einen allenfalls in organisatorischer Hinsicht selbständigen Teil ihrer Aufgabe; sachlich-inhaltlich fügt sich die Beteiligung an Wahlen in die ständige Wirksamkeit der Parteien bruchlos ein: Wahlen und ihre Ergebnisse geben den Parteien Aufschluß über den Widerhall, den ihre Politik im Volke findet, und über die Erwartungen, die die Bürger an sie richten. Nur rein äußerlich läßt sich die Tätigkeit der Parteien im Wahlkampf von ihrer sonstigen Tätigkeit abgrenzen. Bezieht man diese Abgrenzung auf die den Parteien von der Verfassung zugewiesene Aufgabe der Mitwirkung an der politischen Willensbildung des Volkes, so entbehrt sie der sachlichen Berechtigung. Deshalb ist es – entgegen der bisherigen Rechtsprechung des Senats – nicht geboten, die Grenzen staatlicher Finanzierung der Parteien von Verfassungs wegen in der Erstattung der „notwendigen Kosten eines angemessenen Wahlkampfes“ zu suchen.“*[192]

Abschließend wird festgestellt, dass die staatlichen Zuschüsse zumindest erlaubt sind: *„Jedenfalls aber ist der Gesetzgeber durch das Grundgesetz nicht gehindert, die Parteien bei der Erfüllung der ihnen durch ihren verfassungsrecht-*

191 BVerfGE 85, 264 (285 f.).
192 BVerfGE 85, 264 (286).

lichen Status zugewiesenen Aufgaben finanziell zu unterstützen, soweit hierdurch die von der Verfassung gewährleistete Offenheit des Prozesses der politischen Willensbildung des Volkes nicht beeinträchtigt wird.“[193]

b) Die Anforderung der Staatsfreiheit im Bereich staatlicher Zuwendung – Teilfinanzierung

Eine allgemeine staatliche Parteienfinanzierung wird zwar für zulässig erklärt. Der Grundsatz der Staatsfreiheit erlaubt nach Meinung des BVerfG jedoch nur eine Teilfinanzierung der allgemeinen Tätigkeit der Parteien aus staatlichen Mitteln. Die Forderung der Staatsfreiheit im finanziellen Bereich wird dargelegt: *„Die vom Grundgesetz vorausgesetzte Staatsfreiheit der Parteien erfordert indes nicht nur die Gewährleistung ihrer Unabhängigkeit vom Staat sondern auch, daß die Parteien sich ihren Charakter als frei gebildete, im gesellschaftlich-politischen Bereich wurzelnde Gruppen bewahren. Die Parteien müssen nicht nur politisch sondern auch wirtschaftlich und organisatorisch auf die Zustimmung und Unterstützung der Bürger angewiesen bleiben. Durch öffentliche Mittel darf den einzelnen Parteien daher das Risiko des Fehlschlagens ihrer Bemühungen um eine hinreichende Unterstützung in der Wählerschaft nicht abgenommen werden.“*[194]

Demnach weist das Gericht auf die Möglichkeit einer Verletzung der Staatsfreiheit hin: *„Der Grundsatz der Staatsfreiheit der Parteien wird durch die Gewährung finanzieller Zuwendungen mithin dann verletzt, wenn durch sie die Parteien der Notwendigkeit enthoben werden, sich um die finanzielle Unterstützung ihrer Aktivitäten durch ihre Mitglieder und ihnen nahestehende Bürger zu bemühen. Wird dies außer acht gelassen, laufen die Parteien Gefahr, sich aus ihrer gesellschaftlichen Verwurzelung zu lösen.“*[195] Schließlich können nach Auffassung des BVerfG die Parteien die Entfremdung ihrer mitgliedschaftlichen Basis und der Bürgerschaft nur dadurch vermeiden, dass *„Finanzhilfen so gewährt werden, daß der politische Prozeß offen, der Parteienwettbewerb erhalten und die Rückbindung der Parteiführungen an ihre gesellschaftliche Basis erhalten bleiben. Würde der Finanzbedarf der Parteien vorwiegend oder gar völlig aus öffentlichen Mitteln gedeckt, wären die Parteien in verfassungsrechtlich nicht mehr hinnehmbarer Weise vom Staat abhängig.“*[196]

193 BVerfGE 85, 264 (288).
194 BVerfGE 85, 264 (287).
195 BVerfGE 85, 264 (287).
196 BVerfGE 85, 264 (288).

aa) Mittelverteilung nach Wahlerfolg

Aus dem Grundsatz der Staatsfreiheit folgert das BVerfG auch die Maßstäbe, nach denen die staatlichen Zuschüsse zu gewähren sind. Bei der Verteilung der staatlichen Mittel unter den Parteien wird dem Gebot, durch die Art der Finanzierung die gesellschaftliche Verwurzelung der Parteien zu festigen, dadurch Rechnung getragen, dass der Erfolg, den die Partei bei den Wählern, den sie bei der Summe der Mitgliedsbeiträge sowie im Umfang der von ihr eingeworbenen Spenden erzielt, zu einem jeweils ins Gewicht fallenden, im Einzelnen vom Gesetzgeber zu bestimmenden Anteil in den Verteilungsmaßstab eingeht.[197]

bb) Relative Obergrenze

Aus dem Grundsatz der Staatsfreiheit entwickelt das BVerfG neben dem Prinzip der Teilfinanzierung auch den Vorrang der Selbstfinanzierung vor der Staatsfinanzierung. Die staatlichen Zuwendungen dürfen demnach die Einnahmen aus anderen Quellen nicht übersteigen. In der Entscheidung wird dies wie folgt dargelegt: *„Die Selbstfinanzierung der Parteien hat Vorrang vor der Staatsfinanzierung. Der Grundsatz der Staatsfreiheit der Parteien gestattet daher die Zuführung staatlicher Mittel nur bis zur Höhe einer relativen Obergrenze, die für jede Partei nach dem Verhältnis der von ihr selbst erwirtschafteten zu den ihr unmittelbar aus staatlichen Quellen zufließenden Einnahmen zu bestimmen ist. Das Gesamtvolumen solcher staatlicher Zuwendungen an eine Partei darf die Summe ihrer selbst erwirtschafteten Einnahmen nicht überschreiten.“*[198]

cc) Absolute Obergrenze

Da die Parteien durch eine Steigerung der eigenen Einnahmen auch die staatlichen Zuwendungen beliebig erhöhen könnten, so dass der Staat finanziell ausgebeutet würde, hat das BVerfG als weiteres Sicherungsinstrument eine absolute Obergrenze eingeführt. Nach Ansicht des BVerfG folgt aus dem Vorrang der Selbstfinanzierung der Parteien vor der Staatsfinanzierung *„nicht nur, daß das Gesamtvolumen staatlicher Zuwendungen an die Parteien die Summe ihrer selbsterwirtschafteten Einnahmen nicht übersteigen darf, sondern auch, daß eine Steigerung dieser Einnahmen nicht ohne weiteres dazu führen darf, daß der Umfang der Staatsfinanzierung der Parteien weiter anschwillt. Der Umfang der Staatsfinanzierung muß sich auf das beschränken, was zur Aufrechterhaltung der*

197 BVerfGE 85, 264 (292).
198 BVerfGE 85, 264 (289).

Funktionsfähigkeit der Parteien unerläßlich ist und von den Parteien nicht selbst aufgebracht werden kann. Der Finanzbedarf der Parteien zur Erfüllung der ihnen durch Verfassung und Parteiengesetz übertragenen Aufgaben muß sich an dem zur Verfügung stehenden Einnahmerahmen ausrichten. Der Staat darf den Parteien nicht mehr zuwenden, als sie unter Beachtung des Gebots sparsamer Verwendung öffentlicher Mittel, die ja im Wesentlichen aus den von den Bürgern erhobenen Abgaben bestehen, zur Erfüllung ihrer Aufgaben benötigen. Gewönne der Bürger den Eindruck, die Parteien „bedienten" sich aus der Staatskasse, so führte dies notwendig zu einer Verminderung ihres Ansehens und würde letztlich ihre Fähigkeit beeinträchtigen, die ihnen von der Verfassung zugewiesenen Aufgaben zu erfüllen."[199]

IV. Gleichheitsaspekte der Parteienfinanzierung

1. Unmittelbare staatliche Zuschüsse

Der Verteilungsschlüssel für die unmittelbaren Zuwendungen an die Parteien muss nach Meinung des BVerfG einerseits erfolgsabhängig sein. Andererseits darf nach seiner Ansicht die Möglichkeit kleiner Parteien, an der staatlichen Parteienfinanzierung teilzuhaben, nicht wesentlich beschränkt werden. Das BVerfG hat in einem Urteil zunächst die Bedeutung des chancengleichen Zugangs zum politischen Markt erläutert. Die Offenheit des politischen Prozesses *„ist durch die Möglichkeit gekennzeichnet, jederzeit neue Parteien zu gründen, um neuen politischen Vorstellungen die Chance zu eröffnen, im Prozess der politischen Willensbildung des Volkes wirksam zu werden. [...] Damit sich der in der Verfassung angelegte politische Wettbewerb tatsächlich einstellen kann, bedarf es chancengleicher Bedingungen, vor allem eines für alle offenen Zugangs zum ‚politischen Markt'.*"[200]

Daraufhin verdeutlicht das BVerfG die Rolle der kleiner Parteien im politischen System: *„Kleine Parteien können die Lernfähigkeit des politischen Systems eher stärken, wenn sie eine realistische Chance haben, selbst politische Erfolge zu erzielen. Für das Mehrparteiensystem politisch bedeutsam und für den Wettbewerb förderlich erweisen sich vor allem auch die Resonanzen bei den Parlamentsparteien, die im Hinblick auf Wahlerfolge der kleinen Konkurrenten häufig gezwungen werden, sich mit den von diesen Parteien in den Mittelpunkt gestellten Themen auseinanderzusetzen.*

199 BVerfGE 85, 264 (290).
200 BVerfGE 111, 382 (404).

Aber auch schon die potentielle Konkurrenz, also die Chance neuer und kleiner Wettbewerber, für überzeugende Lösungskonzepte bei Wahlen belohnt zu werden, zwingt die etablierten Parteien zu einer Rückkopplung mit dem Volk, um dem Aufkommen neuer Konkurrenten und einem Erfolg kleiner Wettbewerber nach Möglichkeit entgegenzutreten.“[201]

Folglich darf *„das Recht der Parteienfinanzierung das Entstehen neuer Parteien und deren Zutritt zum politischen Wettbewerb nicht über Gebühren erschweren und die Betätigung kleiner Parteien nicht unangemessen beeinträchtigen [...]. Insbesondere darf das Quorum nicht für Zwecke des Schutzes vor Konkurrenz missbraucht werden.*“[202]

2. Mittelbare staatliche Zuschüsse

Die Chancengleichheit bei der Parteienfinanzierung hat in zwei Richtungen besondere Bedeutungen, nämlich die der gleichen Chancen für die Parteien zur Mitwirkung an der politischen Willensbildung und die der gleichen Chancen für die Bürger als Individualrecht der Einflussnahme und Teilhabe am politischen Prozess.[203] Dies spielt im Bereich der mittelbaren staatlichen Zuwendungen – Steuerbegünstigungen – eine wesentliche Rolle und wird in diesem Bereich besonders berücksichtigt. Denn durch die Steuerbegünstigung von Mitgliedsbeiträgen und Spenden dürfen einerseits Parteien nicht begünstigt werden, die Interessen kapitalkräftiger Kreise vertreten.[204] Das Recht der Bürger auf gleiche Teilhabe am Willensbildungsprozess darf andererseits auch nicht beeinträchtigt werden.

a) Keine Progressionsabhängigkeit steuerlicher Begünstigungen

In einer frühen Entscheidung über die Verfassungsmäßigkeit der Progression bei der Besteuerung des gespendeten Einkommens nahm das BVerfG Bezug auf die beiden oben genannten Richtungen und weist nicht nur auf folgendes hin: *„Wenn der Staat gesetzgeberische Maßnahmen trifft, die der Finanzierung der politischen Parteien dienen – entweder indem er Spenden an sie steuerlich begünstigt, also gegenüber den Spendern auf Steuern verzichtet, oder indem er unmittelbar Steuermittel für die Aufgaben der Parteien zur Verfügung stellt –, so darf die Regelung nicht dazu führen, daß eine bestimmte Partei oder Parteiengruppe vor anderen*

201 BVerfGE 111, 382 (405).
202 BVerfGE 111, 382 (405).
203 Streinz, in: v. Mangoldt/Klein/Starck, GG II, Art. 21, Rn. 143.
204 BVerfGE 8, 51 (66); 24, 300 (357); 52, 63 (91); 85, 264 (313).

Parteien begünstigt wird.“[205] Sondern das BVerfG stellt auch klar: *„Der Bürger, der einer politischen Partei Geld spendet, bekennt sich damit in der Regel zu den Zielen dieser Partei, ähnlich wie wenn er ihr seine Wahlstimme geben würde. Er macht von seinem Recht auf Teilhabe an der politischen Willensbildung Gebrauch. Dieses Recht äußert sich in der lebendigen Demokratie nicht nur in der Stimmabgabe bei den Wahlen, sondern auch in der Einflußnahme auf den ständigen Prozeß der politischen Meinungsbildung. Aus diesem Grunde ist der Gleichheitssatz nicht nur im Bereich des Wahlrechts im engeren Sinne, sondern auch in diesem Vorfeld der politischen Willensbildung streng formal zu verstehen. [...] Wenn [der Staat] aber gesetzliche Bestimmungen erläßt, die dem Einzelnen besondere Möglichkeiten für eine solche Einflußnahme eröffnen, so darf dadurch nicht eine Differenzierung eintreten, die zu einer Privilegierung finanziell leistungsfähiger Bürger führt.“*[206]

In diesem Urteil wird die Progression bei der Besteuerung des Einkommens im Zusammenhang mit Parteienspenden daher als verfassungswidrig benannt: *„Der Grundsatz der progressiven Besteuerung führt nun aber dazu, daß diejenigen Bürger, die durch Parteispenden von ihrem demokratischen Recht auf Teilhabe an der staatlichen Willensbildung Gebrauch machen, als Steuerzahler einen unterschiedlichen materiellen Vorteil erlangen. Da dem Geld bei den Wahlvorbereitungen eine bedeutende Rolle zukommt, und da eine Partei, die über große Geldmittel verfügt, unter Umständen eine wirksamere Propaganda entfalten kann als eine Partei mit geringeren finanziellen Mitteln, kann der Spender mit hohem Einkommen seiner politischen Meinung zu einer größeren Werbekraft verhelfen und damit seinem politischen Einfluß eine größere Wirkung verschaffen als der Spender mit kleinem Einkommen. Da bei Spenden an politische Parteien der Bezieher eines großen Einkommens einen absolut und relativ höheren Betrag an Steuern erspart als der Bezieher eines kleinen Einkommens, wird die politische Meinung des ersten sozusagen prämiiert.“*[207]

Demzufolge verletzt eine unbegrenzte oder auch eine prozentuale Abzugsfähigkeit von Leistungen an die Parteien sowohl die Chancengleichheit der Parteien als auch diejenige der Bürger. Das Verfassungsgebot der Chancengleichheit verlangt deswegen die Progressionsunabhängigkeit steuerlicher Begünstigungen.

b) Keine steuerliche Begünstigung für Spenden von Organisationen

Spenden von Organisationen an politische Parteien dürfen steuerlich nicht abzugsfähig sein, weil sonst diejenigen Bürger, die über die Finanzen von Orga-

205 BVerfGE 8, 51 (65).
206 BVerfGE 8, 51 (68).
207 BVerfGE 8, 51 (69).

nisationen verfügen können, in ihren politischen Präferenzen steuerlich stärker unterstützt würden als andere Bürger. Das BVerfG hat deutlich darauf hingewiesen, *„daß Spenden, die Körperschaften, Personenvereinigungen und Vermögensmassen im Sinne von § 1 Abs. 1 KStG (im folgenden: Körperschaften) Parteien zuwenden, steuerlich nicht begünstigt werden dürfen. Die steuerliche Begünstigung von Spenden, die durch Körperschaften erbracht werden, verschafft denjenigen natürlichen Personen, die hinter ihnen stehen, eine zusätzliche Möglichkeit vom Staat – und damit zu Lasten der übrigen Steuerzahler – geförderter Einflußnahme auf die politische Willensbildung, die anderen Bürgern vorenthalten bleibt.“*[208]

208 BVerfGE 85, 264 (315).

D. Parteienfinanzierung auf Gesetzesebene

I. Nichtstaatliche Parteienfinanzierung

Nach § 26 Abs. 1 PartG sind die Einnahmen einer Partei jede von ihr erlangte Geld- oder geldwerte Leistung. Eine geldwerte Leistung bedeutet jeden wirtschaftlich in Geld messbaren Vorteil und folglich jede Form der Dienstleistung.[209] Damit beschränkt sich die Einnahme einer Partei nicht lediglich auf Geldleistungen. Neben staatlichen Zuschüssen sind für die Einnahmen von Parteien Mitgliedsbeiträge, Mandatsträgerbeiträge und Spenden besonders von Bedeutung.

1. Mitgliedsbeiträge

Nach § 27 Abs. 1 S. 1 PartG sind Mitgliedsbeiträge solche regelmäßigen Geldleistungen, die ein Parteimitglied aufgrund satzungsrechtlicher Vorschriften entrichtet. Damit richten sich Mitgliedsbeiträge auf sämtliche Geldleistungen, die von Mitgliedern aufgrund der Parteisatzung zu entrichten sind.[210]

2. Mandatsträgerbeiträge

Mandatsträgerbeiträge sind gem. § 27 Abs. 1 S. 2 PartG solche Geldleistungen, die ein Inhaber eines öffentlichen Wahlamtes (Mandatsträger) über seinen Mitgliedsbeitrag hinaus aufgrund seines besonderen Status als Mandatsträger an die Partei entrichtet. Der Begriff der Mandatsträger umfasst Regierungs- und Parlamentsmitglieder, Kreis-, Gemeinde- und Ortsräte, Bürgermeister und Landräte.[211]

---

209 Kersten, in: Kersten/Rixen, Parteiengesetz, § 26, Rn. 4.

210 Jochum, in: Ipsen, Parteiengesetz, § 27, Rn. 2.

211 Kersten, in: Kersten/Rixen, Parteiengesetz, § 27, Rn. 5.

3. Spenden

a) Begriff

Spenden sind gemäß § 27 Abs. 1 S. 3 PartG Zahlungen, die über Mitglieds- und Mandatsträgerbeiträge hinausgehen. Dazu gehören laut § 27 Abs. 1 S. 4 PartG Sonderumlagen und Sammlungen sowie geldwerte Zuwendungen aller Art, sofern sie nicht üblicherweise unentgeltlich von Mitgliedern außerhalb eines Geschäftsbetriebes zur Verfügung gestellt werden. Darüber hinaus muss es sich um freiwillige und unentgeltliche Zahlungen an die Partei handeln.[212] Freiwillig ist eine Zuwendung, wenn sie ohne rechtliche Verpflichtung erbracht wird bzw. jede allein aufgrund einer freiwillig begründeten Zahlungsverpflichtung geleistete Zahlung. Entscheidend ist das Fehlen eines Rechtsgrundes.[213] Eine unentgeltliche Zuwendung liegt vor, wenn ihr bei wirtschaftlicher Betrachtungsweise keine Leistung des Empfängers gegenübersteht.[214] Falls kein Austauschverhältnis zwischen Leistendem und Empfänger vorhanden ist, handelt es sich um eine unentgeltliche Zuwendung.[215]

b) Sonderformen der Spende

aa) Aufnahmespende

Eine Aufnahmespende wird aufgrund der Aufnahme in eine politische Partei entrichtet. Eine solche Spende kann sowohl das Parteimitglied aus eigener Initiative leisten, als auch in der Parteisatzung vorgesehen sein.[216] Gesetzlich wurde die Aufnahmespende als Aufnahmegebühr bezeichnet, welche bis zum 8. Änderungsgesetz zum Parteiengesetz (2002) noch ausdrücklich als besondere Form der Parteispende in § 27 PartG genannt wurde.[217]

bb) Sonderumlagen und Sammlungen (§ 27 Abs. 1 S. 4 PartG)

Nach § 27 Abs. 1 S. 4 Hs. 1 Alt. 1 PartG zählt die Sonderumlage zu einer besonderen Art der Spende. Die Sonderumlage zielt auf die Finanzierung einer Son-

212 Jochum, in: Ipsen, Parteiengesetz, § 27, Rn. 8; Kersten, in: Kersten/Rixen, Parteiengesetz, § 27, Rn. 11.

213 Küstermann, Das Transparenzgebot des Art. 21 Abs. 1 Satz 4 GG und seine Ausgestaltung durch das Parteiengesetz, 2003, S. 122.

214 Kersten, in: Kersten/Rixen, Parteiengesetz, § 27, Rn. 14.

215 Jochum, in: Ipsen, Parteiengesetz, § 27, Rn. 10.

216 Kersten, in: Kersten/Rixen, Parteiengesetz, § 27, Rn. 21.

217 Jochum, in: Ipsen, Parteiengesetz, § 27, Rn. 12.

derlast, die eine Partei trifft und von den Parteimitgliedern jenseits ihrer Mitglieds- bzw. Mandatsträgerbeiträge getragen werden soll.[218] Um Wahlkämpfe zu finanzieren, finanzielle Notlage abzuwenden oder außergewöhnliche politische Maßnahmen zu bewältigen, können die Partei Sonderumlagen erheben.[219]

§ 27 Abs. 1 S. 4 Hs. 1 Alt. 2 PartG sieht vor, dass Sammlungen eine Form der Spende sind. Eine Sammlung im Sinne des PartG ist jede Tätigkeit, die die Partei zur Erlangung freiwilliger und unentgeltlicher Leistungen ausübt.[220] Solche Leistungen müssen von den Parteien aktiv eingeworben werden. Sammlungen dienen besonderen Zwecken und spezifischen Aktivitäten der Partei oder der allgemeinen Parteiarbeit.[221] Sammlungen der Parteien können anhand des unterschiedlichen Personenkreises eingeordnet werden: öffentliche, nicht-öffentliche sowie mitgliedsinterne Sammlungen. An öffentlichen Sammlungen kann sich jeder beteiligen. An nicht-öffentlichen Sammlungen kann lediglich ein exklusiver Personenkreis teilnehmen. Es handelt sich dann um eine mitgliedsinterne Sammlung, wenn sich der angesprochene Personenkreis auf die Mitglieder der Partei beschränkt.[222]

cc) Sonstige geldwerte Zuwendungen

Neben Geldzahlungen wird in § 27 Abs. 1 S. 4 Hs. 1 Alt. 3 PartG geldwerte Zuwendungen aller Art als Parteispenden eingeordnet. Erfasst werden damit Sach-, Werk- und Dienstleistungen aller Art[223], sofern sie gem. § 27 Abs. 1 S. 4 Hs. 2 PartG nicht üblicherweise unentgeltlich von Mitgliedern außerhalb eines Geschäftsbetriebes zur Verfügung gestellt werden. Das in § 27 Abs. 1 S. 4 Hs. 2 PartG verwandte Ausschlusskriterium deckt sich mit den Maßstäben des § 26 Abs. 4 S. 1 Hs. 2 PartG. Der Begriff der Üblichkeit bezieht sich auf normative Wertungen. Kriterien wären Umfang und Dauer der Leistungserbringung, ihr objektiver Wert und die bestehende Risikoverteilung. Zusammenfassend kommen nur Leistungen als Spende in Betracht, die als geldwerte Leistung und damit als Einnahme im Sinne des § 26 PartG zu berücksichtigen sind.[224]

218 Kersten, in: Kersten/Rixen, Parteiengesetz, § 27, Rn. 31.

219 Jochum, in: Ipsen, Parteiengesetz, § 27, Rn. 15.

220 Jochum, in: Ipsen, Parteiengesetz, § 27, Rn. 16.

221 Nach anderer Ansicht dienen Sammlungen in erster Linie spezifischen Aktivitäten der Partei und nicht der Finanzierung der allgemeinen Parteiarbeit. Insofern unterscheiden sie sich von der allgemeinen Spendentätigkeit. Jochum, in: Ipsen, Parteiengesetz, § 27, Rn. 16.

222 Jochum, in: Ipsen, Parteiengesetz, § 27, Rn. 16.

223 Jochum, in: Ipsen, Parteiengesetz, § 27, Rn. 17.

224 Jochum, in: Ipsen, Parteiengesetz, § 27, Rn. 18.

c) Spendenannahmeberechtige

Nach § 25 Abs. 1 S. 1 PartG sind Parteien berechtigt, Spenden in unbegrenzter Höhe anzunehmen.[225] Diese Befugnis ergibt sich aus der durch Art. 21 Abs. 1 S. 2 GG garantierten Finanzierungsfreiheit der Parteien.[226]

aa) Erlangung der Spenden durch Parteien

Das Gesetz regelt in § 25 Abs. 1 S. 4 PartG die Frage, ab wann eine Spende von der Partei als erlangt gilt. Eine Spende ist nach § 25 Abs. 1 S. 4 PartG angenommen, sobald sie in den Verfügungsbereich eines für Finanzangelegenheiten satzungsgemäß zuständigen Vorstandsmitgliedes oder eines hauptamtlichen Mitarbeiters der Partei gelangt ist und nicht gemäß § 25 Abs. 1 S. 4 Hs. 2 PartG unverzüglich nach der Erlangung an den Spender zurückgeleitet wurde.[227] Erst ab diesem Zeitpunkt greifen die Sanktionen des § 31c PartG im Hinblick auf eine Missachtung der Pflichten aus § 25 Abs. 3 S. 1 und § 25 Abs. 4 i. V. m. Abs. 2 PartG.[228]

Wer ein für Finanzangelegenheiten zuständiges Vorstandsmitglied ist, hängt davon ab, welches Modell die Partei in ihrer Satzung bestimmt, das Schatzmeistermodell oder das Gremienmodell. Falls sich die Partei in ihrer Satzung für das Schatzmeistermodell entscheidet, kann allein der Schatzmeister eine Spende für die Partei erlangen, weil er ein für Finanzangelegenheiten der Partei zuständiges i. S. d. § 25 Abs. 1 S. 4 Hs. 1 PartG Vorstandsmitglied ist. Falls sich die Partei in ihrer Satzung für das Gremienmodell entscheidet, sind alle Vorstandsmitglieder, die diesem Gremium angehören, für Finanzangelegenheiten der Partei zuständig und können folglich eine Spende für die Partei erlangen.[229] Die Spende ist in ihrem Verfügungsbereich, sobald das für Finanzangelegenheiten zuständige Parteimitglied bzw. der hauptamtliche Mitarbeiter tatsächlich und rechtlich auf die Spende zugreifen kann.[230]

Damit die Partei die Möglichkeit hat, die Spende auf ihre Zulässigkeit zu überprüfen, sind nach § 25 Abs. 1 S. 4 Hs. 2 PartG Spenden als Nichterlangung fiktionalisiert, die unverzüglich nach ihrem Eingang an den Spender zurückgelei-

225 BT-Drs. 14/8778, S. 16.

226 Jochum, in: Ipsen, Parteiengesetz, § 25, Rn. 1. Siehe auch C. III. Freiheitsaspekte der Parteienfinanzierung, S. 50 ff. dieser Arbeit.

227 Battis/Kersten, Regelungsdefizite des neuen Parteispendenrechts, JZ 2003, 655 (659 f.).

228 Jochum, in: Ipsen, Parteiengesetz, § 25, Rn. 15. Die Begründung dieses Vorschrift ist unter: BT-Drs. 14/8778, S. 16.

229 Zum Vorstehenden: Kersten, in: Kersten/Rixen, Parteiengesetz, § 25, Rn. 40 f.

230 BVerwGE 126, 254 (268 f.); Lenz, Das neue Parteienfinanzierungsgesetz, NVwZ 2002, 769 (771).

tet werden. Die Bedeutung der Zurückleitung einer Spende liegt in der Befreiung von jeglicher Haftung und Verantwortung für die Spende.[231]

bb) Spendenempfang durch ein Parteimitglied für seine Partei

Nach § 25 Abs. 1 S. 3 PartG müssen Parteimitglieder, die eine Spende für die Partei angenommen haben, diese unverzüglich an ein satzungsgemäß für Finanzangelegenheiten zuständiges Vorstandsmitglied weiterleiten. Der Zweck des § 25 Abs. 1 S. 3 PartG ist die Verhinderung von schwarzen Kassen[232] – wie bei § 25 Abs. 1 S. 2 PartG – und damit die Stärkung des Transparenzgebots (Art. 21 Abs. 1 S. 4 GG).[233] Diese Voraussetzung der Weiterleitung ist erst erfüllt, wenn ein zuständiges Vorstandsmitglied Verfügungsgewalt über die Parteispende begründet hat.[234] Wer das zuständige Vorstandmitglied ist, hängt davon ab, welches der oben genannten Modelle eine Partei in ihrer Satzung gewählt hat. Falls die Partei in ihrer Satzung für das Schatzmeistermodell bestimmt, kann ein Parteimitglied seiner Weiterleitungspflicht nur dadurch genügen, dass es dem Schatzmeister die Verfügungsgewalt über die Parteispende verschafft. Falls sich die Partei in ihrer Satzung das Gremienmodell entscheidet, kann ein Parteimitglied seine Weiterleitungspflicht dadurch erfüllen, dass es einem der Vorstandsmitglieder, die diesem Gremium angehören, die Verfügungsgewalt über die Parteispende verschafft.[235] Unverzüglichkeit in Sinne des § 25 Abs. 1 S. 3 PartG bedeutet ohne schuldhaftes Zögern (§ 121 Abs. 1 S. 1 BGB). Verletzt ein Parteimitglied die Weiterleitungspflicht des § 25 Abs. 1 S. 3 PartG, steht nach § 31d Abs. 1 S. 1 Nr. 3 PartG eine Freiheitsstrafe bis zu drei Jahren oder eine Geldstrafe im Raum.

d) Spender

Spenden im Sinne des Parteiengesetzes können sowohl von natürlichen als auch von juristischen Personen erbracht werden. Als Spender ausgeschlossen sind die in § 25 Abs. 2 PartG bestimmten Personen.

---

231 Jochum, in: Ipsen, Parteiengesetz, § 25, Rn. 17.

232 BT-Drs. 14/8778, S. 16.

233 § 25 Abs. 1 S. 2 und S. 3 PartG sind während des Achten Gesetz zur Änderung des Parteiengesetzes (2002) zugefügt. Diese Veränderung ist Teil der Konsequenzen aus dem CDU-Spendenskandal in 90er Jahren. Andere Konsequenz aus dieser Affäre sind die Verschärfung in Angelegenheiten von Rechenschaftsbericht und ein Untersuchungsausschuss. Über den Bericht des Untersuchungsausschuss: Deutscher Bundestag Referat Öffentlichkeitsarbeit (Hrsg.), Parteispenden – Bericht des 1. Untersuchungsausschusses, 2002.

234 Kersten, in: Kersten/Rixen, Parteiengesetz, § 25, Rn. 24.

235 Kersten, in: Kersten/Rixen, Parteiengesetz, § 25, Rn. 29f.

aa) *Spenden von öffentlichen Körperschaften und Fraktionsspenden*

Spenden von öffentlichen Körperschaften und Fraktionsspenden sind nach § 25 Abs. 2 Nr. 1 PartG nicht annehmbar. Öffentlich-rechtliche Körperschaften sind Gebietskörperschaften, Realkörperschaften, Personalkörperschaften und Verbandskörperschaften.[236] Das Annahmeverbot von Spenden von öffentlichen Körperschaften ist im Lichte der Unzulässigkeit einer verdeckten staatlichen Parteienfinanzierung zu sehen, da durch solche Spenden die absolute und relative Obergrenze der staatlichen Parteienfinanzierung aus § 18 Abs. 2, 5 PartG umgangen werden könnte.[237] Zudem haben Parteien jedenfalls einen mittelbaren Einfluss auf öffentlich-rechtliche Körperschaften und damit auch auf deren Spendenverhalten. Eine Interessenkollision liegt damit auf der Hand.[238]

Das Annahmeverbot des § 25 Abs. 2 Nr. 1 PartG betrifft Spenden von Fraktionen und Gruppen in Parlamenten und kommunalen Vertretungen.[239] Fraktionen und bestimmte Gruppen im Parlament und in kommunalen Gremien erhalten staatliche Mittel als Teil des Verfassungsorgans bzw. des kommunalen Verwaltungsorgans, um staatliche Aktivitäten auszuüben.[240] Das Annahmeverbot für Parteien soll eine Zweckentfremdung dieser Mittel verhindern. Zugleich wird mit diesem Verbot die Einhaltung der durch § 18 Abs. 5 PartG gezogenen Obergrenzen für die staatliche Teilfinanzierung der Parteien gesichert. Außerdem wendet diese Bestimmung die Gefahr ab, dass die Fraktionen durch Spenden einen unsachgemäßen Einfluss innerhalb der Parteien erlangen.[241]

bb) *Spenden von gemeinnützigen Einrichtungen*

Nach § 25 Abs. 2 Nr. 2 PartG dürfen Parteien keine Spenden von politischen Stiftungen, Körperschaften, Personenvereinigungen und Vermögensmassen, die nach der Satzung, dem Stiftungsgeschäft oder der sonstigen Verfassung und nach der tatsächlichen Geschäftsführung ausschließlich und unmittelbar gemeinnützigen, mildtätigen oder kirchlichen Zwecken dienen (§§ 51 bis 68 der Abgaben-

236 Mauer, Allgemeines Verwaltungsrecht, 15. Aufl., 2004, § 23, Rn. 1 ff.; Burgi, in: Erichsen/Ehlers (Hrsg.), Allgemeines Verwaltungsrecht, 13. Aufl., 2005, § 7, Rn. 12.

237 Küstermann, Das Transparenzgebot des Art. 21 Abs. 1 Satz 4 GG und seine Ausgestaltung durch das Parteiengesetz, 2003, S. 147.

238 Jochum, in: Ipsen, Parteiengesetz, § 25, Rn. 20 unter Hinweis auf BT-Drs. 14/8778.

239 Das Annahmeverbot von kommunalen Fraktionen und Gruppen erscheint erst nach der Ergänzung des § 25 durch das 8. Gesetz zur Änderung des Parteiengesetzes. BGBl. I 2002, S. 2268 (2270).

240 Müller/Albrecht, Fraktionen und Parteien: Getrennt durch den Spendenbegriff – Zur Anwendung des Parteiengesetzes auf Fraktionszuwendungen, DVBl. 2000, 1315 (1317).

241 Morlok, Spenden – Rechenschaft – Sanktionen, NJW 2000, 761 (764).

ordnung) annehmen. Die Vorschrift soll eine indirekte staatliche Parteienfinanzierung durch solche Organisationen verhindern, die selbst öffentliche Mittel erhalten bzw. selbst in den Genuss staatlich begünstigter, d. h. steuerlich Spenden kommen.[242] Diese Vorschrift dient damit der Aufrechterhaltung der absoluten (§ 18 Abs. 2 PartG) und der relativen Obergrenze (§ 18 Abs. 5 PartG) der staatlichen Parteienfinanzierung.[243] Zudem soll das Annahmeverbot des § 25 Abs. 2 Nr. 2 PartG dazu dienen, die Verschleierung der Herkunft privater Mittel durch zwischengeschaltete Spenderorganisationen zu unterbinden.[244]

cc) Auslandsspenden

Nach § 25 Abs. 2 Nr. 3 PartG dürfen Parteien keine Spende von außerhalb des Geltungsbereiches des Parteiengesetzes annehmen. Die verfassungsrechtliche Funktion der Parteien besteht auf ihrer Mitwirkung an der politischen Willensbildung des deutschen Volkes (Art. 21 Abs. 1 S. 1 GG, § 1 Abs. 1 S. 2 PartG). Es soll verhindert werden, dass die Parteien unter einen ausländischen Einfluss geraten, der mit ihren verfassungsrechtlichen Aufgaben nicht vereinbar ist.[245]

Von diesem Annahmeverbot von Auslandsspenden sieht § 25 Abs. 2 Nr. 3 PartG drei Ausnahmen vor. Es besteht kein Annahmeverbot, wenn die Spende von einem Deutschen im Sinne des Art. 116 Abs. 1 GG stammt. Denn eine Gefahr der Abhängigkeit von ausländischen Geldgebern ist in dieser Konstellation nicht vorstellbar.[246] Weiterhin sind Spenden aus dem Ausland möglich, wenn sie aus dem Vermögen eines Angehörigen eines Mitgliedstaates der Europäischen Union stammen. Diese Ausnahme hängt stark mit Art. 10 Abs. 4 EUV zusammen.[247] Weiter können die Parteien Spenden von Unternehmen annehmen, die sich zu mindestens 50 % im Eigentum von Deutschen im Sinne des Grundgesetzes oder eines Unionsbürgers befinden. Des Weiteren sind ausnahmsweise Spenden aus dem Ausland zugelassen, wenn es sich um Spenden an Parteien nationaler Minderheiten handelt. Die Gefahr einer möglichen Abhängigkeit der Partei von ausländischen Geldgebern und deren eventuelle Einflussnahme auf die politische Meinungsbildung sind in dieser Konstellation zwar nicht völlig ausgeschlossen. Jedoch dient die Ausnahme vom Annahme-

---

242 Vgl. BT-Drs. 10/697, S. 6.

243 Kersten, in: Kersten/Rixen, Parteiengesetz, § 25, Rn. 71.

244 Morlok, Spenden – Rechenschaft – Sanktionen, NJW 2000, 761 (763).

245 Vgl. BT-Drs. 10/697, S. 6; Morlok, in: Kölble (Hrsg.), Das deutsche Bundesrecht, 2007, Erläuterungen zu § 25 PartG, Rn. 4.

246 Jochum, in: Ipsen, Parteiengesetz, § 25, Rn. 27.

247 Fassung aufgrund des am 01.12.2009 in Kraft getretenen Vertrages von Lissabon (Konsolidierte Fassung bekanntgemacht im Amtsblatt C 83 vom 30. März 2010, S. 13)

verbot des § 25 Abs. 2 Nr. 3 Hs. 1 PartG dem Schutz nationaler Minderheiten und ihrer Interessen.[248] Nach der dritten Ausnahme des § 25 Abs. 2 Nr. 3 lit. c PartG sind Spenden eines Ausländers von nicht mehr als 1 000 Euro möglich, da bei Beträgen bis zu 1 000 Euro eine inadäquate Einflussnahme ausländischer Geldgeber auf die politische Arbeit der Partei kaum denkbar ist.[249]

dd) Durchlaufspenden von Berufsverbänden

Nach § 25 Abs. 2 Nr. 4 PartG dürfen die Parteien Spenden von Berufsverbänden nicht annehmen, die diesen mit der Maßnahme zugewendet wurden, sie an politische Parteien weiterzuleiten. Berufsverbände sind alle Vereinigungen, die die allgemeinen, ideellen, politischen und wirtschaftlichen Interessen eines Berufsstandes oder Wirtschaftszweigs wahrnehmen.[250] Ihre Hauptmerkmale sind zum einen die Förderung der Belange des von ihnen vertretenen Wirtschaftszweiges sowie zum anderen die Finanzierung durch Beiträge und Umlageleistungen der Mitglieder.[251] Durchlaufspenden sind alle Zuwendungen an politische Parteien, die den Berufsverbänden über deren normale Beiträge hinaus zur Verfügung gestellt werden, damit sie an Parteien weitergeleitet werden.[252] Das Annahmeverbot soll verhindern, dass die Berufsverbände als Spendenannahmestellen fungieren.[253]

ee) Spenden von teilweise staatseigenen Unternehmen

§ 25 Abs. 2 Nr. 5 PartG verbietet die Annahme von Parteispenden, die von einem Unternehmen stammen, an dem die öffentliche Hand zu mindestens 25 % direkt beteiligt ist. Diese Bestimmung dient der Verhinderung der Gefahr, dass die Partei staatliche Mittel außerhalb der regulären staatlichen Parteienfinanzierung erhält.[254] Eine solche indirekte staatliche Parteienfinanzierung könnte dazu führen, dass die relative und die absolute Obergrenze aus § 18 Abs. 2, 5 PartG nicht eingehalten werden.[255] Darüber hinaus soll die Verwurzelung der Parteien in der Gesellschaft durch Parteispenden gestärkt und nicht im Gegenteil geschwächt

---

248 Jochum, in: Ipsen, Parteiengesetz, § 25, Rn. 28.
249 BT-Drs. 14/8778, S. 16.
250 Küstermann, Das Transparenzgebot des Art. 21 Abs. 1 Satz 4 GG und seine Ausgestaltung durch das Parteiengesetz, 2003, S. 151.
251 Jochum, in: Ipsen, Parteiengesetz, § 25, Rn. 30.
252 Vgl. BT-Drs. 10/697, S. 6; Lenz, Das neue Parteienfinanzierungsgesetz, NVwZ 2002, 769 (771).
253 BT-Drs. 13/8888, S. 32 f.
254 Jochum, in: Ipsen, Parteiengesetz, § 25, Rn. 31.
255 Arnim, Die neue Parteienfinanzierung, DVBl. 2002, 1065 (1069).

werden.[256] Solche Spenden würden zu einer vermehrten Vernetzung von Parteien mit staatlichen Unternehmen führen, was in der Folge mit der Staatsfreiheit der Parteien nicht vereinbart wäre.[257]

ff) Anonyme Spenden

Nach § 25 Abs. 2 Nr. 6 PartG dürfen Parteien keine Spenden annehmen, soweit sie im Einzelfall mehr als 500 Euro betragen und deren Spender nicht feststellbar sind, oder bei denen es sich erkennbar um die Weiterleitung einer Spende eines nicht genannten Dritten handelt. Das Annahmeverbot von anonymen Spenden beruht auf dem verfassungsrechtlich in Art. 21 Abs. 1 S. 4 GG verankerten Transparenzgebot.[258] § 25 Abs. 2 Nr. 6 Alt. 1 PartG untersagt Parteien die Annahme von Spenden, deren Spender unbekannt ist. Umgekehrt heißt dies, dass *„die Spende nach dem Gesetz von einer Partei entgegengenommen werden darf, wenn dieser der wirkliche Spender bekannt ist"*.[259] Fraglich ist, auf wessen Kenntnis es hinsichtlich der Person des Spenders ankommt. Das BVerwG hat in seinem Urteil darauf hingewiesen, dass es maßgeblich *„auf die Kenntnis der zur Entgegennahme, Verwaltung und Verwendung der Spenden berechtigten Personen ankommt*".[260] Eine andere Meinung geht davon aus, dass zumindest das einzelne Vorstandsmitglied Kenntnis über die Identität des Spenders anhand von Akten bzw. Kontoführungsunterlagen problemlos erlangen können muss.[261] Darüber hinaus darf nach § 25 Abs. 2 Nr. 6 Alt. 2 PartG eine Partei eine Zuwendung nicht annehmen, bei der es sich erkennbar um die Weiterleitung einer Spende eines nicht genannten Dritten handelt. Gleiches gilt für eine Spende, die unter falschem Namen geleistet wurde. Der Partei obliegt es Name und Anschrift des Spenders zu überprüfen. Der Zeitpunkt für die Beantwortung der Frage nach der Identität des Spenders liegt im Ablauf der Nichterlangungsfiktion des § 25 Abs. 1 S. 4 Hs. 2 PartG.[262] Danach gilt die Spende als angenommen und die Partei trägt die Verantwortlichkeit.

---

256 Jochum, in: Ipsen, Parteiengesetz, § 25, Rn. 31.

257 Küstermann, Das Transparenzgebot des Art. 21 Abs. 1 Satz 4 GG und seine Ausgestaltung durch das Parteiengesetz, 2003, S. 152.

258 BVerwGE 126, 254 (271).

259 BVerfGE 85, 264 (324).

260 BVerwGE 126, 254 (254).

261 Vgl. Küstermann, Das Transparenzgebot des Art. 21 Abs. 1 Satz 4 GG und seine Ausgestaltung durch das Parteiengesetz, 2003, S. 153; Jochum, in: Ipsen, Parteiengesetz, § 25, Rn. 34; Battis/Kersten, Regelungsdefizite des neuen Parteispendenrechts, JZ 2003, 655 (659).

262 Battis/Kersten, Regelungsdefizite des neuen Parteispendenrechts, JZ 2003, 655 (660).

gg) *Gegenleistungs- und Entlohnungsspenden*

Weiterhin dürfen Parteien keine Spende annehmen, die der Partei erkennbar in Erwartung oder als Gegenleistung eines bestimmten wirtschaftlichen oder politischen Vorteils gewährt werden (§ 25 Abs. 2 Nr. 7 PartG). Die Ziele dieser Regelung sind die Verhinderung eines sachwidrigen Einflusses auf die Parteiarbeit und die Vermeidung der Korruption im Hinblick auf die Ausfüllung parlamentarischer Mandate und staatlicher Ämter durch Parteimitglieder.[263] Es ist zwar vorstellbar, dass ein Spender mit seiner Zuwendung eine gewisse Wirkung erreichen möchte.[264] Aber die Gefahr, dass die Parteipolitik „käuflich" wird[265], soll verhindert werden. Daher sieht das Spendenannahmeverbot des § 25 Abs. 2 Nr. 7 PartG drei Voraussetzungen vor. Zunächst muss es um einen bestimmten Vorteil gehen. Ein bestimmter Vorteil kann beispielsweise angenommen werden, wenn es um die Vergabe konkreter öffentlicher Aufträge geht.[266] Weiterhin muss der Spender diesen bestimmten Vorteil erwarten oder seine Spende als Gegenleistung für einen solchen konkreten Vorteil leisten.[267] Hieran fehlt es z. B., wenn die Spende im Hinblick auf vorherige Programmaussagen oder Werbung der Partei geleistet wird.[268] Schließlich muss die Partei erkennen, dass der Spender sich von seiner Zahlung die Gewährung eines konkreten politischen oder wirtschaftlichen Vorteils verspricht.[269]

hh) *Eingeworbene Spenden*

Nach § 25 Abs. 2 Nr. 8 PartG dürfen Parteien keine Spende annehmen, die von einem Dritten gegen ein von der Partei zu zahlendes Entgelt eingeworben werden, das 25 % des Wertes der eingeworbenen Spende übersteigt. Diese Bestimmung zielt auf die Einschränkung von Provisionen bei der professionalisierten Einwerbung von Spenden.[270] Zugleich erlaubt die Vorschrift Parteien, Spenden anzunehmen, bei denen die Provision unter der 25 %-Grenze liegt.[271]

---

263 Kersten, in: Kersten/Rixen, Parteiengesetz, § 25, Rn. 107.

264 Vgl. Saliger, Parteiengesetz und Strafrecht – Zur Strafbarkeit von Verstößen gegen das Parteiengesetz insbesondere wegen Untreue gemäß § 266 StGB, 2005, S. 80.

265 Jochum, in: Ipsen, Parteiengesetz, § 25, Rn. 37.

266 Jochum, in: Ipsen, Parteiengesetz, § 25, Rn. 39; Ipsen, Das neue Parteienrecht – Eine kritische Bestandsaufnahme des Achten Gesetzes zur Änderung des Parteiengesetzes, NJW 2002, 1909 (1915).

267 Kersten, in: Kersten/Rixen, Parteiengesetz, § 25, Rn. 110.

268 BT-Drs. 14/4747, S. 25.

269 Jochum, in: Ipsen, Parteiengesetz, § 25, Rn. 39.

270 BT-Drs. 14/8778, S. 17.

271 Jochum, in: Ipsen, Parteiengesetz, § 25, Rn. 41.

e) Einschränkungen

aa) Beschränkungen bei Barspenden

Barspenden darf eine Partei nach § 25 Abs. 1 S. 2 PartG nur bis zu einem Betrag von 1 000 Euro annehmen. Diese Beschränkung soll insbesondere die Bildung „schwarzer Kassen“ [272] und die Verschleierung der Herkunft der Spenden verhindern.[273]

Der Barbetrag von 1 000 Euro richtet sich nach einer Spendengelegenheit. Bei Kleinspenden auf den unteren Parteiebenen könnte eine Addition der Barbeträge zu einem erheblichen bürokratischen Aufwand führen. Dieser stünde in keinem sachgerechten Verhältnis zu dem hierdurch erzielten Gewinn an Transparenz und könnte die Spendentätigkeit beeinträchtigen.[274]

bb) Einschränkung von Großspenden – Anzeige- und Publikationspflicht

Nach § 25 Abs. 3 PartG sind Spenden und Mandatsträgerbeiträge an eine Partei oder einen oder mehrere ihrer Gebietsverbände, deren Gesamtwert in einem Kalenderjahr 10 000 Euro übersteigt, unter Angabe des Namens und der Anschrift des Spenders sowie der Gesamthöhe der Spende im Rechenschaftsbericht zu verzeichnen. § 25 Abs. 3 S. 1 PartG verlangt im Rechenschaftbericht die Zusammenrechnung von Spenden und Mandatsträgerbeiträgen.[275] Damit ist es unmöglich, dass Ehepaare, Lebenspartner und Personen in Lebensgemeinschaften gemeinsam als Spender nach § 25 Abs. 3 S. 1 PartG genannt werden können.[276] Juristische Personen sind für ihre Spenden jeweils für sich zu würdigen.[277] Damit ist bei Spenden verschiedener rechtlich selbständiger Untergliederungen eines Konzerns keine Gesamtspende zu bilden.[278] Selbstständige Personengesellschaften, die keine juristischen Personen sind, müssen bei ihrer Spende klarstellen, ob sie selbst oder ihre Gesellschafter spenden.[279] Weiterhin ist die Spende dem Vertretenen zuzurechnen, wenn jemand eine Spende als Vertreter weiterleitet. Handelt

272 BT-Drs. 14/8778, S. 16.

273 Jochum, in: Ipsen, Parteiengesetz, § 25, Rn. 9.

274 Jochum, in: Ipsen, Parteiengesetz, § 25, Rn. 9 unter Hinweis auf BT-Drs. 15/3140, S. 23.

275 Kersten, in: Kersten/Rixen, Parteiengesetz, § 25, Rn. 127.

276 Kersten, in: Kersten/Rixen, Parteiengesetz, § 25, Rn. 128.

277 Kersten, in: Kersten/Rixen, Parteiengesetz, § 25, Rn. 129.

278 Jochum, in: Ipsen, Parteiengesetz, § 25, Rn. 45.

279 Kersten, in: Kersten/Rixen, Parteiengesetz, § 25, Rn. 130.

der Vertreter zugleich in eigenem Namen, sind diese Spenden jeweils für sich für die Rechenschaftspflicht nach § 25 Abs. 3 S. 1 PartG zu würdigen.[280]

Darüber hinaus sind nach § 25 Abs. 3 S. 2 PartG Parteispenden, die im Einzelfall 50 000 Euro übersteigen, unverzüglich dem Bundestagspräsidenten anzuzeigen. Dieser hat nach § 25 Abs. 3 S. 3 PartG die Höhe der Spende und den Spender zeitnah als Bundestagsdrucksache zu veröffentlichen.

f) Sanktion

aa) Überschreitung der Obergrenze bei Barspenden (§ 25 Abs. 1 S. 2 PartG)

Bei der Überschreitung der Obergrenze bei Barspenden, Annahme einer Barspende von mehr als 1 000 Euro, handelt es sich allerdings lediglich um eine Ordnungsvorschrift.[281] Falls die Parteien mehr als 1 000 Euro Bargeld annehmen, bleibt dies im Hinblick auf die §§ 31b, 31c, 25 Abs. 4 PartG für die Parteien sanktionslos.[282]

bb) Verstoß gegen die Weiterleitungspflicht (§ 25 Abs. 1 S. 3 PartG)

Jedes Parteimitglied ist gem. § 25 Abs. 1 S. 3 PartG verpflichtet, angenommene Spenden an ein für die Finanzangelegenheiten der Partei satzungsgemäß bestimmtes zuständiges Vorstandsmitglied unverzüglich weiterzuleiten. Falls ein Parteimitglied gegen seine Weiterleitungspflicht verstößt, ist nach § 31d Abs. 1 S. 1 Nr. 3 PartG eine Freiheitsstrafe von bis zu drei Jahren oder eine Geldstrafe möglich.

cc) Unzulässige Spende (§ 25 Abs. 2 PartG)

Falls unzulässige Spenden i. S. d. § 25 Abs. 2 PartG angenommen werden, ist die Partei nach § 25 Abs. 4 PartG verpflichtet, diese unverzüglich, spätestens mit Einreichung des Rechenschaftsberichts für das betreffende Jahr (§ 19a Abs. 3 PartG), an den Präsidenten des Deutschen Bundestages weiterzuleiten. Die Weiterleitung

280 Vgl. Küstermann, Das Transparenzgebot des Art. 21 Abs. 1 Satz 4 GG und seine Ausgestaltung durch das Parteiengesetz, 2003, S. 157 f.

281 Jochum, in: Ipsen, Parteiengesetz, § 25, Rn. 8.

282 Kritik: Ipsen, Das neue Parteienrecht – Eine kritische Bestandsaufnahme des Achten Gesetzes zur Änderung des Parteiengesetzes, NJW 2002, 1909 (1914 f.). Eine andere Meinung geht davon aus, dass das Problem bei derartigen Barspenden nicht in deren Annahme liegt. Es liegt sondern darin, dass diese durch die empfangenden Parteimitglieder nicht weitergeleitet würden. Lenz, Das neue Parteienfinanzierungsgesetz, NVwZ 2002, 769 (771).

muss unverzüglich sein, also ohne schuldhaftes Zögern (§ 121 Abs. 1 S. 1 BGB) erfolgen.[283] Hat eine Partei Spenden unter Verstoß gegen § 25 Abs. 2 PartG angenommen und nicht gemäß § 25 Abs. 4 PartG an den Präsidenten des Deutschen Bundestages weitergeleitet, entsteht gemäß § 31c Abs. 1 S. 1 PartG gegen sie ein Anspruch in Höhe des Dreifachen des rechtswidrig erlangten Betrages.

dd) Verstoß gegen die Rechenschaftspflicht gem. § 25 Abs. 3 S. 1 PartG

Eine Verletzung des § 25 Abs. 3 S. 1 PartG wird durch § 31c Abs. 1 S. 2 PartG nur insoweit sanktioniert, als Spenden nicht ordnungsgemäß im Rechenschaftsbericht veröffentlicht werden, während § 31c Abs. 1 S. 1 PartG keine Sanktion für die fehlende Veröffentlichung von Mandatsträgerbeiträgen vorsieht.[284]

ee) Verstoß gegen Anzeigepflicht in § 25 Abs. 3 S. 2 PartG

Ein Verstoß gegen § 25 Abs. 3 S. 2 PartG zieht keine Sanktion nach sich. § 31c Abs. 1 S. 2 PartG sanktioniert nur Verstöße gegen die Publizitätspflicht von Spenden im Rechenschaftsbericht. Die Anzeigepflicht des § 25 Abs. 3 S. 2 PartG besteht unabhängig vom Rechenschaftsbericht. Deshalb wird sie nicht von § 31c Abs. 1 S. 2 PartG erfasst. Entsprechendes gilt für die Strafnorm des § 31d Abs. 1 S. 1 Nr. 1 PartG.[285]

II. Staatliche Parteienfinanzierung[286]

1. Unmittelbare staatliche Zuwendungen

a) Zuschussberechnung und Verteilungsklausel

In § 18 Abs. 3 PartG sind die Grundsätze der Berechnung des Betrags geregelt, der an Parteien nach Maßgabe des Wahlerfolgs und der eingeworbenen Zuwen-

283 Jochum, in: Ipsen, Parteiengesetz, § 25, Rn. 17.

284 Für angemessen hält diese Bestimmung statt, Saliger, Parteiengesetz und Strafrecht – Zur Strafbarkeit von Verstößen gegen das Parteiengesetz insbesondere wegen Untreue gemäß § 266 StGB, 2005, S. 599 f.; a. A. ist Lenz, Das neue Parteienfinanzierungsgesetz, NVwZ 2002, 769 (777); Küstermann, Das Transparenzgebot des Art. 21 Abs. 1 Satz 4 GG und seine Ausgestaltung durch das Parteiengesetz, 2003, S. 227 f.

285 Kersten, Parteispende oder Abgeordnetenspende? JA 2005, 360 (362); Battis/Kersten, Regelungsdefizite des neuen Parteispendenrechts, JZ 2003, 655 (661).

286 Es wird kritisiert, dass die gegenwärtigen mittelbaren und unmittelbaren staatlichen Zuwendungen die von dem BVerfG erlaubte Grenz überschreiten. Arnim, Parteien in der Kritik, DÖV

dungen auszuzahlen ist, soweit sie gem. § 18 Abs. 4 PartG anspruchsberechtigt sind. Dabei wird zwischen einer wahlerfolgsbezogenen (Nr. 1 und 2) und einer zuwendungsbezogenen (Nr. 3) Parteienfinanzierung unterschieden.[287] Ergänzungen und Modifizierungen befinden sich in § 18 Abs. 4 S. 1 und Abs. 5 sowie in § 19a Abs. 2 PartG.[288]

aa) Wahlerfolgsbezogenen Parteienfinanzierung

Im Rahmen der wahlerfolgsbezogenen Mittel muss zunächst unterschieden werden, ob eine Partei bei einer Wahl mit zugelassener oder untersagter Landesliste antritt. Falls eine Partei bei einer Wahl mit einer Landesliste zugelassen wird, kann sie 0,70 Euro für jede für ihre jeweilige Liste abgegebene gültige Stimme beanspruchen (§ 18 Abs. 3 S. 1 Nr. 1 PartG). Fehlt es an einer Landesliste, kommt gemäß § 18 Abs. 3 S. 1 Nr. 2 PartG der vorgenannte Betrag für jede gültige Stimme in Ansatz, die für einen Direktkandidaten der Partei abgegeben wurde.

Die Regelung in § 18 Abs. 3 S. 2 PartG sieht vor, dass alle Parteien für jeweils bis zu 4 Mio. gültige Stimmen einen erhöhten Grundbetrag von 0,85 Euro pro Stimme erhalten.[289] Dieser erhöhte Grundbetrag galt zunächst für bis zu 5 Mio. gültige Stimmen. Mit dem achten Gesetz zur Änderung des Parteiengesetzes (2002) wurde dann der erhöhte Zuschuss für die ersten 4 Mio. Stimmen gewährt.[290] Der Grund für die gesenkte Staffelung liegt darin, dass Parteien, *„die zwar über einen nicht unerheblichen Zuspruch bei den Wählern verfügen, dennoch aber z.B. wegen der 5 % Klausel keinen Parlamentssitz erringen konnten, wegen der verminderten Möglichkeit zur öffentlichen Darstellung [...] einen erhöhten Finanzbedarf für ihre Öffentlichkeitsarbeit haben“*.[291]

2007, 221 (224).

287 Koch, in: Ipsen, Parteiengesetz, § 18, Rn. 28; Schwarz, in: Kersten/Rixen, Parteiengesetz, § 18, Rn. 31.

288 Schwarz, in: Kersten/Rixen, Parteiengesetz, § 18, Rn. 31.

289 Es werden Bedenken angemeldet von denen, die in dieser Regelung die Wiedereinführung des durch das BVerfG für verfassungswidrig erklärten „Sockelbetrags“ erblicken: Drysch, Staatliche Parteienfinanzierung und kein Ende: das neue Parteienfinanzierungsgesetz, NVwZ 1994, 218 (221); Sendler, Verfassungsgemäße Parteienfinanzierung? NJW 1994, 365 (366). Andere Meinung hält diese Regelung für verfassungsmäßig: Schwarz, in: Kersten/Rixen, Parteiengesetz, § 18, Rn. 35; Koch, in: Ipsen, Parteiengesetz, § 18, Rn. 35; Ipsen, Verfassungsfragen degressiv gestaffelter Globalzuschüsse an politischen Parteien, ZParl 1994, 401 (403); Muthers, Rechtsgrundlagen und Verfahren zur Festsetzung staatlicher Mittel zur Parteienfinanzierung, 2004, S. 94 f.

290 Koch, in: Ipsen, Parteiengesetz, § 18, Rn. 32.

291 BT-Drs. 14/8778, S. 15.

Diese Regelung entstand im Hinblick auf die Entscheidung des BVerfG vom 09.04.1992, in der ein zusätzlicher Ausgleich zugunsten von im Parlament nicht vertretenen Parteien angeregt wurde. *„Bemißt aber der Staat den Umfang seiner Zuwendungen an politische Parteien nicht nur nach ihrem Wahlerfolg sondern auch nach ihrem Erfolg bei der Erhebung von Mitgliedsbeiträgen und nach ihrem Spendenaufkommen, so kann dies diejenigen Parteien bevorzugen, die den Einzug in das Parlament erreicht haben. Sie haben als Parlamentsparteien im Vergleich zu den an der Sperrklausel gescheiterten Parteien größere Chancen, sich im Blick auf künftige Wahlen dem Wähler darzustellen und für ihre politischen Ziele zu werben. Der Gesetzgeber wird zu prüfen haben, ob dieser sich potentiell auch auf den Mitgliederzugang und auf das Spendenaufkommen auswirkende Vorteil der im Parlament vertretenen Parteien, der durch den staatlichen Eingriff der Sperrklausel ausgelöst wird, eines Ausgleichs bedarf; er könnte etwa dadurch bewirkt werden, daß dem Kriterium des Wahlerfolgs bei denjenigen Parteien, die einerseits den zu fordernden Mindeststimmenanteil erlangt, andererseits aber ein Mandat nicht errungen haben, ein relativ größeres Gewicht für die Verteilung der insgesamt an die Parteien auszuschüttenden Mittel zuerkannt wird.“*[292]

bb) Zuwendungsbezogene Parteienfinanzierung

Ferner bekommt jede Partei eine zuwendungsbezogene (§ 18 Abs. 3 S. 1 Nr. 3 PartG) staatliche Parteienfinanzierung. Eine Partei erhält unter den zusätzlichen Voraussetzungen des § 18 Abs. 4 S. 1 PartG einen Betrag i. H. v. 0,38 Euro für jeden Euro, den sie als Mitglieds- oder Mandatsträgerbeitrag oder als rechtmäßig erlangte Spende erhalten hat. Dabei außer Betracht bleiben die geschuldeten, aber nicht gezahlten Mitglieds- oder Mandatsträgerbeiträge.

Es werden nur Zuwendungen bis zu 3 300 Euro je natürlicher Person berücksichtigt (§ 18 Abs. 3 S. 1 Nr. 3 PartG), um den Vorgaben des BVerfG Genüge zu tun. Danach *„dürfen Zuwendungen einer Größenordnung berücksichtigt werden, wie sie alle Parteien ungeachtet ihrer politischen Zielvorstellungen verzeichnen und von den Beziehern durchschnittlicher Einkünfte auch geleistet werden können.“*[293]

Einerseits sieht § 18 Abs. 3 S. 1 Nr. 3 PartG nur „natürliche Personen“ vor. Das BVerfG hat auf der anderen Seite in seiner Entscheidung vom 09.04.1992 eine steuerliche Begünstigung der von Körperschaften geleisteten Spenden für unzulässig erklärt, weil den natürlichen Personen, die hinter einer juristischen Person stehen, *„eine zusätzliche Möglichkeit vom Staat geforderter Einflussnahme auf*

292 BVerfGE 85, 264 (294).
293 BVerfGE 85, 264 (293).

die politische Willensbildung eröffnet wird, die anderen Bürgern vorenthalten bleibt".[294] Folglich ist § 18 Abs. 3 S. 1 Nr. 3 PartG dahingehend auszulegen, dass Spenden juristischer Personen bei der Bemessung der staatlichen Mittel generell unberücksichtigt bleiben.[295]

Der Anspruch auf staatliche Finanzierung ist von einem Mindesterfolg bei vorangegangenen Wahlen abhängig. Parteien erhalten die in § 18 Abs. 3 Nr. 1 und Nr. 3 PartG bestimmte staatliche Leistung, nur wenn sie nach dem endgültigen Wahlergebnis der jeweils letzten Europawahl oder der jeweils letzten Bundestagswahl mindestens 0,5 % der für Listen politischer Parteien abgegebenen gültigen Stimmen oder bei einer Landtagswahl 1 % dieser Stimmen erreicht haben (§ 18 Abs. 4 S. 1 PartG). In § 18 Abs. 4 S. 1 Hs. 1 PartG ist nicht zu erkennen, welche Landtagswahlen mit der Bezugnahme auf das Erreichen von 1 % der Stimmen bei „einer Landtagswahl" gemeint sind. Allerdings bestimmt § 19a Abs. 2 S. 1 PartG, dass es für die Höhe der staatlichen Mittel auf die erzielten Stimmen bei der „jeweils letzten Landtagswahl" ankommt.[296]

Erfüllt eine Partei das erforderliche Quorum bei entweder der letzten Europawahl oder der letzten Bundestagswahl oder einer der jeweils letzten Landtagswahlen in den Ländern, nimmt sie in vollem Umfang an der Verteilung der zuwendungsbezogenen Mittel gem. § 18 Abs. 3 S. 1 Nr. 3 PartG teil. Es gibt eine Sonderregelung demgegenüber für den „Wählerstimmenanteil". § 18 Abs. 4 S. 1 Hs. 2 PartG bestimmt, dass für die Zahlungen an eine Partei, die in Anwendung von § 18 Abs. 3 S. 1 Nr. 1 PartG nach Maßgabe der bei Wahlen für die Listen abgegebenen Stimmen erfolgen, die Anspruchsvoraussetzungen bei der jeweiligen Wahl erfüllt sein müssen. Die Bedeutung dieser Bestimmung erschließt sich erst in ihrem Zusammenwirken mit § 19a Abs. 2 PartG. Damit ergibt sich aus § 18 Abs. 4 S. 1 Hs. 2 PartG, dass Zahlungen nach Maßgabe der für Listen abgegebenen Stimmen nur erfolgen, soweit die Anspruchsvoraussetzungen gem. § 18 Abs. 4 S. 1 Hs. 1 PartG jeweils bei den nach § 19a Abs. 2 PartG berücksichtigungsfähigen Wahlen erfüllt werden. Folglich können wählerstimmenbezogene Zahlungen nur für solche Wahlen erfolgen, bei denen auch das jeweils erforderliche Quorum durch die Parteien erreicht wurde.[297]

Der Gesetzgeber hat mit dieser Regelung die Vorgaben des BVerfG aufgegriffen. Das BVerfG hat frühzeitig entschieden, dass der Mindeststimmenanteil für

---

294 BVerfGE 85, 264 (315).

295 Koch, in: Ipsen, Parteiengesetz, § 18, Rn. 31; Schwarz, in: Kersten/Rixen, Parteiengesetz, § 18, Rn. 34.

296 Koch, in: Ipsen, Parteiengesetz, § 18, Rn. 20; Schwarz, in: Kersten/Rixen, Parteiengesetz, § 18, Rn. 36.

297 Zum Vorstehenden siehe: Koch, in: Ipsen, Parteiengesetz, § 18, Rn. 22; Schwarz, in: Kersten/Rixen, Parteiengesetz, § 18, Rn. 37.

die Teilnahme an der staatlichen Parteienfinanzierung jedenfalls deutlich unter der 5 %-Grenze liegen müsse.[298] Danach ist die Partizipation an der seinerzeitigen Wahlkampfkostenerstattung davon abhängig gemacht worden, dass eine Partei bei einer Bundestagswahl mindestens 2,5 % der Zweitstimmen erzielt hat (§ 18 Abs. 2 Nr. 1 PartG 1967). Diesen Wert hat das BVerfG als überhöht angesehen.[299] In demselben Urteil schlägt das BVerfG einen Stimmenanteil in Höhe von 0,5 % der bei Bundestagswahlen erzielten Zweitstimmen vor.[300]

Das BVerfG hat nicht nur festgelegt, dass das Quorum für wählerstimmenbezogene Zahlungen erheblich unter der Grenze 5 % liegen muss, sondern hält auch die Einführung eines sogenannten „Drei-Länder-Quorums" für unzulässig. Das 8. PartGÄndG hat versucht, das Quorum für Zuschüsse aufgrund des Spenden- und Beitragsaufkommens (Zuwendungsanteil) zu ändern und ein „Drei-Länder-Quorum" einzuführen. Nach dem PartGÄndG setzte der Zuwendungsanteil ein Quorum von 1,0 % bei drei der jeweils letzten Landtagswahlen (alternativ 5,0 % bei einer der jeweils letzten Landtagswahlen) voraus. Das BVerfG hat die entsprechende Regelung in § 18 Abs. 4 S. 3 PartG, die vom 01.01.2005 an gelten sollte, als Verstoß gegen die Chancengleichheit und folglich als Verletzung des Art. 21 Abs. 1 i. V. m. Art. 3 Abs. 1 GG angesehen.[301]

Wenn und soweit von einer Partei bei einer Wahl keine Landesliste aufgestellt worden ist, besteht ein Anspruch auf wahlerfolgsbezogene Mittel nach § 18 Abs. 3 S. 1 Nr. 2 nach Maßgabe der von den Direktkandidaten erzielten Stimmen. Nach § 18 Abs. 4 S. 2 PartG ist der Anspruch davon abhängig, ob die jeweilige Partei mindestens 10 % der in einem Wahl- oder Stimmkreis abgegebenen gültigen Stimmen erreichen konnte. Damit modifiziert diese Vorschrift die Regelung in § 18 Abs. 4 S. 1 PartG für den Fall des Fehlens einer Landesliste. Hieraus folgt, dass auch für einen Anspruch nach § 18 Abs. 3 S. 1 Nr. 2 PartG die Ergebnisse der nach § 19a Abs. 2 PartG berücksichtigungsfähigen Wahlen (letzte Europa- oder Bundestagswahl oder die jeweils letzte Landtagswahl in einem der 16 Bundesländer) maßgeblich sind.[302]

Eine Sonderregelung enthält § 18 Abs. 4 S. 3 PartG für Parteien nationaler Minderheiten. Nationale Minderheiten sind Gruppen deutscher Staatsangehöriger, die auf dem Gebiet der Bundesrepublik heimisch sind, aber eine eigene Sprache, Kultur und Geschichte und damit eine eigene Identität aufweisen. Für solche Parteien besteht keine Verpflichtung, die geforderten Quoren zu erreichen. Die Gewährung von staatlichen Leistungen setzt aber voraus, dass die Parteien

298 BVerfGE 20, 56 (117 f.).
299 BVerfGE 24, 300 (339 ff.).
300 BVerfGE 24, 300 (342).
301 BVerfGE 111, 382 (398 ff.).
302 Koch, in: Ipsen, Parteiengesetz, § 18, Rn. 24.

nach Maßgabe ihres Programms und ihrer Mitglieder auf die Vertretung der Interessen einer nationalen Minderheit abzielen. Unter dieser Voraussetzung ist es andererseits unschädlich, wenn die Partei zugleich auch andere Ziele verfolgt.

b) Absolute Obergrenze

Für staatliche Zuwendungen an Parteien gibt es eine absolute Obergrenze. § 18 Abs. 2 PartG begrenzt das auf alle anspruchsberechtigten Parteien zu verteilende Gesamtvolumen der staatlichen Mittel derzeit auf 133 Mio. Euro. Diese Regelung entspricht einer Vorgabe des BVerfG. Beruhend auf dem Grundsatz, dass wegen der Staatsfreiheit der Parteien die Selbstfinanzierung der Parteien Vorrang vor der Staatsfinanzierung haben muss, sieht das BVerfG in seiner Entscheidung vom 09.04.1992 mit der in den Jahren 1989 bis 1992 erreichten Höhe der öffentlichen Mittel für die Parteien die äußerste Grenze der staatlichen Parteienfinanzierung erreicht. Diese Grenze darf nach Ansicht des BVerfG nur wegen Geldentwertung oder aufgrund einschneidender Änderung der Verhältnisse erhöht werden.[303] Zu Fragen der Parteienfinanzierung kann der Bundespräsident nach § 18 Abs. 7 PartG eine Kommission unabhängiger Sachverständiger berufen. Über die Anpassung des Betrages der absoluten Obergrenze beschließt der Bundestag (§ 18 Abs. 6 S. 1 PartG). Nach der Entscheidung des BVerfG im Jahr 1992 wurde der gesetzliche Betrag zunächst in Höhe von 230 Mio. DM festgelegt.[304] Später erhöhte sich durch Gesetz vom 19. Februar 1999 die Grenze auf 245 Mio. DM.[305] Ab dem Jahr 2002 ist die jährliche absolute Obergrenze auf 133 Mio. Euro festgesetzt worden.

c) Relative Obergrenze

Neben der absoluten Obergrenze folgt aus dem verfassungsrechtlichen Grundsatz der Staatsfreiheit der Parteien eine relative Obergrenze für jede einzelne geförderte Partei. Nach der Auffassung des BVerfG darf das Gesamtvolumen der staatlichen Finanzzuweisungen an eine Partei die Summe ihrer selbst erwirtschafteten Einnahmen nicht übersteigen. [306] Entsprechend den Vorgaben des BVerfG wird die Höhe der staatlichen Teilfinanzierung durch § 18 Abs. 5 PartG begrenzt. Nach der Regelung in § 18 Abs. 5 PartG sind in die Berechnung der relativen Obergrenze die in § 24 Abs. 4 Nr. 1–7 genannten Einnahmearten einzustellen. Die in § 24 Abs. 4 Nr. 1–7 PartG genannten Einnahmearten sind Mit-

303 BVerfGE 85, 290 (290 f.).
304 BGBl. I 1994, S. 149.
305 BGBl. I 1999, S. 146.
306 BVerfGE 85, 264 (289).

gliedsbeiträge, Mandatsträgerbeiträge und ähnliche regelmäßige Beiträge, Spenden natürlicher und juristischer Personen, Einnahmen aus Unternehmenstätigkeit und Beteiligungen, Einnahmen aus sonstigem Vermögen sowie Einnahmen aus Veranstaltung, dem Vertrieb von Druckschriften und Veröffentlichungen und sonstiger mit Einnahmen verbundener Tätigkeiten. Die Einnahmen der jeweiligen Partei aus Krediten haben dabei außer Betracht zu bleiben.

2. Mittelbare staatliche Zuschüsse – steuerlicher Begünstigungen

Nach § 10b Abs. 2 EStG sind Zuwendungen an politische Parteien im Sinne von § 2 des Parteiengesetzes bis zur Höhe von insgesamt 1 650 Euro und im Fall der Zusammenveranlagung von Ehegatten bis zur Höhe von insgesamt 3 300 Euro im Kalenderjahr als Sonderausgaben abzugsfähig, soweit für diese Zuwendung nicht eine Steuerermäßigung nach § 34g EStG gewährt worden ist. Der Begriff Zuwendung umfasst sowohl Mitgliedsbeiträge als auch Spenden.[307] Mitgliedsbeiträge sind in § 27 Abs. 1 S. 1 PartG definiert. „Spenden" richtet sich nach der Definition in § 27 Abs. 1 S. 3 PartG. Gem. § 34g Abs. 1, Abs. 2 S. 1 EStG ermäßigt sich bei Mitgliedsbeiträgen und Spenden an politische Parteien die tarifliche Einkommensteuer um 50 v. H. der Ausgaben, höchstens jedoch um 825 Euro, im Fall der Zusammenveranlagung von Ehegatten um höchstens 1 650 Euro. Damit stehen eine progressionsabhängige (§ 10b II EStG) und eine progressionsunabhängige Begünstigung (§ 34g EStG) nebeneinander.[308]

Das BVerfG hat die bis 1993 geltende Regelung in § 10b Abs. 2 EStG, wonach Mitgliedsbeiträge und Spenden an politische Parteien bis zu 60 000 DM und bei Zusammenveranlagung bis zu 120 000 DM als Sonderausgaben steuerlich abzugsfähig waren, für verfassungswidrig erklärt, weil diese hohen Beträge deutlich oberhalb des jährlichen Durchschnittseinkommens liegen, und folglich zur Verletzung gleicher Einflussmöglichkeit der Bürger führen.[309] Die daneben bestehende Regelung in § 34g EStG, wonach Spenden und Beiträge an politische Parteien mit 50 % bis zu 600 DM und bei Zusammenveranlagung bis zu 1 200 DM unmittelbar von der Steuerschuld abgezogen werden konnten, hat das BVerfG als verfassungsgemäß und im Hinblick auf die zwischenzeitliche Einkommensentwicklung als fortschreibungsfähig angesehen.[310]

Spenden und Mitgliedsbeiträge können nach der heute geltenden Bestimmung in § 10b Abs. 2 S. 2 EStG nur insoweit abgezogen werden, als für sie nicht eine

307 Gerserich, in: Kirchhof/Söhn/Mellinghoff (Hrsg.), EStG, § 10b, Rn. C 10.

308 Ipsen, in: Sachs, GG, Art. 21, Rn. 137.

309 BVerfGE 85, 264 (316).

310 BVerfGE 85, 264 (316f.).

Steuerermäßigung nach § 34g EStG gewährt worden ist. Damit sind Zuwendungen an politische Parteien zunächst in Höhe von 1 650 Euro, bei zusammen veranlagten Ehegatten in Höhe von 3 300 Euro im Rahmen des § 34g EStG zu berücksichtigen. Von der einkommensteuerlichen Bemessungsgrundlage sind Spenden und Mitgliedsbeträge an politischen Parteien nur abzuziehen, wenn sie die nach § 34g EStG zu berücksichtigenden Zuwendungen übersteigen. Ein Wahlrecht zwischen dem Abzug der Zuwendung von der Steuer nach § 34g EStG und dem Sonderausgabenabzug nach § 10b Abs. 2 EStG besteht nicht.[311] Da die Begünstigung nach § 10b Abs. 2 EStG zusätzlich zu der nach § 34 EStG erfolgt, sind also insgesamt bis zu 3 300 bzw. 6 600 Euro bei Zusammenveranlagten an Beiträgen und Spenden an politische Parteien steuerlich gefördert.[312]

Steuerlich begünstigt werden dürfen nur Spenden von natürlichen Person. Juristische Personen können daher zwar Spenden an politische Parteien leisten. Sie können aber keine steuerlichen Vergünstigungen mehr erhalten.[313] Durch Art. 5 Ziff. 1 des Sechsten Gesetzes zur Änderung des Parteiengesetzes und anderer Gesetze vom 04.02.1994[314] ist § 9 KStG novelliert worden, so dass Spenden von Körperschaften an politischen Parteien nicht abzugsfähig sind.

---

311 Hofmeister, in: Blümich (Begr.), EStG, § 10b, Rn. 100.

312 Ob diese Höhe noch den oben beschriebenen Grenzen mit Blick auf den durchschnittlichen Einkommensempfänger nach der Rechtsprechung des BVerfG gerecht wird, war umstritten. Für verfassungswidrig halten die Regelung: Hofmeister, in: Blümich (Begr.), EStG, § 10b, Rn. 107; Steiner, in: Lademann (Hrsg.), EStG, § 10b, Rn. 104; Sendler, Verfassungsgemäße Parteienfinanzierung? NJW 1994, 365 ff.; die Gegenmeinung vgl.: Gerserich, in: Kirchhof/Söhn/Mellinghoff (Hrsg.), EStG, § 10b, Rn. C 55; Kühnen, in: Bordewin/Brandt/Bode(Hrsg.), EStG, § 10b, Rn. 112.

313 BVerfGE 86, 264 (315).

314 BGBl. I 1994, S. 142.

Zweiter Teil: Parteienfinanzierung in Taiwan

E. Geschichtlicher Überblick und Definition der Parteien in Taiwan

I. Kurzer geschichtlicher Überblick

Nach der Besetzung Taiwans durch die Portugiesen, Spanier, Niederländer[315] und durch das chinesische Kaiserreich verlor der chinesische Kaiser Ende des 19. Jahrhunderts den Krieg gegen Japan. Dadurch war Taiwan seit 1895 japanisches Territorium.[316] Nachdem Taiwan 20 Jahre lang unter der Herrschaft Japans stand, wurde im Jahr 1914 der erste politische Verein gegründet,[317] dessen Ziel war es, die Gleichberechtigung der Japaner und Taiwaner bzw. deren Gleichheit vor dem Gesetz herzustellen. Der Vorsitzende war zwar ein japanischer Politiker, seine politische Einstellung tendierte aber zur grundsätzlichen Parteinahme für Taiwan. Dieser Verein bestand jedoch nicht lange; bereits knapp zwei Monate nach Gründung wurde er aufgrund seiner „Störung der Gesellschaft", einer „Ordnungswidrigkeit" aufgelöst. Obwohl der erste politische Verein gescheitert war, verbreitete sich die seinerseits angestrebte Forderung nach Gleichberechtigung. Dabei zeigte sich auch, dass die Gründung eines politischen Vereins zwar vom Herrscher nicht erwünscht, gleichzeitig aber auch nicht absolut verboten war. „Taiwans Volkspartei" wurde 1927 als die erste Partei mit dem Begriff „Partei" im Namen gegründet.[318] In den 1930er Jahren kam es zur Gründung weiterer politischer Parteien. Außer der „Taiwanischen Kommunistischen Partei" strebten alle anderen politischen Parteien oder Vereine nach Gleichberechtigung, nach politischer Mitwirkung und Unabhängigkeit Taiwans. Vor Beginn des 2. Weltkriegs wurden alle Parteien aufgelöst.

---

315 Vgl. Campbell, Formosa Under the Dutch: Described from Contemporary Records, with Explanatory Notes and a Biography of the Island, 1903.

316 Reinhard Zöllner, Geschichte Japans – von 1800 bis zur Gegenwart, 2. Aufl., 2009, S. 271 ff.; Dau-lin Hsü/Chi Chu (Hrsg.), Chronik der chinesisch-japanischen Beziehung – Eine Materialsammlung mit Vertragstexten, Dokumenten und einer Karte, 1931, S. 27 ff.

317 黃世鑫，正義重建抑或政黨公平競爭？ — 評中國國民黨黨產之處理間論政黨財源問題互動關係，於：台灣法學會主編，二十一世紀憲政風雲，2004，頁1，12以下。(Shi-Xin Huang, Wiederaufbau der Gerechtigkeit oder Wettbewerbsgleichheit zwischen Parteien? Die Diskussion über das Parteienvermögen der KMT und die Finanzquellen der Parteien, in: Taiwan Law Society (Hrsg.), Verfassung im 21. Jhd., 2004, S. 1, 12 ff.)

318 Vgl. Yun-Yun Yeh (Hrsg.), Social and Political Movements in Colonial Taiwan, Morning Star Publishing, 2000.

1946 wurde die Verfassung der Republik China erlassen, die am 25.12.1947 trat sie in Kraft. Zwar wurde in die Verfassung zahlreiche Bestimmungen über Menschenrechte und Bürgerrechte aufgenommen, welche allerdings nicht durchgesetzt wurden. Einerseits wurde die Verfassung der Republik China seit dem 10.05.1948 durch eine Kriegsverfassung[319] ersetzt. Andererseits ist Taiwan 1947 durch das Ereignis der sog. „228-Massaker“[320] in einen Ausnahmezustand versetzt worden. 1949 flüchtete die Kuomintang (KMT) nach Taiwan, und mit ihr wurde ein für Gesamtchina konzipiertes politisches System importiert, aus dem auch

319 Die Kriegsverfassung wurde als „Vorläufige Bestimmungen zur Niederschlagung der kommunistischen Rebellion“ (動員戡亂時期臨時條款：Dong uan kan luan shih chi lin shi tiao kuan) bezeichnet und als „Vorläufige Bestimmungen“ abgekürzt. Sie trat am 10.05.1948 in Kraft und 01.05.1991 außer Kraft. Zur Entstehungsgeschichte der „Vorläufigen Bestimmungen“ in: Wu-Hsien Chu, Die Auslegung der Verfassung und die vereinheitlichende Auslegung von Gesetzen und Verordnungen durch die Versammlung der Hohen Richter – Ansätze einer Verfassungsgerichtsbarkeit in der Republik China, Diss. Saarbrücken, 1983, S. 17f. Über den Inhalt der „Vorläufigen Bestimmung“ ist ausführlich berichtet worden in: Yueh-Sheng Weng, Die neuere Entwicklung des national-chinesischen Verfassungsrechts, JöR NF. 27 (1978), 537ff.; Yeong-Chin Su, Die Rolle des Verfassungsrechts in Taiwans staatlicher Entwicklung – Plädoyer für eine spezifisch taiwanesische Verfassungstheorie, in: Christian Starck (Hrsg.), Die Rolle der Verfassungsrechtswissenschaft im demokratischen Verfassungsstaat – Zweites deutsch-taiwanesisches Kolloquium vom 26. bis 28. September 2002 in Taipeh, 2004, S. 149ff.

320 Das „228-Massaker“ oder „228-Ereignis“ war ein trauriger Vorfall im Jahre 1947. Hintergrund dieser Tragödie waren die Korruption der KMT-Beamten und die Disziplinlosigkeit der KMT-Truppe, die zu einer sehr viel schwächeren Wirtschaft und ungerechteren Gesellschaft als zur japanischen Kolonialzeit führten. Am 27.02.1947 geriet ein Fahndungsteam von vier Beamten bei der Beschlagnahme von Zigaretten in Taipei in einen Konflikt mit der Straßenhändlerin Jiang-Man Lin. Während des Konfliktes wurde Frau Lin von den Beamten am Kopf verletzt. Viele Passanten bzw. Schaulustige waren beim Konflikt vor Ort und hielten das Verhalten der Beamten für unverhältnismäßig brutal. Als die Beamten den Ort verlassen wollten, weil immer mehr Schaulustige sich versammelt hatten und immer unruhiger wurden, schossen sie zur Abschreckung des Publikums in die Luft. Ein Schaulustiger wurde vor seinem eigenen Haus von einer Kugel getroffen und starb unmittelbar. Viele Leute verfolgten die Beamten bis zum Polizeipräsidium und verlangten, dass die Polizisten die Beamten wegen der Gewalttat festhalten sollten, und dass die zuständige Behörde sich für den Vorfall entschuldigen sollte. Da die Forderungen nicht erfüllt wurden, streikten die Bürger und versammelten sich am nächsten Tag, dem 28. Februar, vor dem Oberverwaltungsamt (heute Amtssitz des Präsidenten). Soldaten schossen auf die Demonstranten. Viele starben schon am selben Tag. Das war aber nur der Anfang einer Tragödie. Die Wut der Bevölkerung verbreitete sich und führte im ganzen Land zu Demonstrationen. Mancherorts kam es zu bürgerkriegsähnlichen Zuständen. Am 10.03.1947 wurde vom Oberverwaltungsamt der Ausnahmezustand verhängt. Wenige Tage später kamen neue Truppen von China nach Taiwan, um die „gesellschaftliche Ordnung“ wieder herzustellen. Dies nannte sich „Aufräumung der Gemeinden“. Vom 28. Februar bis April 1947 sind mehrere Tausend Leute gestorben oder „verschwunden“. Viele der gerade in Taiwan angekommenen Chinesen, und auch viele Taiwaner sind gestorben, darunter Ärzte, Studenten, Schüler usw. Vgl. Weggel, Geschichte Taiwans – vom 17. Jahrhundert bis heute, 2007, S. 90ff.; Whittome, Taiwan 1947 – Der Aufstand gegen die Kuomintang, 1991.

die Verfassung der Republik China und die Kriegsverfassung stammt. Noch bis in die 1980er hinein galt diese Kriegsverfassung in Taiwan. Außer der Kuomintang und ihren Anhängerparteien gab es keine anderen politischen Parteien, die abweichende Meinungen vertreten hätten.[321] Nach der Meinung deutscher Politikwissenschaftler gab es während dieser Zeit keinerlei demokratische Verfassungsrealität.[322]

Die Wende begann in den späten 80er Jahren. 1986 wurde die Demokratische Progress-Partei (DPP) unter Tolerierung von *Tschiang Ching-Kuo*, Sohn von *Tschiang Kai-Shek,* gegründet, deren Hauptforderung die Unabhängigkeit und die Demokratie Taiwans ist. 1987 wurde der Ausnahmezustand aufgehoben und am 11.01.1988 das Gesetz über Versammlungen in Kriegszeiten erlassen. Am 13.01.1988 starb *Tschiang Ching-Kuo.* Die Diktatur der *Tschiang* Dynastie in Taiwan war nach 40 Jahren endgültig beendet. 1989 trat das Gesetz über bürgerliche Vereine in Kriegszeiten (Vereinsgesetz in der Kriegszeit) in Kraft. Die KMT und die DPP ließen sich im selben Jahr bei der zuständigen Behörde offiziell als politische Parteien im Sinne des Vereinsgesetzes in der Kriegszeit eintragen. 1991 wurde die Kriegsverfassung bzw. der Kriegszustand für beendet erklärt. Seitdem stehen die politischen Parteien wieder unter dem verfassungsrechtlichen Schutz. 1992 wurden das Gesetz über Versammlungen in der Kriegszeit und das Vereinsgesetz in der Kriegszeit geändert. Noch im selben Jahr trat ein neues Vereins- bzw. Versammlungsgesetz in Kraft. Die Äußerungen politischen Dissenses sind nicht mehr lebensgefährlich.[323]

II. Entwicklung der verfassungsrechtlichen Stellung der Parteien

1. Vor den 1990er Jahren

Obwohl der Begriff der politischen Parteien Anfang des 20. Jahrhunderts in China schon bekannt war und es nach Gründung der Republik China auf dem

321 Man bezeichnet den Zeitraum von 1949 bis zur Aufhebung des Ausnahmezustands (1987) als Zeit des Weißen Terrors. In diesem Zeitraum wurden Regierungsgegner und Oppositionelle unterdrückt. Höhepunkt des Weißen Terror waren die 50er Jahre. Vgl. 侯坤宏，戰後臺灣白色恐怖論析，國史館學術集刊，第十二期，2007，頁139以下。(Kun-hung Hou, Weißer Terror in der Nachkriegszeit in Taiwan, Zeitschrift der Academia Historica, Nr. 12, 2007, S. 139 ff.)

322 Schubert/Thompson, Demokratische Institutionalisierung in Ost- und Südostasien, in: Merkel/Sandschneider/Segert (Hrsg.), Systemwechsel, Bd. II, 1996, S. 384.

323 Vgl. Jau-Chaang Mon, Die Politischeentwicklung Taiwans von 1949 bis 1990 unter besonderer Berücksichtigung der politischen Beteiligung, Diss. Freiburg, 1991.

Festland viele politische Parteien gab[324], wurde der Begriff der „politischen Parteien“ nicht in die Verfassung aus dem Jahr 1946 aufgenommen. Statt dem der „politischen Parteien“ wird in der Verfassung der umfassende Begriff „Tang-Pai“ verwendet, der Partei oder Gruppe bedeutet. Z. B. Art. 7 VRC enthält ihn in seinem Gleichheitssatz, der lautet: *Alle Staatsbürger der Republik China, ungeachtet ihres Geschlechts, ihrer Religion, ihrer Rasse, ihrer sozialen Stellung oder ihrer Parteizugehörigkeit, sind vor dem Gesetz gleich.* Ähnlich die Artikel 80, 88, 138, 139 VRC. Art. 80 VRC besagt: *Richter stehen über den Parteien; sie sprechen gemäß den gesetzlichen Bestimmungen unabhängig und ohne jegliche Einmischung Recht. Art. 88 VRC: Die Mitglieder des Prüfungs-Yuan*[325] *stehen über den Parteien und üben ihr Amt gemäß den gesetzlichen Bestimmungen aus.* Art. 138 VRC: *Die Land-, See- und Luftstreitkräfte des ganzen Landes sind frei von jeder Bindung an Personen, Regionen oder Parteien, loyal gegenüber der Nation und schützen das Volk.* Art. 139 VRC: *Keine Partei oder Person darf die Streitkräfte als Instrument im politischen Kampf einsetzen.*

Alle diese Artikel verwenden das Wort „Tang-Pai“. Obwohl hier die englische und deutsche Übersetzung „Party“ bzw. „Partei“ ist, bedeutet „Tang-Pai“ nicht im engeren Begriff eine „politische Partei“, die auf Chinesisch „Zheng-Tang“ heißt. Ausgehend von der grundlegenden Bedeutung und historischen Verwendung dieses eigentlich weit gefassten Begriffs kann man zugrunde legen, dass der engere Begriff „politische Partei“ von diesem Wort eingeschlossen wird. Die führt dazu, dass der Begriff „politische Partei“ zwar von der Verfassung der Republik Chinas einbezogen wurde, aber noch keine explizite Verwendung in der Verfassung bekam.

2. Nach der Verfassungsänderung

Die Erwähnung der „politischen Partei“ erscheint zuerst in den 1990er Jahren, als Verfassungsänderungen durchgeführt wurden. Nachdem 1987 der Notstand aufgehoben wurde, machte man sich an die Abschaffung der Kriegsverfassung, sah sich aber mit Schwierigkeiten konfrontiert. Der ursprüngliche Verfassungstext aus dem Jahr 1946 sollte theoretisch nach der Abschaffung der Kriegsverfassung zur Geltung gebracht und umgesetzt werden. In der Realität waren zügige Anpassungen des Gesetzeswerkes von 1946 an die taiwanischen Verhältnisse von 1990 unumgänglich. Schließlich wurde ein Verfassungsänderungsprozess einge-

324 Vgl. 張玉法，民國初年的政黨，1985。(Yu-Fa Chang, Parteien am Anfang der Republik, Institut für moderne Geschichte der Academica Sinica: Taipei, 1985.)

325 Yuan (院) ist auf Chinesisch zunächst eine räumliche Bezeichnung. Genaueres im Glossar.

leitet, in dessen Folge die Kriegsverfassung, die „Vorläufigen Bestimmungen", abgeschafft und zugleich das erste Mal „Ergänzende Artikel"[326] erlassen wurden. Diese zehn „Ergänzenden Artikel" dienen dazu, dass manche unpassend erscheinenden Verfassungsvorschriften im staatsorganisatorischen Teil ersetzt bzw. modifiziert werden. Der Begriff „politische Partei" (Zheng-Tang) erscheint in der folgenden Zeit häufiger in den Bestimmungen zur Sitzverteilung im Legislativ-Yuan und zur Auflösung verfassungswidriger Parteien.

Die Bezeichnung der „politischen Partei" (Zheng-Tang) erscheinen erstmals in den Ergänzenden Artikel (EA) von 1991. Dort wird die „politische Partei" hauptsächlich im Zusammenhang mit der Sitzverteilung von Delegierten in verschiedenen zentralen Behörden in Art. 1, 2, 3 und 4 EA genannt. Art. 4 Abs. 1 EA (1991) enthielt beispielsweise die Regelung, das die zu wählenden Mandate für Delegierte der Nationalversammlung, Abgeordnete des Legislativ-Yuan und Mitglieder des Kontroll-Yuan nach dem Verhältnis des Wahlergebnisses unter den politischen Parteien verteilt werden, wenn diese für die dauerhaft im Ausland ansässigen Staatsbürger oder für Wahlkreislose kandidieren.[327]

1992 wurden das zweite Mal eine Verfassungsänderung durchgeführt weitere acht Artikel erlassen. Dieses Mal erschien die „politische Partei" in einer weiteren Bestimmung der Verfassung. In Art. 13 Abs. 2 und Abs. 3 EA (1992) wird die Auflösung politischer Parteien durch die aus den Hohen Richtern gebildete Verfassungskammer beim Justiz-Yuan festgelegt.

Die heute geltenden „Ergänzenden Artikel" wurden im Jahr 2005 im siebten Verfassungsänderungsprozess erlassen. Die Staatsform und die Organkompetenzen haben heute wegen der siebenmaligen Verfassungsänderung ihr Aussehen stark verändert.[328] Obwohl sich die Staatsorganisation und die Organkompetenzen rasant verändert haben, bleibt der Begriff der „politischen Parteien" weiter in den Bestimmungen zur Mandatsverteilung und zur Auflösung verfassungswidriger politischer Parteien enthalten.

---

326 Bei der Verfassungsänderung spielte die Frage eine wichtige Rolle, wie die Verfassung von 1947 den Charakter einer Verfassung für „Gesamt-China" nicht verlöre. Durch die Ergänzung späterer Zusatzartikel zur Verfassung kann der Wortlaut der Verfassung von 1947 formal unverändert bleiben. Die Ergänzenden Artikel sind im Wege eines Verfassungsänderungsprozesses erlassen und damit Teil der Verfassung.

327 Das Wahlsystem wird später im Zusammenhang mit der staatlichen Parteienfinanzierung näher erläutert.

328 Z. B. wird nach den im zweiten Verfassungsänderungsprozess erlassenen „Ergänzenden Artikeln" (1992) der Staatspräsident seit 1996 von den Bürgern direkt gewählt, während die Nationalversammlung ihre Kompetenz der Präsidentenwahl, eine ihrer Hauptaufgaben, verlor; die Nationalversammlung wurde nach dem im siebten Verfassungsänderungsprozess erlassenen „Ergänzenden Artikel" (2005) abgeschafft und ihre Aufgaben wurden überwiegend dem Legislativ-Yuan übertragen. Das gegenwärtige System ist skizziert in Anhang I.

Art. 4 Abs. 2 EA (2005) regelt, dass2008 ein neues Wahlsystem für die Abgeordnetenwahl des Legislativ-Yuan nach dem siebten Verfassungsänderungsprozess (2005) eingeführt werden soll. Art. 4 Abs. 1 Nr. 3 EA (2005) legt fest, dass insgesamt 34 Abgeordnete für die ständig im Ausland ansässigen Staatsbürger und für Wahlkreislose gewählt werden. Art. 4 Abs. 2 S. 2 EA (2005) legt fest, dass die nach Art. 4 Abs. 1 Nr. 3 EA (2005) zu wählenden Mandate nach den von den politischen Parteien vorgeschlagenen Wahllisten vergeben werden, soweit die politischen Parteien einen Stimmenanteil von 5 % bei der Zweitstimme überschreiten. Das Zwei-Stimmen-Wahlsystem und die Verhältniswahl mit einer 5 %-Sperrklausel sind in der Verfassung neu geregelt und seit Beginn der siebten Legislaturperiode des Legislativ-Yuan (2008–2012) eingeführt.

Art. 5 Abs. 4 EA (2005) geht auf die im Jahr 1992 in Art. 13 EA geregelte Bestimmung über die Auflösung einer verfassungswidrigen politischen Partei zurück und besagt fast unverändert: *Die Hohen Richter des Justiz-Yuan bilden eine Verfassungskammer, die über die Angelegenheiten der Amtsenthebung des Präsidenten oder des Vizepräsidenten und die Angelegenheiten im Zusammenhang mit der Auflösung verfassungswidriger politischer Parteien entscheidet.* Weiter wird in Art. 5 Abs. 5 EA (2005) festgelegt: *Eine politische Partei gilt als verfassungswidrig, wenn ihre Ziele oder Aktivitäten den Fortbestand der Republik China oder die freiheitlich-demokratische Verfassungsordnung gefährden.*

3. Die Bewertung dieser beiden Zeiten

Triepel teilt das Verhalten des Staats gegenüber politischen Parteien in eine vierfache Stufenfolge auf: Bekämpfung, Ignorierung, Anerkennung und Legalisierung, sowie schließlich verfassungsmäßige Inkorporation.[329] Zum Teil wird vertreten, dass die Stellung der politischen Partei in der Verfassung der Republik China von 1946 mit der von *Triepel* beschriebenen Epoche der Bekämpfung oder Ignorierung vergleichbar sei.[330] Ein Anhaltspunkt ist zunächst, dass der Begriff „politische Partei“ keine explizite Verwendung in der Verfassung fand. Ferner wird darauf hingewiesen, dass die Verfassungsgeber die Überparteilichkeit der Verfassungsorganmitglieder betonten und sie einige Verfassungsorgane vom Einfluss der politischen Parteien fernhalten wollten.

Die verfassungsrechtliche Stellung der politischen Partei veränderte sich aber während der Verfassungsänderungen in den 90er Jahren. Ohne im ursprüngli-

329 Triepel, Die Staatsverfassung und die politischen Parteien, 2. Aufl., 1930, S. 12 ff.

330 周志宏，憲法與政黨關係的重新定位－未來政黨法制之展望，月旦法學雜誌，第十二期，1996.04，頁23。(Jhi-Hung Jhou, Die neue Stellung von Verfassung und Parteienverhältnis – eine Perspektive auf das zukünftige Parteiensystem, The Taiwan Law Review, Nr. 12, 04.1996, S. 23.)

chen Verfassungstext verwendet zu werden, nimmt der Begriff der politischen Partei in den Ergänzenden Artikeln seit 1991 eine zentrale Rolle ein. Nachdem das Zwei-Stimmen-Wahlsystem in der Abgeordnetenwahl eingeführt wurde, zeigt sich auf der einen Seite nicht nur die politische Partei als Institution in der Wahl, sondern auch die Rolle der politischen Partei in der Verfassung noch deutlicher. Auf der anderen Seite deutet dies auf eine veränderte Stellung der politischen Partei hin, insofern die politische Partei nicht mehr von der Verfassung verdrängt, sondern teils anerkannt wird. Seit der Einführung des Regimes zur Auflösung verfassungswidriger Parteien wird der Unterschied zwischen einer Partei und einem anderen Verein deutlich und damit die Stellung der Partei hervorgehoben. Wegen solcher Veränderungen auf Verfassungsebene wird die Meinung vertreten, dass die von *Triepel* beschriebene Epoche der Bekämpfung oder Ignorierung teilweise beendet sei.[331]

III. Definition der politischen Parteien

Obwohl die „politische Partei" seit den 1990er Jahren im Rahmen der Verfassungsänderung in die Ergänzenden Artikel aufgenommen ist und die Rolle der politischen Partei im Laufe der Zeit immer wichtiger wurde, ist der Begriff der „Politischen Partei" in den Ergänzenden Artikeln nicht definiert. Ein Parteiengesetz über die gesamten Angelegenheiten der Parteien gibt es bisher in Taiwan nicht. Die Definition der politischen Parteien unterliegt dem Gesetz über bürgerlichen Verein(VereinsG).[332]

Im VereinsG von 1992 sind drei Erscheinungsformen des Vereins geregelt: der berufliche Verein (§ 35 ff. VereinsG), der soziale Verein (§ 39 ff. VereinsG) und der politische Verein (§ 44 ff. VereinsG). Die Politische Partei ist dabei dem politischen Verein untergeordnet.

Der politische Verein wird zunächst in § 44 VereinsG definiert: *Politische Vereine sind Zusammenschlüsse von Bürgern, die auf gemeinsamen demokratischen Gedanken beruhen, und die bei der politischen Willensbildung des Volkes mithelfen bzw. die Teilnahme der Bürger am politischen Leben fördern wollen.*

Gemäß § 45 VereinsG kann ein politischer Verein als eine politische Partei eingestuft werden: *Eine politische Partei ist*

331 周志宏，憲法與政黨關係的重新定位—未來政黨法制之展望，月旦法學雜誌，第十二期，1996.04，頁23。(Jhi-Hung Jhou, Die neue Stellung von Verfassung und Parteienverhältnis – eine Perspektive auf das zukünftige Parteiensystem, The Taiwan Law Review, Nr. 12, 04.1996, S. 23.)

332 Am 27.06.1992 wurde das neue Vereinsgesetz vom Präsidenten verkündigt; zuletzt geändert am 27.05.2009.

1. *ein nationaler politischer Verein, der mit eigenen Wahlvorschlägen an Wahlen zur Besetzung politischer Ämter teilnehmen will und nach diesem Gesetz als Politische Partei gegründet wird und sich bei der zuständigen Behörde eintragen lässt, oder*
2. *ein eingetragener nationaler politischer Verein, der mit eigenen Wahlvorschlägen an Wahlen zur Besetzung politischer Ämter teilnehmen will.*

Die zuständige Behörde zur Eintragung einer politischen Partei ist nach § 3 VereinsG das Ministerium des Inneren. Während die erste Bestimmung in § 45 Nr. 1 VereinsG sich an den noch nicht gegründeten Verein richtet, gilt § 45 Nr. 2 VereinsG für den schon gegründeten und bei der zuständigen Behörde eingetragenen Verein, damit er die Möglichkeit hat, zur politischen Partei zu werden. Die beiden Bestimmungen setzen lediglich „den Willen zur Teilnahme an der Wahl mit eigenen Wahlvorschlägen" voraus. Entsprechend spielt es keine Rolle, ob eine politische Partei künftig wirklich an der Wahl mit eigenen Wahlvorschlägen teilnimmt oder wie lange eine politische Partei keine Aufstellung von Bewerben zur Wahl unternimmt.

Darüber hinaus ist es nach § 45 VereinsG i. V. m. § 47 VereinsG unzulässig, eine regionale Partei zu gründen. Eine politische Partei kann zwar Ortsvereine als Zweig- oder Unterinstitutionen organisieren, darf aber nur für das ganze nationale Gebiet gegründet werden, d. h. die Organisation einer politischen Partei soll das ganze Land berücksichtigen.

Vergleicht man bloß die Definition des politischen Vereins und diejenige der politischen Partei, kommt man zu folgendem Ergebnis: Eine politische Partei muss folgende Eigenschaften haben: (1) ein politischer Verein sein; (2) die Teilnahme an der Wahl mit eigenen Wahlvorschlägen anstreben; (3) bei der zuständigen Behörde als eine politische Partei eingetragen sein; (4) keine örtliche oder regionale Partei, sondern national aufgestellt sein. Ein politischer Verein hingegen muss die letzten drei Voraussetzungen nicht erfüllen.

Neben den oben erwähnten Unterschieden in der Definition besteht ein weiterer Unterschied zwischen Partei und politischem Verein: Wenn die Voraussetzungen von §§ 45 und 47 VereinsG erfüllt sind, können die Gründer ihre politische Partei nach § 46 Abs. 1 VereinsG innerhalb von 30 Tagen nach der Gründungsversammlung bei der zuständigen Behörde als eine politische Partei eintragen, oder es kann der schon gegründete politische Verein nach § 46 Abs. 2 VereinsG vor der Ankündigung eines Wahlkampfs bei der Behörde als politische Partei eingetragen werden. Die nach § 46 VereinsG bei der zuständigen Behörde eingetragenen Parteien können nach § 48 VereinsG ihre Kandidaten zur kommenden Wahl aufstellen. Im Gegensatz zu den politischen Parteien können die politischen Vereine an keinen Wahlen teilnehmen.

Als eine weitere Besonderheit gegenüber dem politischen Verein hat die politische Partei die Möglichkeit, als juristische Person im Sinne des BGB RC[333] aufzutreten. Nach § 46–1[334] VereinsG kann sich die eingetragene politische Partei mit Genehmigung der zuständigen Behörde bei dem Gericht als juristische Person anmelden, wenn die Partei (1) schon mehr als ein Jahr als politische Partei eingetragen war, oder (2) mehr als fünf politische Ämter in Zentralorganen oder Städten innehat, oder (3) über einen Vermögenswert von mehr als 10 Mio. New Taiwan Dollar (NTD) (ca. 240 000 Euro) verfügt. Die weiteren Voraussetzungen zur Eintragung einer juristischen Person bei Gericht richten sich gem. § 46–1 Abs. 2 VereinsG nach dem BGB RC, darin nach den Bestimmungen zum nicht wirtschaftlichen Verein.

Ein letzter nicht unwichtiger Unterschied liegt in der unfreiwilligen Auflösung. Während der politische Verein gemäß § 59 VereinsG von der Verwaltungsbehörde aufgelöst werden kann, wird die politische Partei nur aufgelöst, wenn sie nach § 58 Abs. 3, 4 VereinsG i. V. m. Art. 5 Abs. 4, 5 EA von der Verfassungskammer zur verfassungswidrigen Partei erklärt wird.

333 BGB RC ist am 23.05.1929 in Kraft getreten. Die letzte Gesetzänderung ist vom 10.07.2009.

334 Die Bedeutung und Gesetzgebungstechnik von „§ 46–1“ ist ähnlich wie in Deutschland „§ 46a“, insofern als die neue Bestimmung im Rahmen einer Gesetzesänderung nach § 46 eingefügt wurde.

F. Verfassungsrechtliche Grundlage

Obwohl sich die Staatsorganisation in den vergangenen Jahren durch den Verfassungsänderungsprozess seit 1991 rasant veränderte, das Zwei-Stimmen-Wahlsystem eingeführt wurde und schließlich die Rolle der politischen Partei in der Verfassung bzw. in der Praxis eine immer größere wurde, erteilen weder der Wortlaut der Verfassung noch die Ergänzenden Artikel der politischen Partei eine ausdrückliche staatliche oder staatstragende Aufgabe, wie es etwa in Art. 21 Abs. 1 S. 1 GG geschieht, noch stellen sie ähnliche Forderungen an politische Parteien wie Art. 21 Abs. 1 S. 2, 3 und 4 GG. Da es keine Art. 21 GG vergleichbare Sonderregelung gibt, steht die politische Partei nur unter dem Schutz einzelner Grundrechtsartikel wie der Vereinigungsfreiheit gem. Art. 14 VRC, der Gleichheit gem. Art. 7 VRC, und dem Recht auf Teilnahme an der Wahl gem. Art. 17 VRC.

I. Vereinigungsfreiheit

1. Allgemeines

Da die politische Partei dem „politischen Verein" untergeordnet ist, wird ihre Freiheit zunächst durch die Vereinigungsfreiheit gewährleistet. Die Vereinigungsfreiheit ist normiert in Art. 14 VRC: *Das Volk genießt Versammlungs- und Vereinigungsfreiheit.* Dieser Artikel schützt die Freiheit des Volkes, zu bestimmten Zwecken einen Verein zu gründen und an Veranstaltungen teilzunehmen. Dies wurde in der Entscheidung der Hohen Richter[335] in der Auslegung Nr. 479 (01.04.1999) klargestellt. Obwohl keine spezielle Regelung die Koalitionsfreiheit, vergleichbar mit dem in Deutschland geltenden Art. 9 Abs. 3 GG, gewährleistet, wird nach herrschender Meinung eben diese Freiheit von Art. 14 VRC garantiert.

Die Vereinigungsfreiheit umfasst nach der h. M. einerseits das Individualfreiheitsrecht der Vereinsmitglieder und andererseits das kollektive Freiheitsrecht der

335 Der Justiz-Yuan verfügt über 15 Hohe Richter, von denen einer als Präsident und einer als Vize-Präsident des Justiz-Yuan fungiert (Art. 5 Abs. 1 EA). Sie werden alle vom Staatspräsidenten mit Zustimmung des Legislativ-Yuan ernannt. Die Amtszeit der Hohen Richter beträgt acht Jahre (Art. 5 Abs. 2 EA). Alle vier Jahre wird die Hälfte der Mitglieder der Hohen Richter neu gewählt (Art. 5 Abs. 3 EA).

Vereine selbst. Unter dem Individualrecht versteht man das Recht des Einzelnen, sich mit anderen zusammenzuschließen, Vereine zu gründen und eigenständig über Zeitpunkt der Gründung, Rechtsformwahl, Satzung und Sitz des Vereins zu entscheiden. Ferner schützt Art. 14 VRC auch den Beitritt zu einem bereits bestehenden Verein und den Verbleib in einem Verein sowie das Recht zum Fernbleiben und zum Austritt.

Weiterhin ist auch der Verein selbst durch Art. 14 VRC geschützt. Damit sind das Entstehen und das Bestehen eines Vereins gewährleistet. Darüber hinaus umfasst nach der Auslegung Nr. 479 diese Freiheit auch die interne Autonomie des Vereins, wie die Selbstbestimmung über eine ihrem Zweck entsprechende Organisation. Bestimmte Tätigkeiten eines Vereins, wie z. B. die Mitgliederwerbung, sind auch von Art. 14 VRC gewährleistet.

Jeder Eingriff in den Schutzbereich muss sich an Art. 23 VRC messen lassen. Art. 23 VRC stellt die Einschränkung des Freiheitseingriffs dar: *Alle in den vorangegangenen Artikeln genannten Rechte und Freiheiten dürfen nicht durch Gesetze eingeschränkt werden, es sei denn, sie sind notwendig, um die Einschränkung der Freiheit anderer zu verhindern, eine drohende Krise abzuwenden, die soziale Ordnung zu bewahren oder das öffentliche Wohl zu fördern*. Nach dieser Bestimmung ist die Einschränkung der Freiheit nur durch Gesetz möglich. Die herrschende Meinung interpretiert dies dahingehend, dass die genannten vier Elemente auf das Verhältnismäßigkeitsprinzip hinweisen. Das bedeutet, dass es zur Verfassungswidrigkeit führen könnte, wenn die Einschränkung einer Freiheit nicht durch ein Gesetz geschieht oder die Einschränkung nicht dem Verhältnismäßigkeitsprinzip und schließlich nicht Art. 23 VRC entspricht.

Ein erwähnenswerter Fall betrifft die Einschränkung der Wahl des Vereinsnamens. Hierum ging es in der Auslegung Nr. 479 (01.04.1999), die auch „Taiwan Law Society-Fall" genannt wird. In dieser Auslegung geht es um die Einschränkung des Vereinsnamens durch die Verwaltungsvorschrift des Innenministeriums über die Eintragung sozialer Verein[336]. 1996 beantragte der im Jahr 1971 eingetragene Verein „China Comparative Law Society" die Änderung seines Vereinnamens in „Taiwan Law Society". Dieser Antrag auf Namensänderung wurde vom Ministerium des Inneren abgelehnt, weil nach §§ 3, 5, 12 VereinsG und nach Nr. 4 Verwaltungsvorschrift über die Eintragung sozialer Vereine der Vereinsname dem Verwaltungsbereich entsprechen solle. Damit solle ein für den nationalen Bereich eingetragener Verein einen nationalen Vortitel (Republik China) haben, nicht den

336 社會團體許可立案作業規定 (Verwaltungsvorschrift über die Eintragung sozialer Vereine) des Innenministeriums ist am 01.02.1989 in Kraft getreten. Die letzte Änderung wurde am 23.01.2008 vom Innenministerium verkündigt worden.

einer Provinz (Taiwan). Nach Erschöpfung des Rechtswegs legte der Verein Verfassungsbeschwerde bei den Hohen Richtern ein.

In ihrer Entscheidung weisen die Hohen Richter darauf hin, dass die freie Wahl des Vereinsnamens auch in den Schutzbereich der Vereinigungsfreiheit falle, wenn die Namensgebung äußerst wichtig für Zweck, Wesen, Identität der Vereinsmitglieder und die Differenzierung zwischen unterschiedlichen Parteien ist. Die Einschränkung der Auswahl des Vereinsnamens solle nicht zulässig sein, es sei denn, dass sie unter diesen Umständen die in Art. 23 VRC vorgeschriebenen Voraussetzungen erfülle und durch Gesetze oder durch vom Gesetz ermächtigte Verordnungen geregelt werde.

Weiter erklären die Hohen Richter in der Auslegung, dass die Vereinigungsfreiheit auch gewährleistet, dass der Verein mit der Zustimmung der Mehrheit der Mitglieder frei über alle Vereinsangelegenheiten, einschließlich der Wahl des Vereinsnamens, entscheidet. Dies wird damit begründet, dass der Vereinsname die Existenz eines Vereins ausdrücke und seine Unverwechselbarkeit mit anderen Vereinen zeige. Mit der Nutzung eines eigenen Namens sei ein Verein in der Lage, nach innen die Identität der Mitglieder zu bestärken und nach außen seine Geschäftsbeziehungen bzw. seine Tätigkeit unter diesem Namen zu fördern. Wenn der Verein der Freiheit zur Wahl seines Namens beraubt werde, werde er in seinem Wesen als freier Zusammenschluss, was heißt seine Angelegenheiten frei zu regeln, beschränkt und in der Gewinnung und im Bestand seiner Mitglieder benachteiligt. Das Recht des Vereins, sowohl einen Namen während der Gründung als auch eine Namensänderung nach der Gründung wählen zu können, müsse folglich unter den Schutzbereich der Vereinigungsfreiheit gefasst und schließlich von Art. 14 VRC gewährleistet werden. Die Einschränkung der Auswahl des Vereinsnamens solle nicht zulässig sein, es sei denn, dass sie die in Art. 23 VRC vorgeschriebenen Voraussetzungen erfülle und durch Gesetz oder durch aufgrund von Gesetzen erlassene Verordnungen geregelt werde.

2. Vereinigungsfreiheit für politische Parteien

Aufgrund der Unterordnung unter den Verein im VereinsG sind die politischen Parteien prinzipiell wie die anderen Vereine bzw. Vereinigungen von der Vereinigungsfreiheit in Art. 14 VRC geschützt. Damit sind das Individualfreiheitsrecht der Parteimitglieder und das kollektive Freiheitsrecht der politischen Partei selbst gemeint. Nur der Inhalt der Freiheit unterscheidet sich geringfügig.

Aufgrund des besonderen Charakters der Volkswillensbildung durch politische Parteien ist dieses Recht kein Jedermannsrecht, sondern steht nur den Staatsangehörigen zu. Damit muss das Individualrecht der Parteienfreiheit dahin gehend umformuliert werden, dass es ein Recht der Staatsbürger ist, sich mit anderen zusammenzuschließen und Parteien zu gründen, welches die Entscheidung über den Zeitpunkt der Gründung, die Rechtsform, die Satzung und den Sitz der Partei einschließt. Darüber hinaus umfasst das Recht auch Beitritt zu den bereits bestehenden Parteien und den Verbleib in einer Partei sowie das Recht zum Fernbleiben und zum Austritt.

Als kollektives Freiheitsrecht sind das Entstehen und das Bestehen einer politischen Partei gewährleistet. Dazu gehört nach h. M. auch die Gründung einer politischen Partei ohne vorherige amtliche Genehmigung. Die interne Autonomie der politischen Parteien, wie die Selbstbestimmung über eine ihrem Zweck entsprechende Organisation oder über Rechtslinien bzw. politische Programme, Mitgliederwerbung und Namensgebung nach der Auslegung Nr. 479 werden ebenfalls gewährleistet.

Ein Eingriff in die Vereinigungsfreiheit der politischen Partei muss prinzipiell auf Art. 23 VRC Rücksicht nehmen. Falls es um die Auflösung einer verfassungswidrigen politischen Partei geht, soll sich aber die Aufmerksamkeit auf Art. 5 Abs. 4 und Abs. 5 EA richten. Eine politische Partei kann nur aufgelöst werden, wenn sie gem. § 58 Abs. 3, 4 VereinsG i. V. m. Art. 5 Abs. 4 EA von der Verfassungskammer zur verfassungswidrigen Partei erklärt wird. Damit ist lediglich die Verfassungskammer für die Auflösung einer politischen Partei zuständig. Eine Auflösung durch die Aufsichtsbehörde, also durch das Innenministerium, ist unzulässig. Eine Definition einer verfassungswidrigen Partei wird in Art. 5 Abs. 5 EA gegeben: *Eine politische Partei gilt als verfassungswidrig, wenn ihre Ziele oder Aktivitäten den Fortbestand der Republik China oder die freiheitlich-demokratische Verfassungsordnung gefährden.*

Ein besonders erwähnenswerter Fall der Einschränkung der Vereinigungsfreiheit der politischen Parteien ist die Erklärung der Verfassungswidrigkeit der Unabhängigkeits- bzw. Kommunismusbestimmung. Im Jahr 1998 wollten einige Bürger einen Verein mit dem Namen „Goa-Seng-Lang Association For Taiwan Independence“ gründen, deren Parteiprogramm die Unabhängigkeit Taiwans war. In diesem Fall hat die zuständige Behörde nach § 53 S. 1 VereinsG i. V. m. § 2 VereinsG die Gründung abgelehnt. § 53 S. 1 VereinsG besagt: *Ein Antrag auf Entstehen eines Vereins, der gegen § 2 Vereinsgesetz oder gegen andere Gesetze verstößt, soll zurückwiesen werden.* Und § 2 VereinsG bestimmt: *Organisation und Aktivität eines Vereins darf nicht auf Fürsprache für Kommunismus oder die Forderung nach Sezession der Länder gerichtet sein.* Nach Rechtswegerschöpfung wurde Verfassungsbeschwerde gegen § 2 und § 53 S. 1 VereinsG erhoben. Daraufhin wurde die Auslegung Nr. 644 am 20.06.2008 verkündet.

Im diesem Fall hoben die Hohen Richter zunächst die Wichtigkeit der Vereinigungsfreiheit hervor: Art. 14 VRC, der die Vereinigungsfreiheit garantiert, gewährleiste die Freiheit, dass sich Menschen aufgrund eines bestimmtes Zwecks und mit einem gemeinsamen Willen mit anderen zu einem Verein zusammenschließen und daran teilnehmen könnten. Zudem sichere er das Fortbestehen eines Vereins, die Selbstbestimmung über die interne Organisation bzw. Angelegenheiten und die freie Aktivität nach außen. Die Vereinigungsfreiheit biete den Bürgern nicht nur den Schutz, dass sie durch eine organisierte Formation ihren individuellen Charakter entwickeln könnten, sondern rege sie auch zur Mitwirkung in Wirtschafts-, Sozial- und Politikangelegenheiten an.

Weiter legen die Hohen Richter ihre Kriterien für Eingriffe in die Vereinigungsfreiheit dar: Unterschiedlichen Vereinen geben sie unterschiedliche Bedeutungen für das Individuum, die Gesellschaft und das demokratisch verfassungsrechtliche System. Folglich seien sie verschiedenartig vom Gesetz geschützt oder eingeschränkt. Alle Gewährleistungen der Vereinigungsfreiheit würden auf die Gründungsfreiheit der Vereine beruhen, in denen jeder Einzelne sich aus individuellem freiem Willen mit anderen zusammenschließe. Deshalb gehöre die Kontrolle des Entstehens eines Vereins zur höchsten Stufe der Einschränkungsmöglichkeiten der Vereinigungsfreiheit. Ob die gesetzlichen Einschränkungen dem Verhältnismäßigkeitsprinzip in Art. 23 VRC entsprechen, sollte mit Blick auf die gesetzlich erlaubten bzw. unerlaubten Entstehungsgründe streng nachprüft werden, damit das Verfassungsziel zum Schutz der Vereinigungsfreiheit erreicht werden könne.

Neben der Verhältnismäßigkeitsprüfung beim Eingriff in die Entstehungsfreiheit der Vereine weisen die Hohen Richter darauf hin, dass die politischen Programme bzw. Zielsetzungen politischer Parteien/Vereine durch die Meinungsfreiheit geschützte Meinungen sind. Damit sei die „Fürsprache für den Kommunismus oder Forderung nach Sezession der Länder“ als gesetzlicher Unzulässigkeitsgrund ein Eingriff in die Meinungsfreiheit. Sie begründen: Meinungsfreiheit umfasse die Funktionen der Selbstverwirklichung, des Meinungsaustausches, des Strebens nach Wahrheit, des Erfüllens der Informationsrechte der Bürger sowie der Förderung aller vernünftigen politischen und sozialen Aktivitäten und bilde folglich einen wichtigen Mechanismus zur Aufrechterhaltung und Entwicklung einer demokratischen und pluralistischen Gesellschaft. Jede Einschränkung der Meinungsfreiheit durch Gesetz oder aufgrund eines Gesetzes sollte dem Prinzip der Verhältnismäßigkeit entsprechen. Die „Fürsprache für Kommunismus oder Forderung nach Sezession der Länder“ sei auch eine politische Meinung. Wenn dies zum Anlass für die Ablehnung der Bildung eines Vereins genommen werden könnte, wäre die Aufsichtsbehörde zur Überprüfung des Inhalts der Meinungsfreiheit ermächtigt. Dann hätte die Aufsichtsbehörde die Meinungsfreiheit direkt einschränken können.

Zunächst sind die Hohen Richter der Ansicht, dass § 2 VereinsG die Aufsichtsbehörde zur vorzeitigen Meinungskontrolle ermächtigt und damit im Gegensatz zur Bestimmung von Art. 5 Abs. 5 EA steht: Art. 5 Abs. 5 EA bestimmt: *Eine politische Partei gilt als verfassungswidrig, wenn ihre Ziele oder Aktivitäten den Fortbestand der Republik China oder die freiheitlich-demokratische Verfassungsordnung gefährden*. Das Entstehen einer politischen Partei bedürfe keiner vorherigen Genehmigung der zuständigen Behörde. Die politische Partei dürfe nur dann von der Verfassungskammer aufgelöst werden, wenn ihre Ziele oder Aktivitäten den Fortbestand der Republik China oder die freiheitlich-demokratische Verfassungsordnung gefährden. Die Ablehnung der Gründung eines Vereins aufgrund des § 2 VereinsG ermächtige die Aufsichtsbehörde dagegen zur inhaltlichen Überprüfung des Meinungsinhaltes, noch bevor ein Verein entstehe.

Schließlich kommen die Hohen Richter zum Ergebnis, dass der dem Art. 5 Abs. 5 EA entgegenstehende § 2 VereinsG verfassungswidrig ist, weil der Eingriff in die Meinungsfreiheit von § 2 VereinsG dem in Art. 23 VRC enthaltenen Verhältnismäßigkeitsprinzip nicht entspricht und folglich nicht gerechtfertigt werden kann. Sie begründen: Wenn die Aufsichtsbehörde feststelle, dass ein Verein nach dem Entstehen wegen seiner Ziele oder Aktivitäten den Fortbestand der Republik China oder die freiheitlich-demokratische Verfassungsordnung gefährde, könne die Aufsichtsbehörde nach dem am 27.06.1989 erlassenen § 53 VereinsG die Zulassung zurücknehmen (seit dem Gesetz zur Änderung des Vereinsgesetzes vom 11.12.2002 wird hier der Widerruf statt der Rücknahme geregelt). Wenn schon nur wegen einer solchen Meinung die Ablehnung eines Antrages auf Entstehenlassen eines Vereins erteilt werden könne, mache es keinen Unterschied, dass das Entstehen eines Vereins nur wegen ihrer Fürsprache für den Kommunismus oder ihrer Forderung nach Sezession der Länder verboten werde. Dies überschreite den Bereich der Erforderlichkeit von Art. 23 VRC und entspreche der verfassungsrechtlichen Gewährleistung der Vereinigungsfreiheit bzw. der Meinungsfreiheit nicht. Damit sind § 2 und § 53 S. 1 VereinsG verfassungswidrig und seit der Verkündung der Entscheidung außer Kraft.

II. Gleichheit

Art. 7 VRC enthält die Gleichheitsregelung im Verfassungstext und lautet: *Alle Staatsbürger der Republik China, ungeachtet ihres Geschlechts, ihrer Religion, ihrer Rasse, ihrer sozialen Stellung oder ihrer Parteizugehörigkeit, sind vor dem Gesetz gleich.* Nach der herrschenden Meinung ist Art. 7 VRC sowohl subjektives Recht als auch objektives Gleichheitsgebot. Darüber hinaus ist herrschende Meinung, dass der persönliche Schutzbereich nicht lediglich auf „alle Staatsbürger“ beschränkt ist. Sie erweitert den persönlichen Schutzbereich. Ausländer können prinzipiell das Gleichheitsrecht aus Art. 7 VRC genießen, es sei denn, dass die betroffenen Angelegenheiten in besonderem Zusammenhang mit der öffentlichen Willensbildung stehen und daher primär an die Staatsbürgerschaft anknüpfen. In der Praxis wird eine aufgrund einer Verletzung des Gleichheitssatzes von Ausländern erhobene Verfassungsbeschwerde von den Hohen Richtern auch angenommen und geprüft, wie in der Auslegung Nr. 560[337].

1. Die aufgelisteten und die ungenannten Merkmale

In Art. 7 VRC werden die Merkmale Geschlecht, Religion, Rasse, soziale Stellung und Partei aufgezählt. Zur damaligen Zeit war es umstritten, ob sich der Gleichheitsgrundsatz nur auf die zuvor aufgeführten Eigenschaften bezieht, oder unter Umständen weiter reicht. Heute liegt hierzu eine einstimmige Auffassung vor: Was nicht in Art. 7 VRC ausdrücklich genannt ist, kann dennoch auch unter dessen Schutz fallen. In der Praxis schränken sich die Hohen Richter bei der Prüfung der Gleichheitsfälle auch nicht lediglich auf die die in Art. 7 VRC aufgezählten Merkmale ein. Beispielsweise prüfen sie in den Auslegungen Nr. 542[338] (gemeldeter Hauptwohnsitz) und Auslegung Nr. 649[339] (Sehbehinderte) die Verfassungsmäßigkeit nach dem Gleichheitssatz in Art. 7 VRC, obwohl keine der in Art. 7 VRC aufgezählten Merkmale betroffen sind.

Ein weiteres Argument ist, dass die in Art. 7 VRC aufgelisteten Merkmale als besonderer Gleichheitssatz gelten. Der Satz „alle Staatsbürger [...] sind vor

337 Die Arbeitnehmerversicherung umfasst einen Anspruch der Angehörigen des Versicherten auf Erstattung der Beerdigungskosten, wenn der Versicherte außerhalb seiner Arbeit verstirbt. Verstirbt ein ausländischer Arbeitnehmer außerhalb des Geltungsbereiches des Versicherungsgesetzes, erhalten die Angehörigen die Beerdigungskosten jedoch nicht erstattet, obwohl der Verstorbene versichert war. Gegen diesen Umstand erhoben betroffene Familienangehörige Verfassungsbeschwerde.

338 In der Auslegung Nr. 542 (04.04.2002) geht es darum, dass drei Dörfer wegen eines neu bezeichneten Wasserschutzbereiches eines Stausees umgesiedelt werden sollten. Der Staat verteilte die Entschädigung jedoch nur an Bewohner, die nach dem Meldegesetz ihren Hauptwohnsitz dort angemeldet haben. Die Bewohner, die zwar ihren Hauptwohnsitz nicht dort angemeldet, tatsächlich aber jahrelang dort gewohnt hatten, bekamen keine Entschädigung. Die Hohen Richter prüften daher, ob die Entschädigung nach der Verwaltungsvorschrift über die Umsiedlung der drei Dörfer dem Gleichheitssatz widerspricht.

339 In der Auslegung Nr. 649 (31.10.2008) prüfen die Hohen Richter, ob das Gesetz über den Schutz von Sehbehinderten (2001) dem Gleichheitssatz widerspricht. Nach § 37 Abs. 1 dieses Gesetzes dürfen Personen nicht im Massagebereich tätig werden, die nicht dem Begriff der Sehbehinderten in diesem Gesetz entsprechen. Damit können nur die nach diesem Gesetz als Sehbehinderte definierten Personen im Massagebereich berufstätig sein. Die Hohen Richter erklärten diese Bestimmung wegen des Verstoßes gegen die Gleichheit gem. Art. 7 VRC, die Berufsfreiheit gem. Art. 15 VRC und das Verhältnismäßigkeitsprinzip gem. Art. 23 VRC für verfassungswidrig.

dem Gesetz gleich“ bildet einen allgemeinen Gleichheitssatz. Die von den Verfassungsgebern extra genannten Merkmale dienen dem besonderen Schutz. Damit soll bei der Prüfung eines möglichen Verstoßes gegen besondere Gleichheitsrechte ein strenger oder formaler Prüfungsmaßstab angewendet werden.[340] In der Praxis scheint es, dass die Hohen Richter diesem Ansatz nicht konsequent folgen. Die bisherigen Auslegungen zeigen, dass die Hohen Richter bei ihrer Prüfung in den in Art. 7 VRC genannten Diskriminierungsarten keine besonders strengen Kriterien sehen oder etwa einen strengeren Prüfungsmaßstab anlegen würden. Beispielsweise verwenden die Hohen Richter in der Auslegung Nr. 486, die sich um die Parteiengleichheit dreht, keinen strengeren Prüfungsmaßstab als andernorts.

2. Bedeutung der Gleichheit im Sinne des Art. 7 VRC

Die herrschende Meinung vertritt die Ansicht, dass der Gleichheitssatz in Art. 7 RVC keine absolute und formale Gleichheit verlangt. Das bedeutet, dass nicht alle Bürger unterschiedslos gleich behandelt werden müssen. „Gleich vor dem Gesetz“ richtet sich vielmehr nach der materiellen Gleichheit. Diese Auffassung wird auch von den Hohen Richtern geteilt. In der Auslegung Nr. 211 (05.12.1997) wird die Formulierung der „materiellen Gleichheit“ erstmals gebraucht. Danach wird in einer Reihe von Auslegungen der Hohen Richtern , wie in Auslegung Nr. 412 und Nr. 485, weiterhin die Auffassung vertreten, dass der Gleichheitssatz in Art. 7 VRC den Bürgern eine materielle Gleichheit vor dem Gesetz gewährleiste. Deshalb sei es zulässig, dass die Verwaltungsbehörden angesichts einer Ermächtigung durch den Gesetzgeber aufgrund eines sachlichen Unterschiedes der Fälle und eines legitimen Zweckes angemessene unterschiedliche Maßnahmen ergreifen dürfen. Beispielsweise macht die Auslegung Nr. 485 (28.05.1999) am Anfang deutlich: der in Art. 7 VRC normierte Gleichheitsgrundsatz deute auf keine formale absolute und mechanistische Gleichheit hin. Im Gegenteil ziele er auf die Gewährleistung materieller Gleichheit zwischen den Menschen im Sinne einer Gleichbehandlung vor dem Gesetz ab. Die Legislative, die auf der Wertordnung der Verfassung und auf dem Ziel des Erlassens von Gesetzen beruhe, könne den materiellen Unterschied der Sachverhalte ausreichend bedenken und die Ungleichbehandlung entsprechend vernünftig ausformen.

340 法治斌，司法審查中之平等權：建構雙重基準之研究，式著：法治國家與表意自由，2003，頁241以下。(Jhi-Bin Fa, Gleichheitsrecht in der Rechtsprechung: eine Forschung zum Aufbau der Doppel Prüfungsmaßstäbe, in: ders., Rechtsstaat und Meinungsfreiheit, 2003, S. 241 ff.)

Eine genauere Spezifizierung des Gleichheitsgrundsatzes findet sich in der Auslegung Nr. 593 (08.04.2005) wider: Gleiche sollten gleich behandelt werden, Ungleiche sollten ungleich behandelt werden. Dies sei die Grundbedeutung des verfassungsrechtlichen Gleichheitsprinzips. Es widerspreche dem Gleichheitsprinzip, wenn Gleiche ohne berechtigte Gründe ungleich behandelt werden, oder wenn Ungleiche gleich oder unangemessen ungleich behandelt werden. Ob Normen dem Gleichheitsprinzip entsprächen hänge davon ab, ob das durch sie verfolgte Differenzierungsziel verfassungsmäßig sei, ob eine gewisse Verbindung zwischen den Differenzierungskriterien und dem verfolgten Ziel vorhanden sei und welches Niveau die Verbindung erreichen solle.

3. Verletzung von Art. 7 VRC

a) Prüfungsformel

Obwohl in der Literatur und Rechtsprechung über die Bedeutung der Gleichheit verhältnismäßige Einstimmigkeit herrscht, besteht eine große Diskrepanz hinsichtlich der Kriterien der Prüfung von Verstößen von Art. 7 VRC. Zur Frage, ob und welche Formel und Kontrolldichte bei der Prüfung anzuwenden ist, werden in der Literatur divergierende Auffassungen vertreten. In der Rechtsprechung lässt sich aus einer Zusammenschau der bisherigen Auslegungen eine von den Hohen Richter anscheinend verwendete Prüfungsformel erkennen.[341] In einem ersten Schritt wird demnach entschieden, ob das betroffene Gesetz oder eine Maßnahme zu einer ungleichen Behandlung führt und welcher Ausgangspunkt für diese Ungleichbehandlung genommen wird. Danach wird untersucht, welches Ziel mit der gesetzlichen Bestimmung verfolgt wird oder welches Wesen die Bestimmung hat. Zum Schluss wird entschieden, ob durch die ungleiche Behandlung das Ziel des Gesetzes erreicht werden kann und ob die Ungleichbehandlung angemessen bzw. verhältnismäßig ist.

b) Drei Denkweisen

Bei der Entscheidung darüber, ob eine Ungleichbehandlung ihr Ziel angemessen oder verhältnismäßig verfolgt, ziehen die Hohen Richter drei unterschiedliche Überlegungen heran. Zunächst das Willkürverbot. Obwohl in den Auslegungen

341 Vgl. 廖元豪，平等權：第二講 大法官對平等權之審查基準，月旦法學教室，第六十七期，2009.02，頁37以下。(Yuan-Hao Liao, Gleichheitsrecht II, Der Prüfungsmaßstab der Hohen Richter im Gleichheitsrecht, Taiwan Jurist, Nr. 67, 02.2009, S. 37 ff.)

nicht ausdrücklich die Wendung „Willkürverbot“ benutzt wird, deutet die Auslegung Nr. 211 auf diesen Gedanken hin. Im zugrunde liegenden Fall ging es darum, ob es gegen Art. 7 VRC verstößt, wenn ein Widerspruch gegen einen aufgrund des Gesetzes über Zollkontrollen gegen Schmuggelwaren erlassenen Verwaltungsakt ausnahmsweise nicht zulässig ist. Nach § 49 des Gesetzes über Zollkontrollen gegen Schmuggelwaren kann das Zollamt den Widerspruchsführer auffordern, innerhalb von 14 Tagen das im Verwaltungsakt bestimmte Bußgeld zu zahlen oder eine dem halben Warenwertentsprechende Kaution einzuzahlen. Falls der Adressat diese Anforderung des Zollamtes nicht erfüllt, kann ein von ihm erhobener Widerspruch nicht angenommen werden. Nach Ansicht der Hohen Richter handelt es sich bei dieser Bestimmung um eine „können“ und nicht um eine „müssen“-Vorschrift. Der Zollbeamte habe einen Ermessenspielraum. Darüber hinaus beuge § 49 des Gesetzes über Zollkontrollen gegen Schmuggelwaren gegen Personen vor, die durch Einreichen des Widerspruchs die Zahlung von Buß- oder von Steuergeldern zu verzögern oder vermeiden versuchen. Die Hohen Richter sind der Auffassung, dass „diese Bestimmung der Durchsetzung der Arbeit der Zollbehörde und damit einem öffentlichen Interesse dient.“ Daher kommen die Hohen Richter zu dem Ergebnis, dass die Bestimmung nicht grundlos oder willkürlich und daher nicht verfassungswidrig ist.

Zum Zweiten verlangen die Hohen Richter, dass die Ungleichbehandlung der Natur der Sache entspricht und ein Ziel verfolgt. Die Auslegung Nr. 211 (05.12.1986) besagt: das Gleichheitsrechts in Art. 7 VRC gewährleiste den Bürgern die materielle Gleichheit vor dem Gesetz. Das verbiete der aufgrund eines Gesetzes ermächtigten Behörde nicht, nach der Natur der Sache und aufgrund eines gesetzlich verfolgten Zieles eine angemessene Ungleichbehandlung vorzunehmen. Die Auslegung Nr. 412 (02.08.1996) stellt klar: Das Gleichheitsprinzip in Art. 7 VRC gewährleistet den Bürgern materielle Gleichheit. Das Gesetz könne gemäß der Natur der Sache, unterschiedlicher Fallkonstellationen und unter Verfolgung legitimer Ziele differenzierende Bestimmungen enthalten. Daraus folgt, dass der Gesetzgeber zwar zu Ungleichbehandlung führende Normen erlassen kann. Diese müssen aber der Zielsetzung entsprechen.[342] Drittens beachten die Hohen Richter bei der Prüfung von Eingriffen in Art. 7 VRC das Prinzip der Systemgerechtigkeit. Der Hohe Richter Prof. Dr. Weng schrieb in seiner zustimmenden Meinung[343] zur Auslegung Nr. 455: Obwohl der Gesetzgeber eine große

342 法治斌、董保成，中華民國憲法，第三版，2001，頁175。(Jhi-Bin Fa/Bao-Chen Dong, Verfassung der Republik China, 3. Aufl., 2001, S. 175).

343 Die Hohen Richter können eine „zustimmende Meinung“ oder „abweichende Meinung“ zu einer Auslegung schreiben. Hier wird die Wendung „Sondervotum“ vermieden. Bei einer „zustimmenden Meinung“ handelt es sich nicht unbedingt darum, dass der/die Hohe Richter/in das Ergebnis der Mehrheitsmeinung aus anderen Gründen unterstützt. Es kann sein, dass der/

Gestaltungsfreiheit habe, werde er durch seine von ihm gestalteten, systembedeutenden Rechtsprinzipien selbst gebunden, es sei denn, dass außerordentlich erhebliche öffentliche Interessen in Betracht kommen. Dies diene der Aufrechterhaltung der Einheit der Rechtsordnung. Dies sei Systemgerechtigkeit. Die Anforderungen der Systemgerechtigkeit müssten von Exekutive und Legislative gleichermaßen eingehalten werden. Widersprüchliche Regelungen führten zu einem Verstoß gegen den Gleichheitssatz.

c) Prüfungsmaßstab bei der Kontrolle

In den bisher auf Art. 7 VRC bezogenen Auslegungen verwenden die Hohen Richter bei ihrer Prüfung unterschiedliche Kontrolldichten. Ein strenger, mittlerer und lockerer Prüfungsmaßstab ist in je verschiedenen Auslegungen festzustellen. Ein strenger Prüfungsmaßstab taucht beispielsweise in der Auslegung Nr. 365 (23.09.1994) auf. Dieser Fall behandelt das vorrangige Erziehungsrecht des Vaters. Der Vater hatte nach § 1089 BGB RC die endgültige Entscheidungsmacht in Erziehungsangelegenheiten. Im Rahmen der Prüfung der Verfassungsmäßigkeit des § 1089 BGB RC stellen die Hohen Richter in der Auslegung Nr. 365 klar, in Art. 7 VRC heiße es: *Alle Staatsbürger der Republik China, ungeachtet ihres Geschlechts, ihrer Religion, ihrer Rasse, ihrer sozialen Stellung oder ihrer Parteizugehörigkeit, sind vor dem Gesetz gleich.* Eine Ungleichbehandlung aufgrund des Geschlechts werde nur ausnahmsweise durch die Verfassung gerechtfertigt, wenn diese Ungleichbehandlung aufgrund biologischer Unterschiede oder Unterschiede in den gesellschaftlichen Funktionen als Folge der biologischen Unterschiede zwingend erforderlich sei.

Es gibt auch Auslegungen, wie die Auslegung Nr. 618 (03.11.2006), mit einem lockeren Prüfungsmaßstab. Falls in einer vorgelegten Vorschrift zur Ungleichbehandlung kein evidenter und schwerwiegender Fehler vorhanden ist, ist diese verfassungsgemäß. Die Hohen Richter führen aus:

§ 21 Abs. 1 des Gesetzes zur Regelung der Beziehungen zwischen den Menschen Taiwans und Festland-Chinas (in der geänderten Fassung der Bekanntmachung vom 20.12.2000) sieht vor, dass keine Person aus dem Bereich Festland-Chinas, der die Einreise nach Taiwan genehmigt wurde, im Bereich Taiwans als öffentlicher Angestellter tätig sein kann, es sei denn, er oder sie hat seinen Hauptwohnsitz seit mindestens zehn Jahren im Bereich Taiwans anmeldet. Diese Vor-

---

die Richter/in seine/ihre Meinung in der zustimmenden Meinung einfach detaillierter äußern will. Hauptgrund für die Bezeichnung sind Stil und Form der Auslegung. Die Auslegung der Hohen Richter ist kein Urteil und ist deswegen relativ abstrakt und kurz, sodass die Richter durch ihre „zustimmende Meinung“ oder „abweichende Meinung“ ihre Gedanken deutlich machen.

schrift beruhe darauf, dass ein Beamter nach der Bestellung und Einsetzung eine Dienst- und Treuepflicht gegenüber dem Staat habe. Bei seinem Dienst handele es sich um die Ausübung hoheitlicher Macht. Damit müsse er nicht nur die Gesetze und erteilte Befehle befolgen, sondern auch unter Berücksichtigung der allgemeinen Interessen des Staates die besten Entscheidungen und Handlungen für den Staat treffen. Angesicht der Trennung und Konfrontation zwischen den beiden Entitäten auf beiden Seiten der Formosastraße und aufgrund der erheblichen Unterschiede in Bezug auf die politischen, wirtschaftlichen und sozialen Systeme sei diese besondere Vorschrift zur Aufrechterhaltung der Sicherheit Taiwans, des Gemeinwohls der Völker und der verfassungsrechtlichen Struktur einer freien Demokratie gerecht und angemessen. Eine Person, die aus Festland-China komme und ihren Hauptwohnsitz erst weniger als zehn Jahre in Taiwan angemeldet habe, sei möglicherweise mit der verfassungsrechtlichen Struktur einer freien Demokratie weniger vertraut als ein Taiwaner. Damit sei die Ungleichbehandlung in Bezug auf die Beamtenqualifikation einer derartigen Person angemessen. Folglich widerspreche diese Vorschrift nicht der Gleichheit in Art. 7 VRC und der Zielsetzung in Art. 11 EA. Der Einschränkung, dass eine ursprünglich aus Festland-China stammende Person erst nach zehn Jahren mit Hauptwohnsitz in Taiwan Anspruch auf die Möglichkeit einer öffentlichen Anstellung hat, liege zugrunde, dass jene eine andere Auffassung von der gesellschaftlichen Grundordnung habe als die einer freien Demokratie und daher einige Zeit brauchen könnte, sich in die Gesellschaft Taiwans einzufügen. Darüber hinaus bedürfte es für die Taiwaner eine Weile, ehe sie das nötige Vertrauen in eine ursprünglich aus Festland-China stammende Person fassten, um ihr eine Tätigkeit im öffentlichen Dienst zu übertragen. Insofern halte sich eine Einschränkung von zehn Jahren noch in einem angemessenen Rahmen. Die Entscheidung der Legislative unterliege hier keinem evidenten und schwerwiegenden Fehler. Daher liege hier keine Verletzung des Grundsatzes der Verhältnismäßigkeit gemäß Art. 23 VRC vor.

Weiterhin erläutern die Hohen Richter: Die Behandlung von Angelegenheiten zwischen den beiden Entitäten dies- und jenseits der Formosastraße erfordere Überlegungen und Entscheidungen unter Berücksichtigung zahlreicher Faktoren in Bezug auf Politik, Wirtschaft und Gesellschaft. Die Rechtsprechung müsse daher die Entscheidungen der Legislative respektieren, weil diese die unterschiedlichen Meinungen des Volkes repräsentiere und über die vielfältigen erforderlichen Informationen verfüge. Diese Zurückhaltung gelte nur dann nicht, wenn eine Entscheidung einen evidenten und schwerwiegenden Fehler aufweist.

Mittlerweile wird aber auch ein mittlerer Maßstab angelegt, der in seiner Prüfungsintensität zwischen den beiden dargestellten liegt. Die Hohen Richter verlangen dann einen wesentlichen Zusammenhang zwischen der Vorschrift und dem von ihr verfolgten Zweck. So in der Auslegung Nr. 626 (08.06.2007): Art. 7 VRC sieht vor, dass *alle Staatsbürger der Republik China [...] vor dem Gesetz gleich* sind. Ferner sieht Art. 159 VRC vor, dass „alle Bürger gleiche Möglichkeiten der Erziehung und Ausbildung genießen". § 7 Abs. 2 und § 8 Abs. 2 der Vorschrift über die Aufnahmeprüfung zum Magisterprogramm der Zentralen Polizeihochschule schließt jedoch die Zulassung farbenblinder Personen aus. Der Zweck der genannten Bestimmungen sei, eine professionelle Polizei auszubilden, die sowohl mit theoretischen Kenntnissen als auch den notwendigen praktischen Fähigkeiten ausgestattet sei und damit eine effektive Nutzung von Bildungsressourcen. Die Vorschrift diene so der Qualitätssteigerung der polizeilichen Verwaltung und der Förderung der Entwicklung des Rechtsstaates. Alle verfolgten Ziele entsprächen wichtigen öffentlichen Interessen. Aufgrund der Vielseitigkeit und Komplexität der polizeilichen Arbeit und der häufigen Dienstumstellung sei es für jeden Polizisten erforderlich, jederzeit Farben unterscheiden zu können. Daher besteht ein sachgerechter Grund dafür, eine farbenblinde Person für den Polizeiberuf als ungeeignet zu qualifizieren. Mithin bestehe ein nicht unwesentlicher Zusammenhang zwischen den genannten Bestimmungen der Vorschrift über die Aufnahmeprüfung und dem mit ihr verfolgten Zweck und somit kein Widerspruch zu Art. 7 und 159 VRC.

Bei vielen Prüfungsmaßstäben ist eine Typisierung bzw. Klassifizierung in der Literatur oder gar in der Rechtsprechung selbst nicht vorhanden. Bei der Entscheidung über die Angemessenheit einer ungleichen Maßnahme mit Blick auf deren verfolgtes Ziel wenden die Hohen Richter keine bestimmte Kontrolldichte oder ein bestimmtes Kriterium an. Die Folge sind unterschiedliche Ergebnisse, selbst wenn ähnliche Fälle mit gleichen oder ähnlichen Anhaltspunkten für eine Ungleichbehandlung beurteilt werden. Beispielsweise ziehen die Hohen Richter zwar oft bei der Prüfung in Angelegenheiten der Geschlechtergleichheit eine intensivierte Kontrolle bzw. einen strengen Maßstab heran (wie in den Auslegungen Nr. 365, 410, 457) und verlangen dementsprechend zwingende Gründe für die Rechtfertigung der Ungleichbehandlung. Zugleich wird aber gelegentlich mit einem nur lockeren Prüfungsmaßstab eine Ungleichbehandlung in Geschlechterangelegenheiten gerechtfertigt (wie in der Auslegung Nr. 452).

4. Die aufgezählten Merkmale – Parteiengleichheit

Die herrschende Meinung geht davon aus, dass die Parteiengleichheit (Tang-Pai-Gleichheit) zwei Bedeutungen hat. Auf der einen Seite bezieht sich diese Bestimmung auf die Gleichheit der Parteien. Dies deutet auf eine Trennung zwischen den Parteien und dem Staat hin. Demnach soll keine Partei Vorzüge oder Privilegien genießen, noch soll sie diskriminiert oder verdrängt werden. Auf der anderen Seite deutet die Bestimmung auf die Gleichheit der Parteimitglieder hin. Demnach soll niemand wegen seiner Parteizugehörigkeit bevorzugt oder diskriminiert werden. Art. 80, 88, 138, 139 VRC werden gleichzeitig als Nachweise dieser Bedeutungen genommen.

In der Rechtsprechung ist ein bestimmter Maßstab für die Prüfung eines Eingriffes nicht zu erkennen. In der Literatur wird ein strenger Prüfungsmaßstab gefordert. Alles andere sei eine Missachtung des Hintergrundes und der Zielsetzung des Art. 7 VRC. Wird die Parteiengleichheit ausdrücklich vom Art. 7 VRC genannt, so deutet dies darauf hin, dass die Parteiengleichheit von der Verfassung stärker geschützt werden soll. Es würde der Anforderung von Art. 7 VRC nicht entsprechen, wenn die Parteien vom Staat ungleich behandelt werden würden, und dieser lediglich sachliche Gründe, also gesellschaftliche Differenzen und unterschiedliche politische Aktivitäten, berücksichtigen würde. Damit soll die staatliche Ungleichbehandlung an noch strengeren Maßstäben überprüft werden.[344] Daher reichen nur zwingende Gründe für die Rechtfertigung einer staatlichen Ungleichbehandlung aus.

III. Wahlrecht und Wahlgleichheit

Art. 17 VRC beinhaltet den Satz: *Das Volk hat das Recht der Wahl, der Abwahl, der Initiative und des Referendums.* Aus Art. 17 VRC leitet sich ein subjektives Wahlrecht ab. Art. 130 Abs. 1 VRC bestimmt des Weiteren zur Ausübung des aktiven Wahlrechtes: *Wahlberechtigt gemäß den gesetzlichen Bestimmungen ist jeder Bürger der Republik China, der das zwanzigste Lebensjahr vollendet hat.* Dies legt fest, dass die Träger des Wahlrechts auf die Staatsbürger beschränkt sind. Neben den in Art. 130 VRC genannten Voraussetzungen, Staatsbürgerschaft und Alter, dürfen die Wahlberechtigten nach § 15 Abs. 1 des Gesetzes über Wahl und Abwahl der politischen Ämter seit mehr als 4 Monaten ihren Hauptwohnsitz nicht gewechselt haben. Darüber hinaus dürfen die Wahlberechtigten nicht entmündigt worden sein.

Bei der Durchführung des Wahlverfahrens ist Art. 129 VRC zu berücksichtigen: *Die verschiedenen Arten von Wahlen, die diese Verfassung festlegt, werden, soweit diese Verfassung nichts anderes bestimmt, durch allgemeine, gleiche, direkte und geheime Stimmabgabe durchgeführt.* Die Wendung, „die verschie-

344 邱銘堂，論平等原則在選舉權之落實與檢討，中興大學碩士論文，1998，頁125。(Ming-Tang Chiu, Die Diskussion über die Gleichheit im Wahlrecht, Magisterarbeit Chung-Xin Universität, 1998,S.125.)；陳鵬，國家對政黨財物補助的正當性與憲法界線，臺北大學碩士論文，2002，頁126。(Peng Chen, Legitimität und Grenze staatlicher Zuwendungen an Parteien, Magisterarbeit Taipei Universität, 2002, S. 126.)

denen Arten von Wahlen, die diese Verfassung festlegt", bezieht sich auf die verschiedenen Arten von Direktwahlen der Bürger, die die Verfassung festlegt. Für Wahlen, die nicht direkt vom Bürger ausgeübt werden, beispielsweise gem. Art. 66 VRC[345], gilt der Grundsatz in Art. 129 VRC nicht.[346]

Der Grundsatz der Wahlgleichheit hat in dieser Verfassungsnorm zwei Bedeutungen. Auf der einen Seite bezieht er sich auf die Stimmengleichheit. Und zwar hat jeder Wähler eine gleiche Stimme in jeder Wahl. Auf der anderen Seite verweist der Grundsatz der Wahlgleichheit auf die Gleichheit der Zählwerte. Das Erfordernis gleicher Zählwerte meint zwar keine absolut gleichen mathematischen Zählwerte, verlangt aber, dass jede Stimme möglichst gleiche Einwirkung auf das Wahlergebnis hat. Anders betrachtet bedeutet dies auch, dass von der Verfassung noch tolerierbare Ungleichheiten der Zählwerte zulässig sind.

Im Gegensatz zu den differenzierenden Meinungen zu den Prüfungsmaßstäben in Art. 7 VRC ist sich die Literatur einig, dass bei jeder Einschränkung von Wahlrecht oder Wahlgleichheit die enge Beziehung zwischen politischer Gleichheit und dem Demokratieprinzip, das die Beachtung des Willens der an der Politik teilnehmenden Bürger verlangt, berücksichtigt werden muss. Damit sollte unstreitig sein, dass ein strengerer oder formalerer Prüfungsmaßstab angelegt werden muss, wenn es sich um eine Einschränkung des Wahlrechts gem. Art. 17 VRC oder der Wahlgleichheit gem. Art. 129 VRC handelt. Deshalb sollen nur „zwingende Gründe" einen staatlichen Eingriff in das Wahlrecht oder die Wahlgleichheit rechtfertigen können.

IV. Die Auslegungen des Justiz-Yuan in Bezug auf Partei- und Wahlangelegenheiten

In den wahl- und parteibezogenen Auslegungen haben die Hohen Richter in der Praxis bisher noch keine einheitlichen Prüfungskriterien entwickelt. Zum Beispiel sind sich die Fälle, die der Auslegung Nr. 340 und der Auslegung Nr. 468 zugrunde lagen, sehr ähnlich. In beiden Auslegungen geht es um die Frage, ob das Gleichheitsgebot im Wahlrecht beeinträchtigt ist, wenn die Wahlbewerber abhängig von Parteiempfehlungen auf unterschiedliche Bedingungen für die

345 Art. 66 VRC: „Der Legislativ-Yuan hat einen Vorsitzenden und einen stellvertretenden Vorsitzenden, die aus und von den Abgeordneten des Legislativ-Yuan gewählt werden."

346 李惠宗，憲法要義，第五版，2009，頁334。(Hui-Zong Lee, Verfassungsprinzipien, 5. Aufl., 2009, S. 334.).

Teilnahme an der Wahl stoßen. Sie führen jedoch zu ganz unterschiedlichen Ergebnissen.[347]

Die Auslegung Nr. 340 (25.02.1994) behandelt die Frage, ob § 38 Abs. 2 des Gesetzes über die Wahl und Abwahl politischer Ämter verfassungswidrig ist, indem es für von den Parteien empfohlene Wahlbewerber nur die Erhebung der Hälfte der üblichen Kaution bestimmt. Diesbezüglich wurde diskutiert, ob diese gesetzliche Ungleichbehandlung bei der Kautionserhebung die Wahlteilnahme bzw. das passive Wahlrecht der nicht von einer Partei empfohlenen Wahlbewerber beeinträchtigt und ob sie dadurch der Verfassung widerspricht. Die Hohen Richter hielten die Bestimmung für verfassungswidrig und begründeten in der Auslegung: Alle Bürger der Republik China sollten, abgesehen von der Parteizugehörigkeit, gleich vor dem Gesetz seien. Dies hat Art. 7 VRC klar bestimmt. § 38 Abs. 3 des Gesetzes über die Wahl und Abwahl politischer Ämter regelt: *Für die von einer Partei empfohlenen Kandidaten für die Direktmandate und die Mandate der Urbewohner*[348] *wird die Kaution auf die Hälfte reduziert. Sie sollen aber die Kaution trotzdem voll bezahlen, wenn die Partei ihre Empfehlung zurückzieht.* Diese Bestimmung besage nichts anderes, als dass die nicht von Parteien empfohlenen Wahlbewerber mehr Kaution als die von Parteien empfohlenen aufwenden müssen. Wenn der von der zuständigen Behörde erhobene Kautionsbetrag zu hoch wäre, könnten diejenigen, die vorhaben, an der Wahl teilzunehmen, zur Minderung ihrer Anzahlung zuerst mit sehr wenigen Bürgern eine neue Partei gründen bzw. eintragen und danach die von dieser Partei empfohlenen Kandidaten werden. Daraus könnte resultieren, dass die Zahl kleiner Parteien rasant steige. Dies brächte aber eine ungute Entwicklung des Parteiensystems mit sich. Deshalb sei die Einschränkung durch das Gesetz über die Wahl und Abwahl politischer Ämter unnötig und führe folglich zu einer unangemessenen Differenzierung. Dies entspreche Art. 7 VRC nicht. Damit gelte die erwähnte Bestimmung seit der Verkündigung dieser Auslegung nicht mehr.

In der Auslegung Nr. 468 (22.10.1998) geht es darum, ob die Bestimmungen über die Unterschriftensammlung und Kaution im Gesetz über die Wahl und Abwahl des Präsidenten bzw. Vizepräsidenten verfassungswidrig sind. Nach § 23

---

347 Kritik: 陳愛娥，對憲法平等權規定的檢討 — 由檢視司法院大法官相關解釋出發，於：湯德宗、廖福特編，憲法解釋之理論與實務，第五輯，2007，頁238。(Ai-Er Chen, Kritik an der Gleichheit in der Verfassung – Ausgehend von den Auslegungen der Hohen Richter, in: Te-Chung Tang/Fu-Te Liao (Hrsg.), Verfassungsrechtliche Interpretation: Theorie und Praxis, Bd. 5, 2007, S. 238.)

348 Nach Art. 4 Abs. 1 EA (2005) sind neben den Direktmandaten und Listenmandate noch „Mandate der Urbewohner“ vorhanden. Die Urbewohner sind eine ethnische Minderheit in Taiwan. Damit die Interessen der Urbewohner nicht unterdrückt werden, gibt es seit der ersten Verfassungsänderung im Jahr 1991 spezielle Bestimmungen zum Schutz ihrer Teilnahme am politischen Prozess.

Abs. 1 des Gesetzes über Wahl und Abwahl des Präsidenten und Vizepräsident sollten die nicht durch Parteien nominierten Wahlbewerber vor dem Kandidieren ein Verfahren zur Unterschriftensammlung beantragen. Bei dem Antrag für dieses Verfahren sollten die nicht durch Parteien nominierten Wahlbewerber eine Kaution für das Verfahren in Höhe von einer Millionen NTD[349] zahlen. Die Kaution wurde dann zurückgegeben, wenn die Wahlbewerber 1,5 % der Wählerzahl der letzten Zentralwahl für politische Ämter erreichen. Bei der Entscheidung, ob diese Ungleichbehandlung aufgrund der Parteizugehörigkeit Art. 7 VRC widerspricht, kommen die Hohen Richter zu einem anderen Ergebnis als in der Auslegung Nr. 340, obwohl es ähnlich wie in dieser Auslegung Nr. 340 ebenfalls um die Bedingungen für die Teilnahme an der Wahl geht.

Die Hohen Richter legen in dieser Auslegung dar: Der in der Auslegung Nr. 468 herangezogene Art. 46 VRC regele: *Die Wahl des Präsidenten und des Vize-Präsidenten regelt ein Gesetz.* Die Legislative erlasse infolgedessen Gesetze zur Regelung des Wahlverfahrens des Präsidenten bzw. des Vizepräsidenten, die den Grundsätzen der Gerechtigkeit und Angemessenheit entsprechen sollten. § 23 Abs. 2 und Abs. 4 des Gesetzes über die Wahl und Abwahl des Präsidenten bzw. des Vizepräsidenten fordern, dass die Wahlkandidaten für das Präsidenten- und Vizepräsidentenamt innerhalb einer bestimmten Zeit eine Unterschriftensammlung von mindestens 1,5 % der Wählerzahl der letzten Zentralwahl für politische Ämter erreichen und vorlegen müssten. Das System der Unterschriftensammlung ziele nicht nur auf eine sichere politische Unterstützung der Wahlkandidaten ab, die mit der von Parteien empfohlenen Kandidaten vergleichbar sei, sondern auch auf eine Verhinderung unnötiger Teilnahmen am Präsidentschaftswahlkampf ab, die sonst zur Verschwendung gesellschaftlicher Ressourcen führen könnten. Deshalb würden sich die Normen in einem rationalen Bereich bewegen und seien angemessen. Damit würden diese Normen nicht im Widerspruch zu Art. 7 VRC stehen, denn die Einschränkung des passiven Wahlrechts in der Präsidentenwahl sei nicht unnötig. Die Wahlkandidaten sollten gemäß § 23 Abs. 1 des Gesetzes über die Wahl und Abwahl des Präsidenten bzw. des Vizepräsidenten außerdem eine Million NTD Kaution zahlen, wenn die Zahl der gesammelten Unterschriften nur die Hälfte der vorausgesetzten Summe erreiche. Diese Bestimmung überschreite den Spielraum der Legislativ nicht und widerspreche nicht Art. 23 VRC.

In der Auslegung Nr. 481 (16.04.1999) wurde geklärt, ob das Gesetz über die Organisationsstruktur auf Provinzebene und die Verwaltungsvorschrift über die Organisationsstruktur der Provinz Fukien[350] Art. 17 EA (1992) und Art. 7 VRC

349 Es entsprach ca. 60 000 DM.

350 Vor 1949 hatte die Republik China (ROC) 35 Provinzen und ein selbstverwaltetes Gebiet. Die Provinz Fukien war eine der 35 Provinzen. Seit 1950 ist in der Realität fast das gesamte China unter der Herrschaft der Chinesischen Kommunistischen Partei und Teil der neu gegründeten

entsprechen. Der Fall handelt davon, dass das Provinzorganisationsgesetz aufgrund Art. 17 EA (1992) der Realisierung der provinziellen Selbstverwaltung dienen soll. In § 64 Provinzorganisationsgesetz wird der Exekutiv-Yuan zur Regelung der Organstrukturen einer Provinz ermächtigt, wenn deren Gebiet nicht komplett ist. Aufgrund der Ermächtigung des § 64 Provinzorganisationsgesetz hat der Exekutiv-Yuan die Verwaltungsvorschrift über die Organisationsstruktur der Provinz Fukien erlassen. Darin wurde festgelegt, dass der Ministerpräsident der Provinz Fukien vom Exekutiv-Yuan statt durch Direktwahl der Bürger ernannt würde. Dies hatte zur Folge, dass die Bürger in der Provinz Fukien nicht wie die Bürger in der Provinz Taiwan ihren Ministerpräsidenten selbst wählen konnten. Daher war es strittig, ob diese Verwaltungsvorschrift das Wahlrecht der Bürger beeinträchtigt und schließlich zur unbegründeten Ungleichbehandlung führte.[351] In der Auslegung Nr. 481 geht es zwar ebenfalls um die Wahlgleichheit, das Prüfungskriterium scheint jedoch noch lockerer zu sein als in den vorgenannten Auslegungen.

In dieser Auslegung wird zuerst die Bedeutung des Gleichheitssatzes beleuchtet: Der verfassungsrechtliche Gleichheitssatz gewährleiste eine materielle Gleichheit der Bürger vor dem Gesetz. Der Gleichheitssatz verbiete aber nicht, dass das Gesetz unterschiedliche Situationen aufgrund der Natur der Sache auf angemessene Weise differenziert behandele. Das Territorium und die Bevölkerungszahl der heutigen Provinz Fukien seien ganz anders als ursprünglich. Die Komplexität der öffentlichen Angelegenheiten der Provinz Fukien sei nicht mit der in der Provinz Taiwan vergleichbar. In einer solchen Konstellation solle die Organisation der Provinz Fukien vereinfacht werden, damit die Verwaltung effizienter arbeiten könne. Angesichts dieses sachlichen Unterschieds sei es angemessen, dass der Rat und der Ministerpräsident nicht von den Bürgern der Provinz Fukien direkt gewählt werden würden. Daher widerspreche dies der Verfassung nicht.

Volksrepublik China. Dennoch beanspruchen *Tschang* und seine Nachfolger, dass ROC weiterhin 35 Provinzen und ein selbstverwaltetes Gebiet hat. Die Provinz Fukien ist die einzige gespaltete Provinz. Heute kontrolliert die ROC tatsächlich neben der Insel Taiwan noch einen sehr kleinen Teil des auf dem chinesischen Festland und vor dessen Küste belegenden Fukien, aber nur die Landkreise Jinmen und Mazu; der Rest wird von der Volksrepublik China (VRC) verwaltet.

351 Diese Frage spielt heute keine Rolle mehr. Im Jahr 1997 wurde zum 4. Mal eine Verfassungsänderung durchgeführt. In Art. 9 Abs. 2 EA (1997) ist geregelt, dass die Wahl des Ministerpräsidenten und der Repräsentanten in der Provinz Taiwan seit 1998 nicht mehr stattfinden. Art. 9 Abs. 3 EA (1997) bestimmte, dass die Funktion, die Aufgabe und die Organisation der Provinzregierung Taiwans durch das Gesetz geregelt wird. Diese Verfassungsänderung hat zur Folge, dass die Provinz Taiwan keine öffentliche Körperschaft in der kommunalen Selbstverwaltung (die Auslegung Nr. 467) mehr ist. Damit ist diese Frage, ob eine Beeinträchtigung der Gleichheit im Wahlrecht vorhanden ist, keine Bedeutung mehr.

V. Chancengleichheit in der Verfassung

Obwohl keine Erwähnung der Chancengleichheit der Parteien in der Verfassung vorhanden ist, wird in der Literatur zum Teil vertreten, dass die Chancengleichheit der Parteien aus der Verfassung hergeleitet werden könne.

Eine Auffassung erweitert den Inhalt der Gleichheit der Parteien aus Art. 7 VRC, in dem davon ausgegangen wird, dass Art. 7 VRC auch die Chancengleichheit der Parteien gewährleistet. Die Parteiengleichheit in Art. 7 VRC deutet auf eine Trennung zwischen Parteien und Staat und auf die Gleichheit der Parteimitglieder hin. Diese beiden Bedeutungen meinen nicht, dass die Parteiengleichheit auf eine gleiche Verteilung der Ämter an die Parteien gerichtet wäre. Es bedeutet vielmehr, dass alle Parteien vom Gesetz gleich geschützt werden. Darüber hinaus haben alle Parteien die gleichen Chancen, sich an Wahlkämpfen zu beteiligen. Falls der Staat Leistungen anbieten möchte, wie etwa Zuwendungen an Parteien oder die Nutzung öffentlicher Einrichtungen, soll er auf die Chancengleichheit der Parteien achten. Die Bestimmung in § 50 VereinsG, *Die Parteien haben das Recht, öffentliche Plätze und die öffentliche Medien gleichartig zu nutzen*, ist eine Bespiel für die Realisierung des verfassungsrechtlichen Chancengleichheitsprinzip auf einfach-gesetzlicher Ebene. Bei der Verteilung staatlicher Leistungen kann nach der Bedeutung der Parteien unterschiedlich vorgegangen werden.[352]

Eine andere in der Literatur eingenommene Position ist, dass Art. 7 VRC für die Ableitung der Chancengleichheit der Parteien nicht ausreiche. Demnach soll stattdessen die Herleitung der Chancengleichheit über Art. 7 VRC in Verbindung mit Art. 17, 129 VRC geschehen. Ausgangspunkt ist die Kandidatur der Parteien. Mit der Einführung des Zwei-Stimmen-Systems bei den Abgeordnetenwahlen[353] könnten Parteien auch von den Bürgern direkt gewählt werden. Deshalb seien die Parteien auch Träger des passiven Wahlrechts im Sinne von Art. 17 VRC und des Gleichheitsrecht in Art. 7 VRC. Weiterhin bedeute die Wahlgleichheit in Art. 129 VRC einerseits für die Wähler die Stimmengleichheit und die Gleichheit des Zählwertes, andererseits für die Wahlkandidaten das Recht auf Chancengleichheit. Damit besäßen auch Parteien als Wahlkandidaten das Recht der Chancengleichheit. Deshalb wird aus Art. 7, 17 und 129 VRC zusammen das Recht der Chancen-

352 法治斌、董保成，中華民國憲法，第三版，2001，頁181。(Jhi-Bin Fa/Bao-Chen Dong, Verfassung der Republik China, 3. Aufl., 2001, S. 181.)；陳淑芳，國會改革及政黨陽光法案立法，氏著，民主與法治，2004，頁193。(Shu-Fang Chen, Parlamentsreform und der Entwurf des Parteiengesetzes, in: ders., Demokratie und Rechtsstaat, 2004, S. 193.)

353 Im Rahmen der 7. Verfassungsänderung wurde in Jahr 2005 Art. 4 Abs. 1, 2 EA geändert und das Zwei-Stimmen-System bei der Abgeordnetenwahl eingeführt. Im Jahr 2008 wurden die Abgeordneten zum ersten Mal nach dem Zwei-Stimmen System gewählt.

gleichheit der Parteien hergeleitet.[354] Für diese Auffassung ist die Chancengleichheit der Parteien nicht lediglich ein objektives Prinzip, sondern auch subjektives Recht.[355]

Die dritte Auffassung leitet durch die Erweiterung seines Schutzbereiches die Chancengleichheit lediglich aus Art. 129 VRC her. Zum besseren Schutz der Wahlgleichheit solle die Wahlgleichheit in Art. 129 VRC nicht nur die Gleichheit bei der Ausübung des Wahlrechts, sondern auch die Gleichheit bei der für die Ausübung der Wahl einflussreichen Betätigung im Wahlkampf gewährleisten. So kommt diese Ansicht zu dem Ergebnis, dass die Wahlgleichheit in Art. 129 VRC auch gleiche Chancen der Wahlkampfbetätigung der Wahlbewerber und der Parteien fordere.[356]

Noch eine andere Meinung leitet die Chancengleichheit zwar ebenfalls aus Art. 129 VRC her, bezieht sich aber dabei vielmehr auf den Parteienwettbewerb.[357] Die Parteiengleichheit sei für den Aufbau einer gerechten Wettbewerbslage für die Parteien unentbehrlich. Diese Gleichheit verlange nicht die gleiche Mitgliederzahl oder das gleiche Vermögen, sondern die Gewährleistung gleicher Chancen für die Parteien. Damit haben alle Parteien die gleiche Möglichkeit, Macht anzustreben. Ein Beispiel für die Realisierung des Chancengleichheitsprinzip sei die Bestimmung in § 50 VereinsG: *Die Parteien haben das Recht, öffentliche Plätze und die öffentlichen Medien gleichartig zu nutzen.* Anders als im Rahmen der anderen Auffassungen wird auch ein Prüfungsmaßstab genannt, als Beispiel wird die Verteilung von Sendezeit während des Wahlkampfs genommen. Demnach sei die richtige und passende Wiedergabe des realen politischen Gewichts einer Partei keine staatliche Aufgabe. Die großen Parteien besäßen in der Tat mehr Möglichkeiten als die kleinen Parteien die Medien zu nutzen und dadurch die Positionen ihrer Partei zu verbreiten. Die Parteien, die Sitze im Parlament hätten, seien schon bekannter als Parteien, die nicht im Parlament vertreten seien. Der Staat solle möglichst einen formalen Gleichheitssatz gegenüber den Parteien anwenden, damit sich die Diskrepanz zwischen den Parteien nicht aufgrund der staatlichen Leistung verschärfe.[358]

---

354 李惠宗，憲法要義，第五版，2009，頁336。(Hui-Zong Lee, Verfassungsprinzipien, 5. Aufl., 2009, S. 336.)

355 李惠宗，抗議！報導不公，月旦法學雜誌，第73期，2001.06，頁8以下。(Hui-Zong Lee, Protest! Ungleiche Bericht, The Taiwan Law Review, Nr. 73, 06.2001, S. 8 f.)

356 蔡宗珍，參政權，於：許志雄等合著，現代憲法論，第四版，2008，頁241。(Zong-Zhen Tsai, Wahlrecht, in: Zhi-Xiong Xu (Hrsg.), Verfassung, 4. Aufl., 2008, S. 241.)

357 蕭文生，國家法I – 國家組織篇，2008，頁177。(Wen-Sheng Xiao, Staatsrecht I – Staatsorganisation, 2008, S. 177.)

358 蕭文生，國家法I – 國家組織篇，2008，頁202以下。(Wen-Sheng Xiao, Staatsrecht I – Staatsorganisation, 2008, S. 202 ff.)

VI. Zwischenfazit

Die Freiheit der Parteien wird durch Art. 14 VRC gewährleistet. Die Meinungen in der Literatur und in der Praxis über Einschränkungen der Freiheit der Parteien sind relativ übereinstimmend. Die Einschränkung der Gründungs- und der Betätigungsfreiheit müssen im Rahmen von Art. 23 VRC gerechtfertigt werden können. Die unfreiwillige Auflösung einer Partei kann nur von den Hohen Richtern entschieden werden. Bezüglich der Gleichheit der Parteien sind Praxis und Literatur zwar der einhelligen Meinung, dass sie von Art. 7 VRC geschützt werde, haben aber in der Praxis für die Prüfung eines Eingriffs verschiedene Kriterien. In der Rechtsprechung weisen die Auslegungen auf uneinheitliche Prüfungsmaßstäbe hin, auch wenn sich ganz ähnliche Fälle von Ungleichbehandlung stellen, wie Geschlechtergleichheit oder Parteiengleichheit. Die Auslegungen deuten des Weiteren darauf hin, dass kein besonderer, strenger Prüfungsmaßstab für einen Eingriff in die Wahlgleichheit in Art. 129 VRC oder in die Parteiengleichheit in Art. 7 VRC angelegt wird. Damit scheint es, dass im Vergleich zum allgemeinen Gleichheitssatz die Ungleichbehandlung im Wahlrecht oder die Verletzung des Wahlgleichheitssatzes in Art. 129 VRC und der Eingriff in die parteienbezogene Gleichheit gem. Art. 7 VRC keine Besonderheit darstellen. Ob man die Chancengleichheit der Parteien aus der Verfassung herleiten kann, wird in der Literatur unterschiedlich beantwortet. Darüber hinaus richtet sich die Diskussion in der Literatur über die Chancengleichheit der Parteien eher auf die Gleichheit bzw. auf den Wahlgleichheitssatz und bezieht sich weniger auf die demokratietheoretischen Grundlagen zurück. In der Praxis ist bisher keine Auslegung darüber vorhanden.

G. Formen der Parteienfinanzierung

Die Art der Finanzierung einer Partei kann nach staatlicher und nichtstaatlicher Finanzierung unterschieden werden. In der geschichtlichen Entwicklung der Parteienfinanzierung schlägt sich dies in den gesetzlich geregelten Zuwendungen des Staates an die Parteien nieder, noch früher als dies für private Spenden in entsprechenden Gesetzen festgelegt worden ist. Infolge eines nicht einheitlichen Parteiengesetzes ist die staatliche Finanzierung der politischen Parteien in verschiedenen Gesetzbüchern festgeschrieben: Im Gesetz über die Wahl und Abwahl des Präsidenten und Vizepräsidenten[359] (PräWG), im Gesetz über die Wahl und Abwahl politischer Ämter[360] (WahlG) und im Gesetz über politische Spenden[361] (PolSpendenG). Regelungen zu politischen Spenden findet man überwiegend in dem Gesetz über Spenden an politische Parteien. Die Bestimmungen über Mitgliedsbeiträge gehen auf das Vereinsgesetz zurück.

I. Nichtstaatliche Parteienfinanzierung

Nach § 33 Abs. 1 VereinsG können Parteien aus folgenden finanziellen Quellen schöpfen: Aufnahmebeiträgen zum Verein, Jahresbeiträgen, Spenden von Mitgliedern, Gewinne aus Treuhandgeldern, sowie Fonds und andere Einnahmen. Nach § 33 Abs. 2 VereinsG sollen die Höhe und Zahlungsweise des Aufnahmebeitrags und des Jahresbeitrags sowie die Regeln über die Annahme von Spenden von Mitgliedern durch die Mitgliedervollversammlung festgelegt werden. Diesen Regeln muss von der zuständigen Aufsichtsbehörde, hier dem Ministerium des Innern, zugestimmt werden. Diese Bestimmung gilt für alle Vereine, also auch für politische Parteien. In der Praxis haben die Mitgliedsbeiträge und die politischen Spenden die größere Bedeutung in der Finanzierung politischer Parteien durch nichtöffentliche Mittel.

359 Gesetz über die Wahl und Abwahl des Präsidenten und Vizepräsidenten, verkündigt und in Kraft getreten am 09.08.1995. Zuletzt geändert am 27.05.2009.

360 Gesetz über die Wahl und Abwahl der politischen Ämter, verkündigt und in Kraft getreten am 14.05.1990. Zuletzt geändert am 25.05.2011.

361 Gesetz über politische Spenden, verkündigt und in Kraft getreten am 31.03.2004. Zuletzt geändert am 27.01.2010.

1. Parteivermögen und wirtschaftliche Betätigung

Im VereinsG gibt es keine Bestimmung über die wirtschaftliche Betätigung politischer Parteien. Nach § 44 VereinsG ist die Aufgabe und das Ziel politischer Vereine *bei der politischen Willensbildung des Volkes mitzuhelfen bzw. die Teilnahme der Bürger am politischen Leben zu fördern*. Demnach erscheint es nicht angebracht, dass politische Parteien sich wirtschaftlich betätigen. In der Praxis allerdings wird die wirtschaftliche Betätigung politischer Parteien nicht ganz ausgeschlossen, weil es kein generelles Verbot gibt.

Das Vermögen der Parteien setzt sich aus den Mitgliedsbeiträgen, den eingenommenen Spenden und dem Gewinn aus wirtschaftlicher Betätigung zusammen. Zum Vermögen von Parteien gibt es nicht viele Vorschriften. Nach § 34 VereinsG sollen alle Vereine einen Haushaltsplan und einen Abrechnungsplan beim Ministerium des Innern vorlegen. Wird eine politische Partei nach § 46–1 VereinsG bei Gericht als juristische Person eingetragen, dann soll nach § 48 Abs. 1 BGB RC gleichzeitig auch ihr Vermögen eingetragen werden. Bei der Auflösung der Partei, wobei es nicht relevant ist, ob die Auflösung freiwillig oder zwangsweise geschieht, kann das restliche Parteienvermögen nach § 44 Abs. 1 S. 2 BGB RC nicht einer natürlichen Person oder einem wirtschaftlichen Verein oder einer wirtschaftlich tätigen juristischen Person zugeführt werden. Folglich kann nur der Fiskus oder eine gemeinnützige Organisation das Vermögen einer als juristische Person eingetragenen politischen Partei erhalten.

2. Mitgliedsbeiträge

Nach § 33 Abs. 2 VereinsG sollen die Höhe und Erhebung der Aufnahme- und Jahresbeiträge von der Mitgliedervollversammlung genehmigt werden. Die Fragen, ob und welche Beiträge erhoben werden, werden damit normalerweise von der Mitgliedervollversammlung entschieden und schließlich im Organisationsstatut jeder Partei bestimmt. So gibt es z. B. im Parteistatut der KMT keinen Aufnahmebeitrag, jedoch wird ein Jahresbeitrag erhoben. Die KMT erhebt nach §§ 8, 40 Parteistatut i. V. m. § 3 Nr. 1 der Regelung über die Erhebung des Mitgliedsbeitrags einen Jahresbeitrag in Höhe von 200 NTD (ca. 4,45 Euro). Nach § 3 Nr. 3 der Regelung über die Erhebung des Mitgliedsbeitrags kann eine Person lebenslang Mitglied der KMT sein und brauch keinen Jahresmitgliedsbeitrag mehr zu zahlen, wenn sie einmalig einen Beitrag in Höhe von 10 000 NTD (ca. 222 Euro) entrichtet.

Wie die KMT erhebt die DPP nach § 31 ihres Parteistatuts keinen Aufnahmebeitrag, sondern fordert von ihren Mitgliedern nur einen Jahresbeitrag. Gemäß

§ 31 Organisationsstatut i. V. m. § 2 Abs. 1 Ordnung über die Erhebung des Jahresbeitrags und § 2 Abs. 1 Finanzordnung sollen die Parteimitglieder im Zeitraum vom 1. bis zum 31. Januar eines Jahres den Jahresbeitrag in Höhe von 300 NTD (ca. 6,67 Euro) zahlen. Neue Mitglieder zahlen nur die Hälfte des ersten Jahresmitgliedsbeitrages, wenn sie erst in der zweiten Jahreshälfte in die Partei eintreten. Auch DPP-Mitglieder können ihre Mitgliedschaft lebenslang behalten und ihren jährlichen Mitgliedsbeitrag entfallen lassen, wenn sie gem. § 2 Abs. 2 Finanzordnung der DPP einmalig einen Beitrag in Höhe von 10 000 NTD (ca. 222 Euro) zahlen.

Im Gegensatz zur KMT regelt die DPP in ihrer Finanzordnung auch die Erhebung von Sonderbeiträgen. Nach § 6 S. 2 Finanzordnung der DPP sollen der DPP angehörige Staatspräsidenten und der Vizepräsidenten jährlich einen Sonderbeitrag in Höhe von 30 000 NTD (ca. 667 Euro) leisten. Nach § 6 S. 3 der Finanzordnung der DPP sollen die der DPP angehörigen Abgeordneten des Legislativ-Yuan, Oberbürgermeister der regierungsunmittelbaren Städte, Oberbürgermeister der Städte und der Kreisstädte sowie die Abgeordneten der Stadtparlamente der regierungsunmittelbaren Städte jährlich 20 000 NTD (ca. 445 Euro) Sonderbeitrag leisten. Die DPP-Abgeordneten der Stadträte und der Kreisstädte zahlen gemäß § 6 S. 5 Finanzordnung der DPP einen Sonderbeitrag in Höhe von 10 000 NTD (ca. 222 Euro) pro Jahr.

Im Gegensatz zu diesen beiden größten Parteien, die keine Bestimmung über den Aufnahmebeitrag haben, haben die anderen zwei, zwar weniger einflussreichen aber ebenso wichtigen Parteien, die Taiwan Solidarity Union (TSU) und die People First Party (PFP), in ihren Parteistatuten einen Aufnahmebeitrag festgelegt. § 41 Nr. 1 Parteistatut der TSU[362] in Verbindung mit § 6 Ordnung über die Aufnahme in die TSU bestimmt, dass ein neues Mitglied einen Aufnahmebeitrag in Hohe von 200 NTD (ca. 4,45 Euro) und einen Jahresmitgliedsbeitrag in Höhe von 200 NTD zahlen sollen. Eine entsprechende Bestimmung über den Aufnahmebeitrag findet sich in § 27 Organisationsstatut der PFP.[363]

---

362 Organisationsstatut TSU abrufbar unter: http://www.tsu.org.tw/index.php?option=com_content&task=view&id=15&Itemid=28
Verordnung über die Aufnahme in die TSU: http://www.tsu.org.tw/index.php?option=com_content&task=view&id=16&Itemid=28
Abgerufen am 11.07.2009, 23:00.

363 Nach § 27 Parteistatut sind die Finanzquellen der PFP die Aufnahmebeiträge, Spenden, Wahlkampfkostenerstattung und andere. Merkwürdigerweise gibt es keine Bestimmung über die Erhebung des Jahresbeitrages. Weitere Regelungen über die Höhe des Aufnahmebeitrages sind auch nicht zu finden. Organisationsstatut PSP abrufbar unter: http://www.pfp.org.tw/platform/index.php?id=02. Abgerufen am 11.07.2009, 23:06.

3. Spenden

a) Definition

Um Spenden an Parteien oder an Politiker bzw. Wahlkandidaten von anderen Spenden zu unterscheiden, werden diese als „politische Spenden“ bezeichnet und im Gesetz über politische Spenden (PolSpendenG) genau definiert. Politische Spenden sind nach § 2 Nr. 1 PolSpendenG unentgeltliche Leistungen in Form einer beweglichen oder unbeweglichen Sache, Leistungen mit unverhältnismäßigem Gegenwert, Schuldenerlasse oder andere wirtschaftliche Vorteile für Personen oder Gruppen, die sich politisch betätigen oder an einer Wahl teilnehmen. Mitgliedsbeiträge an Parteien und an andere politische Vereine oder Leistungen im Rahmen eines Ehrenamts werden nach § 2 Nr. 1 S. 2 PolSpendenG nicht vom Begriff der politischen Spenden erfasst. Die Spenden beschränken sich auch nicht lediglich auf unentgeltliche Leistungen in Form von Sach- oder Geldleistung, sondern umfassen viel weiter „wirtschaftliche Vorteile“.

b) Empfangsberechtigte

Weiter wird in § 5 PolSpendenG festgelegt, dass nur Parteien, politischen Vereine und Wahlkandidaten berechtigt sind, politische Spenden anzunehmen. Der Begriff der Partei bestimmt sich gemäß § 2 Nr. 2 PolSpendenG nach § 45 VereinsG. Nach § 2 Nr. 3 PolSpendenG ist die Definition des politischen Vereins auf das VereinsG zurückzuführen. Ein Wahlkandidat ist nach § 2 Nr. 5 PolSpendenG jene Person, die sich während des in § 12 PolSpendenG geregelten Zeitraums schon für die Wahl zu einem politischen Amt eingetragen hat oder sich eintragen will. Aus dieser Regelung folgt, dass nicht nur Parteien, sondern auch Personen, die sich an einer Wahl beteiligen wollen, politische Spenden annehmen dürfen.

c) Unerlaubte politische Spenden

Spenden können angenommen werden, sofern sie nicht einem der in § 7 Abs. 1 PolSpendenG genannten Ausnahmetatbestände unterfallen. Demnach können private Unternehmen keine politischen Spenden tätigen, wenn mehr als 20 Prozent ihres Kapitals im Besitz öffentlicher Unternehmen oder des Staates sind (Nr. 1). Auch Firmen, die mit Behörden Kaufverträge mit hoher Kaufpreissumme oder Verträge über Investitionen in wichtige öffentliche Einrichtungen abgeschlossen haben, dürfen nicht an Parteien, Wahlkandidaten oder politische Vereine spenden (Nr. 2), sofern die Vertragslaufzeit noch nicht abgelaufen ist. Weiterhin ist es auch nicht erlaubt, von Unternehmen Spenden anzunehmen, deren Verlustvortrag noch nicht mit den positiven Einkünften verrechnet wurde (Nr. 3). Religiöse Gruppen oder Vereine dürfen nach § 7 Abs. 1 Nr. 4 PolSpendenG ebenfalls keine Spenden tätigen.

Nach § 7 Abs. 1 Nr. 5 PolSpendenG sind Spenden von anderen Parteien oder von Wahlkandidaten, die am selben Wahlkampf beteiligt sind, nicht zulässig. Damit ist es nicht erlaubt, dass eine Partei an andere Parteien spendet, dass ein Wahlkandidat an andere, an derselben Wahl teilnehmende Kandidaten spendet, oder dass eine Partei an einen Wahlkandidaten einer anderen Partei spendet. Nimmt z. B. Wahlkandidat A an der Parlamentswahl teil, so kann er an Wahlkandidat B, der für das Amt des Oberbürgermeisters von Taipei kandidiert, spenden. Falls aber Kandidat B auch an der Parlamentswahl teilnimmt, darf Wahlkandidat A ihn mit keiner Spende unterstützen. Diese Einschränkung beim Spenden wurde vermutlich vorgenommen, um einen fairen Wettbewerb zwischen Parteien und zwischen Wahlkandidaten zu gewährleisten. § 7 Abs. 1 Nr. 5 S. 2 PolSpendenG lässt jedoch eine Ausnahme zu: Partei A kann an einen der Partei B angehörigen Wahlkandidaten spenden, wenn dieser ein gemeinsamer Kandidat beider Parteien ist.

Weil bei politischen Spenden auch die politische Willensbildung betroffen ist, dürfen Personen, die kein aktives Wahlrecht ausüben dürfen, nach § 7 Abs. 1 Nr. 6 PolSpendenG nicht spenden. Kein aktives Wahlrecht besitzen nach Art. 130 VRC und § 14 WahlG[364] Personen, die das zwanzigste Lebensjahr noch nicht vollendet haben. Darüber hinaus darf ein Bürger trotz seiner Volljährigkeit[365] nach § 14 WahlG auch kein aktives Wahlrecht ausüben, wenn er entmündigt wurde und die Entmündigung nicht aufgehoben ist. Eine solche Entmündigung richtet sich nach § 14 und 15 des BGB RC. Das Gericht kann aufgrund eines Eigenantrags, auf Antrag des Ehepartners, eines Blutverwandten bis zum 4. Grad, eines Staatsanwalts oder des Sozialamtes die Vormundschaft verfügen, wenn jemand in seiner freien Willensbestimmung eingeschränkt ist oder sich in einem Zustand krankhafter Störung der Geistestätigkeit befindet, sofern diese ihrer Natur nach nicht nur von vorübergehender Dauer ist. Wer einer Vormundschaft unterstellt wird, ist nach § 15 BGB RC geschäftsunfähig.

In § 7 Abs. 1 Nr. 7 bis Nr. 9 PolSpendenG werden des weiteren Spenden von außerhalb des Geltungsbereiches dieses Gesetzes verboten. Damit der politische Wettbewerb nicht aus dem Ausland oder von Ausländern direkt manipuliert

364 § 14 WahlG: Alle Bürger, die das zwanzigste Lebensjahr vollendet haben und nicht entmündigt sind, sind Wahlberechtigte. Englische Übersetzung des Gesetztextes von § 14 WahlG ist unter: http://db.lawbank.com.tw/Eng/FLAW/FLAWDAT0201.asp, abgerufen am 19.11.2009, 17:20.

365 Die Bestimmungen über die Volljährigkeit in Taiwan sind nicht einheitlich. Die Volljährigkeit tritt gemäß BGB in Taiwan mit der Vollendung des 20. Lebensjahres (§ 12 BGB RC) ein, und tritt laut Strafgesetzbuch in Taiwan mit der Vollendung des 18. Lebensjahres (§ 18 StGB RC) ein. Hier bezieht sich die Definition der Volljährigkeit auf das Zivilrecht.

werden kann, sind Spenden aus dem Ausland (Nr. 7) nicht erlaubt. Spenden von Ausländern, von ausländischen juristischen Personen, von ausländischen Vereinen oder anderen ausländischen Institutionen sind unzulässig. Falls die Entscheidungsträger einer inländischen juristischen Person, eines Vereins oder eines anderen Instituts Ausländer, ausländische juristische Personen, ausländische Vereine oder andere ausländische Institutionen sind, sind politische Spenden solcher juristischen Personen, Vereine oder Institutionen ebenfalls nicht erlaubt. Ähnliche den Einschränkung in Nr. 7 sind Spenden aus der VR China, Hongkong oder Macau in Nr. 8[366] und Nr. 9[367] verboten. Die ausdrückliche Nennung dieser Gebiete erklärt sich aus dem weiterhin aufrechterhaltenen Anspruch der Republik China auf deren Zugehörigkeit zum Staatsgebiet.

Wer Entscheidungsträger gemäß § 7 Abs. 1 Nr. 7 bis Nr. 9 PolSpendenG ist, wird in § 7 Abs. 3 PolSpendenG erläutert. Demnach sind Spenden verboten, wenn der Vorstandssprecher eines Unternehmens oder einer juristischen Person Ausländer oder Bürger der VR China, Hongkongs oder Macaus ist, bzw. mehr als ein Drittel der Vorstandsmitglieder, Aufsichtsratsmitglieder oder Aktionärsvertreter Ausländer sind, oder wenn Ausländer oder Bürger der VR China, Hongkongs oder Macaus mehr als ein Drittel des Kapitals einer Aktiengesellschaft besitzen bzw. mehr als ein Drittel der Gesellschafter einer offenen Handelsgesellschaft, Kommanditgesellschaft, Gesellschaft mit beschränkter Haftung, einer anderen juristischen Person oder eines Vereins sind.

§ 7 Abs. 1 Nr. 10, 11 PolSpendenG richtet sich an Unternehmen, die zu Parteien ein besonderes Verhältnis haben. Demnach will der Gesetzgeber Spenden von parteieigenen Unternehmen oder von Unternehmen, an denen Parteien durch Investitionen beteiligt sind, verhindern. Weiterhin ist verboten, dass solche Unternehmen an Parteien, Wahlkandidaten oder politische Vereine spenden, die mit Firmen, die von einer Partei betriebenen werden oder in die eine Partei investiert hat, noch laufende Kaufverträge mit hohem Volumen geschlossen haben (Nr. 11).

366 § 7 Abs. 1 Nr. 8 PolSpendenG: Bürger und juristische Personen, Vereine oder andere Institutionen aus der Volksrepublik China, oder juristische Personen, Vereine oder anderen Institutionen, deren Entscheidungsträger Bürger, juristische Personen, Vereine oder andere Institutionen aus der Volksrepublik China sind. Englische Gesetzesübersetzung unter: http://db.lawbank.com.tw/Eng/FLAW/FLAWDAT01.asp?lsid=FL029130, abgerufen am 19.11.2009, 17:21.

367 § 7 Abs. 1 Nr. 9 PolSpendenG: Bürger und juristische Personen, Vereine oder andere Institutionen aus Hong Kong oder Macao, oder juristische Personen, Vereine oder anderen Institutionen, deren Entscheidungsträger Bürger, juristische Personen, Vereine oder andere Institutionen aus Hongkong oder Macao sind. Englische Gesetzesübersetzung unter: http://db.lawbank.com.tw/Eng/FLAW/FLAWDAT01.asp?lsid=FL029130, abgerufen am 19.11.2009, 17:21.

Diese Bestimmung soll vermutlich verhindern, dass parteieigene oder -relevante Unternehmen als Gegenleistung einen politischen Vorteil erwarten.

d) Sonderkonten

Nehmen Parteien, politische Vereine oder Wahlkandidaten politische Spenden entgegen, müssen diese nach § 10 PolSpendenG auf ein gesondertes Konto bei einer Bank eingezahlt werden. Jede politische Partei, jeder politische Verein und jeder Wahlkandidat darf nur ein Sonderkonto für politische Spenden eröffnen. Nach der Kontoeröffnung muss gemäß § 10 PolSpendenG i. V. m. § 4 Abs. 1 PolSpendenG dem Kontroll-Yuan Name und Adresse der Bank sowie Kontonummer und Kontoinhaber mitgeteilt werden. Nachdem der Kontroll-Yuan der Einrichtung des Sonderkontos zugestimmt hat, wird das Sonderkonto bekannt gegeben. Danach erst können die Berechtigten politische Spenden annehmen. Die angenommenen Spendengelder sollen die Parteien, die politischen Vereine bzw. die Wahlkandidaten innerhalb von 15 Tagen auf das Sonderkonto einzahlen. Die Auflösung oder die Veränderung der Konten bedarf der Zustimmung des Kontroll-Yuan.

e) Begrenzung der anonymen Spendenhöhe

Alle Parteien, politischen Vereine und Wahlkandidaten können Einzelspenden in Höhe bis zu 10 000 NTD (ca. 222 Euro) annehmen, auch wenn der Spender anonym bleibt (§ 14 Abs. 2 PolSpendenG). Übersteigt eine Einzelspende jedoch die Summe von 10 000 NTD und will der Spender anonym bleiben, dann darf sie nicht angenommen werden. Falls anonyme Spenden bereits angenommen wurden, müssen diese nach § 15 Abs. 1 PolSpendenG innerhalb von zwei Monaten dem Fiskus übergeben werden.

Darüber hinaus dürfen anonyme Spenden, die Parteien, politische Vereine oder Wahlkandidaten nach § 14 Abs. 2 PolSpendenG annehmen, 10 Prozent der gesamten Spendensumme eines Rechenschaftsberichts nicht überschreiten. Wird die Grenze von 10 Prozent überschrittenen, so dürfen die Empfänger den überschrittenen Anteil nicht behalten, sondern müssen ihn gemäß § 15 Abs. 4 PolSpendenG bei Vorlage des Rechenschaftsberichts an den Fiskus abführen.

f) Begrenzung der Spendenmethode und der Spendenhöhe

Eine Einzelspende in Höhe von mehr als 100 000 NTD (ca. 2 222 Euro) darf nur per Banküberweisung durchgeführt werden (§ 14 Abs. 2 PolSpendenG). Es darf also keine Geldspende von mehr als 100 000 NTD in Bargeld angenommen werden.

aa) Begrenzung der Spendenhöhe an Parteien und politische Vereine

In § 17 PolSpendenG ist die Begrenzung der Spendenhöhe an Parteien und politische Vereine geregelt. Jährlich kann jede Einzelperson bis zu einer Höhe von 300 000 NTD (ca. 6 666 Euro) an eine Partei oder einen politischen Verein spenden. Ein Unternehmen kann pro Jahr an eine Partei oder an einen politischen Verein in einem Umfang von bis zu 3 000 000 NTD (ca. 66 666 Euro) spenden. Ein Verein ist in der Lage, jährlich an eine Partei oder einen anderen politischen Verein in einer Höhe von bis zu 2 000 000 NTD (ca. 44 444 Euro) zu spenden (§ 17 Abs. 1 PolSpendenG). Obwohl eine Partei einer anderen Partei nach § 7 Abs. 1 Nr. 5 PolSpendenG nicht spenden darf, ist es dennoch nicht verboten, dass eine Partei einem anderen politischen Verein Spenden zukommen lässt. Die Höhe der Spenden einer Partei an einen politischen Verein ist in § 17 Abs. 2 PolSpendenG geregelt. Danach kann eine Partei jährlich an einen politischen Verein im Umfang von bis zu 2 000 000 NTD (ca. 44 444 Euro) spenden.

§ 17 Abs. 3 PolSpendenG setzt eine jährliche absolute Obergrenze der Spendenausgaben fest. Jeder private Spender darf jährlich an unterschiedliche Parteien und politische Vereine insgesamt bis zu 600 000 NTD (ca. 13 333 Euro) spenden. Spenden von Unternehmen an unterschiedliche Parteien und politische Vereine dürfen die Summe von 6 000 000 NTD (ca. 133 333 Euro) jährlich nicht überschreiten. Andere Vereine können jedes Jahr an Parteien und politische Vereine bis zu 4 000 000 NTD (ca. 88 888 Euro) spenden. Parteien können jährlich an verschiedene politische Vereine insgesamt bis zum 4 000 000 NTD (ca. 88 888 Euro) an Spenden vornehmen (§ 17 Abs. 3 PolSpendenG).

Dies hat zur Folge, dass eine Spendenannahme nach § 17 Abs. 1 PolSpendenG nur unter der Voraussetzung des § 17 Abs. 3 PolSpendenG geschehen kann. Damit können Parteien und politische Vereine jährlich von einem einzelnen privaten Spender bis zu 300 000 NTD (ca. 6 666 Euro), von einem Unternehmen bis zu 3 000 000 NTD (ca. 66 666 Euro) und von einem anderen Verein bis zu 2 000 000 NTD (ca. 44 444 Euro) als Spende nur dann annehmen, wenn die jährliche Gesamtspendensumme des jeweiligen privaten Spenders 600 000 NTD (ca. 13 333 Euro), des jeweiligen Unternehmens 6 000 000 NTD (ca. 133 333 Euro) oder des jeweiligen Vereins 4 000 000 NTD (ca. 88 888 Euro) nicht überschreitet.

Die Überprüfung, ob ein Spender die jährliche Höchstspendensumme überschreitet, obliegt gemäß § 15 Abs. 1 PolSpendenG den Parteien, den politischen Vereinen und den Wahlkandidaten selbst. Falls eine Überprüfung ergibt, dass ein Spender die Höchstgrenze für politische Spenden überschritten hat, so muss der Empfänger nach § 15 Abs. 1 S. 2 PolSpendenG innerhalb eines Monats das Spendengeld teilweise oder ganz an den Spender zurückgeben. Ist eine Rückgabe an den Spender nicht möglich, muss die Spende gem. § 15 Abs. 1 S. 3 PolSpendenG innerhalb von zwei Monaten an den Fiskus abgeführt werden.

bb) Begrenzung der Spendenhöhe an Wahlkandidaten

Niedrigere Höchstwerte gelten für Spenden an einzelne Wahlkandidaten. Laut § 18 Abs. 1 PolSpendenG kann eine Privatperson jährlich in einer Höhe von bis zu 100 000 NTD (ca. 2 222 Euro) an einen Wahlkandidaten spenden. Ein Unternehmen kann jedes Jahr bis zu einem Höchstbetrag von 1 000 000 NTD (ca. 22 222 Euro) an einem Wahlkandidaten spenden. Ein politischer Verein kann jedes Jahr eine Spende in einer Höhe von bis zu 500 000 NTD (ca. 11 111 Euro) an einen Wahlkandidaten geben.

Ähnlich wie in § 17 Abs. 3 PolSpendenG gibt es auch eine absolute Obergrenze der Spendenausgabe in § 18 Abs. 2 PolSpendenG. Jeder private Spender darf jährlich an unterschiedliche Wahlkandidaten insgesamt bis zu 200 000 NTD (ca. 4 444 Euro) spenden. Die Summe, die ein Unternehmen jährlich an unterschiedliche Wahlkandidaten spendet, darf 2 000 000 NTD (ca. 44 444 Euro) nicht überschreiten. Ein politischer Verein kann an einen Wahlkandidaten bis zu 1 000 000 NTD (ca. 22 222 Euro) pro Jahr spenden. Werden die jährlichen Höchstgrenzen von Spenden an Wahlkandidaten überschritten und wird dies von den Kandidaten bemerkt, müssen laut § 15 PolSpendenG die Spenden an den Spender zurückgegeben oder an den Fiskus abgeführt werden.

Obgleich es nach § 7 Abs. 1 Nr. 5 PolSpendenG einer Partei verboten ist, an einen Wahlkandidaten einer anderen Partei zu spenden, stellt sich die Frage, ob eine Partei an den eigenen Wahlkandidaten spenden darf. Sollte dies zu bejahen sein, tauchte in Ermangelung einer ähnlichen Regelung wie in § 17 Abs. 3 PolSpendenG das nächste Problem auf – wie viel eine politische Partei spenden darf und ob die Bestimmungen über die Spendenhöchstgrenze für politische Vereine auch auf Parteien anzuwenden sind.

Um die Frage zu erörtern, ob eine Partei an ihren eigenen Wahlkandidaten spenden darf, muss wir auf historische Dokumente zurückgegriffen werden. Aus diesen Dokumenten geht hervor, dass laut Definition die Trennung zwischen Parteien und politischen Vereinen in § 2 PolSpendenG seit dem Entstehen des Gesetzentwurfs beabsichtigt war. Der Begriff der Partei in § 2 PolSpendenG richtet sich zwar jetzt nach dem § 45 VereinsG, sollte sich aber später auf die Definition im Parteiengesetz beziehen, sobald dieses erlassen wird.[368] Dies hätte zur Folge, dass im Gesetz über politische Spenden der Begriff des politischen Vereins prinzipiell

368 內政部編，政治獻金法研訂實錄，2004，頁724。(Ministerium des Inneren (Hrsg.), Dokumente zur Debatte und zum Erlass des Gesetzes über politische Spenden, 2004, S. 724.)

nicht den der Partei umfasst. Darüber hinaus erfährt man in diesem Dokument, dass eine Debatte im Legislativ-Yuan darüber geführt wurde, ob eine Bestimmung zur Höchstgrenze von Spenden der Parteien an Wahlkandidaten eingeführt werden sollte. In der damaligen vorgeschlagenen Bestimmung wurde eine Grenze festgesetzt, wonach eine Partei bis zu einem Viertel der Wahlkampfkosten[369] an einen eignen Wahlkandidaten spenden kann.[370] Dieser Vorschlag wurde am Ende abgelehnt.[371] Durch diese Debatte im Legislativ-Yuan wurde eine begriffliche Trennung zwischen Partei und politischem Verein im Gesetz über politische Spenden festgelegt. Damit ist der Begriff der Partei nicht durch die Definition des politischen Vereins umfasst. Daraus resultiert, dass die Einschränkung in § 18 Abs. 1 Nr. 3 und Abs. 2 Nr. 3 PolSpendenG nicht auf den Fall anwendbar ist, dass eine Partei an den eigenen Wahlkandidaten spendet. Da es keine anderen Regelungen zur Beschränkung der Spenden an Wahlkandidaten der eigenen Partei gibt, können Parteien an einen oder mehrere Wahlkandidaten in der vorgeschriebenen Zeit unbegrenzt spenden.

§ 7 Abs. 1 Nr. 5 PolSpendenG verbietet zwar, dass eine Partei an andere Parteien oder an Wahlkandidaten anderer Partei spendet, die nicht der eigenen Partei angehören, lässt aber die Ausnahme zu, dass eine Partei an den mit einer anderen Partei gemeinsam vorgeschlagenen Wahlkandidaten spenden kann. Es bleibt die Frage, ob es eine Spendenhöchstgrenze für einen solchen Fall gibt. Obwohl der Gesetzgeber versucht, durch dieses Gesetz, per Definition, eine Trennung zwischen politischen Parteien und politischen Vereinen vorzunehmen, werden in der Praxis wegen Ermangelung einer Regelung die Parteien als politischen Vereinigungen betrachtet und schließlich als Verein eingestuft. Zum Schluss werden § 18 Abs. 1 Nr. 3 und Abs. 2 Nr. 3 PolSpendenG auf einen solchen Fall analog angewendet. Deshalb kann eine Partei jährlich bis zu 500 000 NTD (ca. 11 111 Euro) an einen oder bis zu 1 000 000 NTD (ca. 22 222 Euro) an mehrere mit einer anderen Partei gemeinsam vorgeschlagene Wahlkandidaten pro Jahr spenden.

369 Die Erklärung über Wahlkosten befindet sich in Abschnitt zum Präsidentenwahlverfahren.

370 Hingegen wurde keine Grenze für Spenden von Parteien an verschiedene eigene Wahlkandidaten festgesetzt.

371 內政部編，政治獻金法研訂實錄，2004，頁764, 770。(Ministerium des Inneren (Hrsg.), Dokument zur Debatte und zum Erlass des Gesetzes über politische Spenden, 2004, S. 764, 770.)

Grenz der Spendenhöhe Währung NTD

	an Partei		an politischer Vereinigung		an Wahlkandidaten	
Einzelperson	eine	300.000	eine	300.000	eine	100.000
	(vd.)	600.000	(vd.)	600.000	(vd.)	200.000
Unternehmen	eine	3.000.000	eine	3.000.000	eine	1.000.000
	(vd.)	6.000.000	(vd.)	6.000.000	(vd.)	2.000.000
Andere Verein	eine	2.000.000	eine	2.000.000	eine	500.000
	(vd.)	4.000.000	(vd.)	4.000.000	(vd.)	1 000.000
Partei	Unerlaubt		2.000.000		eigen Wahlkandidaten: uneingeschränkt	

(vd.) = Verschiedende

g) Weitere Beschränkungen bei Spenden für Wahlkandidaten

aa) Zeitliche Beschränkung

Im Gegensatz zu Parteien und politischen Vereinen können Wahlkandidaten nicht zu jeder Zeit, sondern nur in bestimmten Zeiträumen Spenden annehmen. Nach § 12 Abs. 1 PolSpendenG können Kandidaten für die Präsidenten- und Vizepräsidentenwahl nur in dem dafür bestimmten Zeitraum, beginnend mit einem Jahr vor Ablauf der Amtszeit des amtierenden Präsidenten bis einen Tag vor der anstehenden Präsidentenwahl, Spenden annehmen. Beispielsweise fand die Präsidentenwahl des Jahres 2008 am 22. März statt, und die Amtsperiode des Präsidenten begann am 20.05.2008. Deshalb konnten die Wahlkandidaten in der Zeit vom 20.05.2007 bis 21.05.2008 politische Spenden entgegennehmen. Während des Parlamentswahlkampfs dürfen die Wahlkandidaten, die sich an der Direktwahl beteiligen oder beteiligen wollen, in einem Zeitraum von zehn Monaten vor dem Ablauf der Legislaturperiode des Legislativ-Yuan bis einen Tag vor Beginn der Abgeordnetenwahl, Spenden annehmen. Beispielsweise fing die 7. Legislaturperiode am 01.02.2008 an, die Parlamentswahl fand am 12.01.2008 statt. Somit konnten die Kandidaten für die Abgeordnetenwahl vom 01.04.2007 bis 11.01.2008 politische Spenden annehmen. Im Falle einer Wahlwiederholung ist die Zeit, in der politische Spenden angenommen werden dürfen, nach § 12 PolSpendenG auf den Zeitraum von dem Tag der Ankündigung des Wahlkampfs (durch die zentrale Wahlkommission) bis einen Tag vor dem neuen Wahltermin beschränkt.

bb) Verwendung von Spenden nach dem Wahlkampf

In § 23 PolSpendenG gibt es weitere Einschränkungen bzgl. Spenden für Wahlkandidaten. Im Gegensatz zu politischen Parteien und politischen Vereinen können Wahlkandidaten nach dem Wahlkampf die Spendengelder nur noch in einem bestimmten Zeitraum verwenden. Laut § 23 Abs. 2 PolSpendenG müssen die Wahlkandidaten die restlichen Spendengelder an den Fiskus abführen, soweit sie diese binnen vier Jahren nach dem Wahlkampf noch nicht ausgeben haben.

In diesen vier Jahren können die Wahlkandidaten das Geld verwenden. Doch unterliegt die Verwendung der Spendengelder bestimmten Einschränkungen. Nach § 23 Abs. 1 PolSpendenG darf das Geld nicht einem gewerblichen oder betriebswirtschaftlichen Zweck dienen. Sie können nach dem Wahlkampf das Geld für Kosten ausgeben, die in Verbindung mit dem Wahlkampf stehen (Nr. 1). Alternativ können die Wahlkandidaten das restliche Geld an politische Vereine oder an die eigene Partei spenden (Nr. 2). Darüber hinaus können sie das Geld auch an Institutionen oder Vereine im Bereich der Bildung, der Kultur, der Gemeinnützigkeit oder Wohltätigkeit spenden (Nr. 3). Sie können die Spendengelder aber auch für einen weiteren Wahlkampf verwenden (Nr. 4). Im Falle von Nr. 2 und Nr. 3 kann der Wahlkandidat jährlich bis zum 2 000 000 NTD (ca. 44 444 Euro) an eine Institution oder ein Verein spenden.

h) Sanktionen

aa) Nicht berechtigte Annahme von Spendengeldern durch nicht Empfangsberechtigte

Nach § 5 PolSpendenG können nur politische Parteien, politische Vereine und die Wahlkandidaten politische Spenden annehmen. Personen oder Gruppen, die nicht zu diesen in § 5 PolSpendenG genannten Spendenempfängern gehören, dürfen keine politischen Spenden annehmen. Verstöße gegen diese Norm werden nach § 27 Abs. 1 PolSpendenG mit einem Bußgeld in doppelter Höhe der eingenommenen Spendengelder geahndet (§ 27 Abs. 1 PolSpendenG). Sind die zur Annahme der Spende nicht berechtigen Personen der Ehepartner, die Kinder oder Verwandte zweiten Grades des Wahlkandidaten, so wird ein Bußgeld in dreifacher Höhe des eingenommenen Spendengeldes erhoben (§ 27 Abs. 2 PolSpendenG). Zudem wird das illegal angenommene Spendengeld in beiden Fällen beschlagnahmt (§ 27 Abs. 3 PolSpendenG). Falls eine Konfiszierung der Spenden ganz oder teilweise nicht mehr möglich ist, wird eine Rückzahlung der Spendengelder in entsprechender Höhe angeordnet.

bb) Annahme von Spenden entgegen § 7 PolSpendenG

In § 7 Abs. 1 PolSpendenG gibt es viele Einschränkungen für die Annahme von politischen Spenden. Nimmt ein Wahlkandidat Spenden aus den in § 7 Abs. 1 Nr. 7 bis Nr. 9 PolSpendenG genannten Quellen an und führt diese nicht gem. § 15 Abs. 1 PolSpendenG an das Finanzamt ab, macht er sich nach § 25 Abs. 1 PolSpendenG strafbar und kann zu einer Gefängnisstrafe von bis zu fünf Jahren verurteilt werden. Falls eine politische Partei oder ein politischer Verein in eine solche Konstellation gerät, kann der Vorsitzende, der Vertreter oder das beteiligte Mitglied ebenfalls zu einer Haftstrafe von bis zu fünf Jahren verurteilt werden (§ 25 Abs. 2 PolSpendenG). Können sie jedoch den Nachweis erbringen, dass die Herkunft der Spenden nach § 7 Abs. 4 PolSpendenG bereits bei der zuständigen Behörde, dem Ministerium des Inneren, überprüft wurde, wird keine Haftstrafe verhängt. Allerdings wird das Spendengeld gemäß § 25 Abs. 4 PolSpendenG beschlagnahmt. Ist eine Beschlagnahmung der Spendengelder ganz oder teilweise nicht mehr durchführbar, so wird eine Rückzahlung in entsprechender Höhe gefordert.

Tritt eine Situation wie in § 7 Abs. 1 Nr. 1–6 und Nr. 10–11 PolSpendenG ein, sollen die Spendenempfänger nach § 15 Abs. 1 PolSpendenG die Spenden an die Spender zurückgeben. Wenn eine Rückzahlung nicht möglich ist, dann müssen die Spendenempfänger dem Fiskus die Spendengelder übergeben. Geschieht dies nicht innerhalb der gesetzlichen Frist von 2 Monaten, wird nach § 30 Abs. 1 PolSpendenG ein Bußgeld in Höhe von 200 000 NTD (ca. 4 444 Euro) bis 1 000 000 NTD (ca. 22 222 Euro) erhoben, es sei denn, dass ein Nachweis über die Durchführung der Überprüfung gemäß § 7 Abs. 4 PolSpendenG vorgelegt werden kann. Das Bußgeld kann mehrmals erhoben werden, bis die illegale Spende dem Fiskus übergeben wird.

cc) Spendenannahme ohne Sonderkonto

Nimmt ein Wahlkandidat Spenden entgegen, die nicht konform sind mit § 10 Abs. 1 PolSpendenG, so kann er zu einer Haftstrafe von bis zur drei Jahren oder einer Geldstrafe in Höhe von 200 000 NTD (ca. 4 444 Euro) bis 1 000 000 NTD (ca. 22 222 Euro) verurteilt werden (§ 26 Abs. 1 PolSpendenG). Darüber hinaus wird die illegale Spende beschlagnahmt (§ 25 Abs. 1 PolSpendenG). Verstößt ein Vorsitzender, ein Vertreter oder ein Angestellter einer politischen Partei oder eines politischen Vereins gegen § 10 Abs. 1 PolSpendenG, kann er zu einer Haftstrafe und einer Geldstrafe nach Abs. 1 verurteilt werden (§ 26 Abs. 2 PolSpendenG). Die illegale Spende wird ebenfalls konfisziert.

dd) Annahme von Spenden außerhalb des gesetzlich geregelten Zeitraums

Der Wahlbewerber kann nur innerhalb der vorgegebenen Zeiträume politische Spenden annehmen. Nimmt er Spenden außerhalb des Zeitraums an, der in § 12 Gesetz über politische Spende geregelt ist, wird nach § 27 Abs. 1 PolSpendenG ein Bußgeld in zweifacher Höhe des angenommenen Spendengelds erhoben. Darüber hinaus wird die Spende, die der Wahlbewerber angenommen hat, beschlagnahmt. Im Fall einer Unmöglichkeit der Beschlagnahme wird nach § 27 Abs. 3 PolSpendenG eine Rückzahlung entsprechend des Wertes der Spende erhoben.

II. Staatliche Parteienfinanzierung

1. Unmittelbare staatliche Parteienfinanzierung – Wahlkampfkostenerstattung und -zuwendungen

Die unmittelbare staatliche Parteienfinanzierung hängt im Wesentlichen mit der Wahlkampffinanzierung zusammen. Damit wird zuerst das Wahlsystem dargestellt. Zu den wichtigsten Wahlen in Taiwan zählen die Präsidentenwahl, die Wahl der Abgeordneten des Legislativ-Yuan und die der Oberbürgermeister- bzw. der Abgeordneten des Stadtparlaments. Hier beschränkt sich die Diskussion auf die Ebene der Zentralregierung. Die Probleme auf lokale Ebene werden nicht behandelt.

a) Wahl des Präsidenten

aa) Verfassungsrechtliche Grundlage

Die Bestimmungen über die Präsidentenwahl in Art. 47 VRC und Art. 49 VRC werden nach der Verfassungsänderung durch Art. 2 EA ersetzt. Die maßgeblichen Bestimmungen über die Wahl zum Präsidenten sind in Art. 2 Abs. 1 EA enthalten, *Beginnend mit der Wahl des neunten Präsidenten und Vizepräsidenten im Jahr 1996 werden Präsident und Vizepräsident von der gesamten Bevölkerung des freien Gebietes der Republik China gewählt,* und in Art. 2 Abs. 6 S. 1 EA: *Die Amtszeit sowohl des Präsidenten als auch des Vizepräsidenten beträgt vier Jahre.* Daraus folgt, dass der Präsident und der Vizepräsident alle vier Jahre direkt von den Bürgern gewählt werden. Aufgrund dieser verfassungsrechtlichen Bestimmungen wurde das Gesetz über die Wahl und die Abwahl des Präsidenten und Vizepräsidenten (PräWG) erlassen.

bb) *Das Wahlverfahren*

i. Die zentrale Wahlkommission

Nach § 6 PräWG ist die zentrale Wahlkommission für die Organisation der Präsidentenwahl zuständig. Die zentrale Wahlkommission ist nach § 7 PräWG verantwortlich für (1) die Ankündigung der Wahl, (2) die Planung der Wahldurchführung, (3) die Anmeldung der Kandidaten, (4) die Überprüfung der Qualifikation der Kandidaten, (5) die Organisation und die Durchführung der TV-Debatte zwischen den Kandidaten, (6) die Bekanntgabe des offiziellen Wahlergebnisses, (7) die Ausfertigung der Urkunde über den Wahlsieg und (8) die Wahlkampfkostenerstattung.

ii. Teilnahme an der Wahl

Aufgrund Art. 2 Abs. 1 S. 2 EA sollen die Bewerber um das Amt des Präsidenten und des Vizepräsidenten sich gemeinsam als Team bei der zentralen Wahlkommission anmelden: *Die Kandidaten für das Amt des Präsidenten und des Vizepräsidenten lassen sich gemeinsam registrieren und werden auf den Stimmzetteln als Paar geführt. Das Paar, das die meisten Stimmen auf sich vereint, gewinnt die Wahl.* Um bei der Präsidentenwahl zu kandidieren gibt es zwei Möglichkeiten: Durch die Nominierung einer Partei oder als parteiunabhängiger Kandidat (§ 21 Abs. 2 PräWG). Ein Kandidat sowohl für das Präsidentenamt als auch für das Amt des Vizepräsidenten muss bestimmte Voraussetzungen erfüllen. Jeder Bürger kann für das Amt des Präsidenten kandidieren, wenn er die Voraussetzungen des Art. 45 VRC und § 20 PräWG erfüllt: Er muss das vierzigste Lebensjahr vollendet haben, mehr als sechs Monate ununterbrochen in Taiwan leben und mehr als 15 Jahre seinen Hauptwohnsitz in Taiwan haben. Die Anwärter auf die Kandidatur müssen darüber hinaus in keine Angelegenheiten nach §§ 26[372] und

372 § 26 PräWG:
Eine Person kann unter einer der folgenden Bedingungen nicht als Kandidat für das Amt des Präsidenten oder Vizepräsidenten eingetragen werden:
1. Wer nach der Kriegszeit wegen des Verbrechens des Aufstandes oder einer Straftat gemeinsam mit ausländischen Rebellen verurteilt wurde,
2. Wer wegen des Verbrechens der Korruption verurteilt wurde,
3. Wer eine vollendete oder versuchte Straftat nach den §§ 84 Abs. 1, 2; 85 Abs. 1 S. 1 dieses Gesetzes oder eine vollendete Straftat nach den §§ 86 Abs. 1; 87 Abs. 1 S. 1; 88 Abs. 1; 89 Abs. 1 dieses Gesetzes oder eine vollendete oder versuchte Straftat nach den §§ 89 Abs. 1, 2; 90 Abs. 1 S. 1 des Wahlgesetzes oder eine vollendete Straftat nach §§ 90–1 Abs. 1; 91 Abs. 1 S. 1; 91–1 Abs. 1 Wahlgesetz oder eine Straftat nach den §§ 142, 144 StGB begangen hat und deswegen verurteilt wurde,

27[373] PräWG verwickelt sein. Falls die Anwärter auf die Kandidatur die Voraussetzung gemäß § 20 PräWG erfüllen und in keine der in §§ 26 und 27 PräWG genannten Tatbestände verstrickt sind, haben sie die Möglichkeit durch das in § 21 Abs. 2 PräWG geregelte Verfahren, offizielle Kandidaten zu werden.

(1) Nominierung durch eine Partei

Erfüllen die Bewerber um eine Kandidatur die oben erwähnten Voraussetzungen, können sie von einer Partei oder mehreren Parteien gemeinsam nominiert werden. Eine Partei darf nur jeweils einen Präsidentschaftskandidaten und Vize-Präsidentschaftskandidaten aufstellen. Falls eine Partei mehrere Kandidatenpaare vorschlägt, nimmt die zentrale Wahlkommission nur das erste angemeldete Kandidatenpaar dieser Partei an. Die anderen Kandidaten auf der Kandidaten-

---

4. Wer wegen eines Verstoßes gegen das Gesetz zur Prävention organisierter Kriminalität verurteilt wurde,
5. Wer eine Straftat begangen hat, die nicht in den Nrn. 1 bis 4 genannt ist, und deswegen zu einer Freiheitsstrafe verurteilt wurde, aber seine Haftstrafe entweder noch nicht angetreten hat oder bereits in Haft ist oder vorzeitig aus der Haft entlassen wurde und für den der Rest der Freiheitsstrafe zur Bewährung ausgesetzt wurde,
6. Wer noch nicht rechtskräftig zum Tode, lebenslanger Haft oder mehr als zehn Jahren Freiheitsstrafe verurteilt wurde,
7. Wer rechtskräftig zu Zwangsarbeit aufgrund einer Rehabilitationsmaßnahme verurteilt wurde, aber das Urteil noch nicht vollstreckt wurde oder sich aufgrund des Urteils in Zwangsarbeit befindet oder wenn nach der Zwangsarbeit noch nicht zehn Jahre vergangen sind,
8. Wer aufgrund einer Rehabilitationsmaßnahme rechtskräftig zu etwas anderem als Zwangsarbeit verurteilt wurde, das Urteil aber noch nicht vollstreckt wurde oder sich aufgrund des Urteils in einer Maßnahme befindet,
9. Wer sich in Insolvenz befindet und das Insolvenzverfahren noch nicht abgeschlossen ist,
10. Wer aufgrund eines Gesetzes aus dem öffentlichen Dienst entlassen oder von diesem suspendiert wurde,
11. Wessen Bürgerrechte aberkannt wurden,
12. Wer entmündigt wurde.

Eine englische Übersetzung des § 26 des Gesetzes über die Wahl und die Abwahl des Präsidenten und Vizepräsidenten ist online verfügbar. Abgerufen am 19.11.2009, 22:50, unter: http://db.lawbank.com.tw/Eng/FLAW/FLAWDAT01.asp?lsid=FL004999

373 § 27 Abs. 1 PräWG:
Folgende Personen können nicht als Kandidat für das Amt des Präsidenten oder Vizepräsidenten eingetragen werden:
1. Soldaten,
2. Personen, die für Angelegenheiten der Präsidentenwahl zuständig sind,
3. Personen, die die Staatsangehörigkeit eines anderen Landes besitzen.Eine englische Übersetzung des § 27 des Gesetzes über die Wahl und die Abwahl des Präsidenten und Vizepräsidenten ist online verfügbar. Abgerufen am 19.11.2009, 22:50, unter: http://db.lawbank.com.tw/Eng/FLAW/FLAWDAT01.asp?lsid=FL004999

liste dieser Partei werden nicht berücksichtigt. Nach der Nominierung durch die Partei, müssen die Kandidaten nach Ankündigung ihrer Kandidatur einen Antrag auf Zulassung als Präsidentschaftskandidaten bei der zentralen Wahlkommission stellen. Dem Antrag soll der sich um eine Kandidatur Bewerbende eine Nominierungsakte der Partei beifügen, die den vom Innenministerium anerkannten Parteistempel trägt (§ 22 Abs. 1 S. 1 PräWG).

Einschränkungen gibt es nicht nur bei der Anzahl der vorgeschlagenen Kandidatenpaare, sondern auch bei der Qualifikation der Parteien, die Kandidaten vorschlagen können. Alle politischen Parteien können zwar prinzipiell nach dem VereinsG ihre Kandidaten für die Wahlen vorschlagen, der Gesetzgeber macht jedoch eine Einschränkung. Nach § 22 Abs. 2 S. 1 PräWG können nur solche Parteien Präsidentschaftskandidaten nominieren, deren vorgeschlagene Kandidaten mehr als fünf Prozent der gesamten gültigen Stimmen bei der letzten Präsidentschaftswahl oder bei der Parlamentswahl bekommen haben. Damit kann eine Partei dann keinen Kandidaten zur Präsidentenwahl vorschlagen, wenn bei der letzten Wahl alle ihre vorgeschlagenen Kandidaten insgesamt nicht mehr als fünf Prozent der Stimmen erhalten haben. Nominieren zwei oder mehrere Parteien gemeinsam einen Kandidaten für die Präsidentschaftswahl, müssen auch sie die Fünf-Prozent-Klausel in Satz 1 erreichen. Die erforderlichen Stimmen ergeben sich daraus, dass die Gesamtanzahl der Stimmen, die die von den Parteien vorgeschlagenen Kandidaten erhalten hatten, durch die Anzahl der Parteien dividiert wird.

(2) Selbstnominierung

Die andere Möglichkeit, um als Kandidat an der Präsidentenwahl teilzunehmen, ist die Selbstnominierung, welche jedoch erheblich schwieriger ist. Außer den Voraussetzungen von §§ 20, 26 und 27 PräWG müssen Wahlkandidaten noch weitere formelle Voraussetzungen erfüllen. Im Gegensatz zu den durch eine Partei nominierten Kandidaten müssen Kandidaten, die nicht von einer Partei aufgestellt werden, eine zusätzliche Prozedur durchlaufen, nämlich eine Unterschriftensammlung durchführen. Nach § 34 PräWG soll die zentrale Wahlkommission spätestens 120 Tage vor Ablauf der Amtszeit des amtierenden Präsidenten die Informationen zur anstehenden Wahl öffentlich machen, z. B. Wahlkreise und Wahltermin. Innerhalb von fünf Tagen nach Ankündigung der Wahl müssen sich die parteiungebundenen Kandidaten bei der zentralen Wahlkommission melden, um die Unterschriftensammlung einzuleiten (§ 23 PräWG). Bei der Anmeldung zur Unterschriftensammlung müssen sie gleichzeitig eine Kaution in Höhe von 1 000 000 NTD (ca. 22 222 Euro) hinterlegen. Nach der Anmeldung zur Unterschriftensammlung teilt die zentrale Wahlkommission zunächst den Beginn und den Zeitraum für die Unterschriftensammlung mit. Erhält der Kandidat im festgesetzten Zeitraum die Unterschriften von mindestens

1,5 Prozent der Wähler der letzten Präsidenten- oder Parlamentswahl (§ 22 Abs. 2 und Abs. 4 PräWG), so hat er später die Möglichkeit zu kandidieren. Die hinterlegte Kaution wird zurückgezahlt, wenn der Kandidat durch die Unterschriftensammlung gemäß § 22 Abs. 5 PräWG die Hälfte der in Abs. 4 genannten Zahl erreicht. Das bedeutet, dass die Rückgabe der Kaution nur möglich ist, wenn die Anzahl der gesammelten Unterschriften mehr als 0,7 Prozent der Wählerschaft beträgt.

Bei der Unterschriftensammlung muss der Kandidat nach Vorgaben der zentralen Wahlkommission ein Unterschriftenverzeichnis anlegen. Jeder Wähler kann für ein Team aus Präsidentschafts- und Vize-Präsidentschaftskandidaten unterschreiben. Unterschreibt ein Wahlberechtigter für zwei oder mehrere Kandidatenteams, dann ist die Unterschrift dieses Wählers ungültig. Wenn der Wähler seine Unterschrift leistet, muss er eine Kopie des Personalausweises beifügen. Ist die Kopie des Personalausweises undeutlich, so dass die Personaldaten nicht erkennbar sind, dann zählt die Unterschrift des Wählers am Ende auch nicht. Die Unterlagen der Unterschriftensammlung müssen bis mindestens drei Monate nach der Wahl aufbewahrt werden (§ 22 Abs. 8 PräWG).

iii. Offizielle Anmeldung zur Kandidatur

Bis spätestens 50 Tage vor dem Wahltermin muss die zentrale Wahlkommission die Kandidatenanmeldung zur Wahl veröffentlichen (§ 34 Nr. 2 PräWG). Nach der Veröffentlichung können die Anwärter auf eine Kandidatur, sowohl die Parteienkandidaten als auch die unabhängigen Kandidaten, die Anträge auf die Kandidatur zur Wahl des Präsidenten bzw. des Vizepräsidenten bei der zentralen Wahlkommission einreichen. Der Zeitraum zur Anmeldung darf nicht weniger als fünf Tage sein (§ 34 Nr. 2 PräWG). Bei der Antragstellung muss jede Kandidatengruppe eine Kaution in Höhe von 15 Mio. NTD (ca. 333 333 Euro) hinterlegen. Die Erhebung der Kaution ist unabhängig davon, ob die Kandidaten von Parteien aufgestellt wurden oder nicht (§ 31 Abs. 1 PräWG). Die Kaution wird nach der Wahl zurückgegeben, sofern die Kandidaten bei der Wahl mehr als fünf Prozent der Stimmen erringen konnten.

Mit der Antragstellung sind die Bewerber offiziell für die Präsidentschafts- und Vize-Präsidentschaftswahl nominiert und können ihre Anmeldung zur Kandidatur nicht mehr zurückziehen. Auch Parteien, die Kandidaten aufgestellt haben, können ihren Vorschlag nicht mehr rückgängig machen (§ 30 Abs. 2 PräWG).

iv. TV-Debatte und Wahlwerbung

Bei der Präsidenten- und Vize-Präsidentenwahl ist die zentrale Wahlkommission dafür verantwortlich, dass die Kandidaten in einem nationalen Radio- oder

Fernsehsender die Möglichkeit erhalten, ihr politisches Programm in einer dreißigminütigen TV-Debatte vorzustellen. Die Kosten für die Ausstrahlung werden von der zentralen Wahlkommission übernommen. Kein Fernsehsender, egal ob öffentlich oder privat, kann die Ausstrahlung der TV-Debatte ablehnen (§ 45 Abs. 1 PräWG).

Darüber hinaus können Privatpersonen, Unternehmen oder Institutionen zu einer TV-Debatte auf einem nationalen Fernsehkanal einladen, wenn zwei oder mehrere Kandidatenteams einer TV-Debatte zustimmen. Die Fernsehsender können bei der zentralen Wahlkommission einen Antrag auf staatliche Zuschüsse stellen (§ 45 Abs. 2 PräWG). Solche privaten TV-Debatten, mit einer maximalen Redezeit von 30 Minuten je Präsidentschaftskandidat, können maximal drei Mal stattfinden. Bei den TV-Debatten spielen die Präsidentschaftskandidaten die Hauptrollen. Es kann zwar auch Debatten zwischen Vize-Präsidentschaftskandidaten stattfinden, jedoch beschränken diese sich, im Gegensatz zu den TV-Debatten der Präsidentschaftskandidaten, auf lediglich eine Vorstellung (§ 45 Abs. 3 PräWG). Für den Inhalt der öffentlichen Reden ist der jeweilige Kandidat verantwortlich (§ 45 Abs. 4 PräWG).

Den Radio- und Fernsehsendern ist es erlaubt, den Parteien oder den Kandidaten die entgeltliche Ausstrahlung eines Wahlwerbespots anzubieten. Die Parteien und die Kandidaten müssen von den Radio- und Fernsehsendern gleich und unparteiisch behandelt werden (§ 46 Abs. 1 PräWG). Die Radio- und Fernsehanbieter sollten in ihren politischen Magazinen, Nachrichtensendungen und Talkshows mit den Kandidaten auf eine Gleichbehandlung aller Kandidaten achten. (§ 46 Abs. 2 PräWG).

v. Einschränkungen im Wahlkampf

In § 48 bis § 52 PräWG gibt es Einschränkungen für die Kandidaten im Wahlkampf. § 48 PräWG gibt Vorschriften zu Wahlplakaten und anderer Wahlwerbung. Die schriftliche oder bildliche Wahlwerbung soll mit der Unterschrift der Kandidaten versehen sein. Die Parteien können auch Wahlplakate oder Wahlwerbung für ihre Kandidaten im Wahlkampf entwerfen, die ein deutliches Parteizeichen oder den Parteinamen enthalten. Wahlplakate oder Fahnen der Kandidaten bzw. der Parteien dürfen nicht am Straßenrand, auf Brücken, in Parkanlagen, in Schulen und in öffentlichen Gebäuden oder Einrichtungen aufgehängt werden, es sei denn, dass die Stadtregierung die Anbringung von Wahlplakaten an den oben genannten Orten erlaubt (§ 48 Abs. 2 PräWG). Die im Wahlkampf angebrachten Plakate, Fahnen usw. müssen innerhalb von sieben Tagen nach der Wahl beseitigt werden (§ 48 Abs. 4 PräWG). Bei einem Verstoß gegen § 48 Abs. 1 oder Abs. 2 PräWG wird der Kandidat oder der Parteivorsitzende mit einem Bußgeld in Höhe von 100 000 bis 1 000 000 NTD (zwischen 2 222 und 22 222 Euro) bestraft (§ 96 Abs. 5 und Abs. 1 PräWG). Darüber hinaus werden die an den unerlaubten Orten aufgehängten Plakate und Fahnen von dem Amt für Umweltschutz beseitigt (§ 96 Abs. 6 PräWG).

Auch für öffentliche Wahlveranstaltungen gibt es zeitliche Beschränkungen. Wahlveranstaltungen dürfen prinzipiell nur von 7 bis 22 Uhr stattfinden und am Wahltag überhaupt nicht (§ 50 Nr. 2 PräWG). Bei einem Verstoß gegen diese Bestimmung kann nach § 96 Abs. 4 PräWG ein Bußgeld in Höhe von 500 000 bis 5 000 000 NTD erhoben werden (zwischen 11 111 und 111 111 Euro).

In dem erlaubten Zeitraum sind aber nicht alle Wahlkampftätigkeiten zulässig. Reden, deren Inhalt Straftatbestände wie Beleidigung, Bedrohung oder Volksverhetzung erfüllt, sind nach § 49 PräWG i. V. m. Strafgesetz strafbar. Darüber hinaus ist es auch nicht zulässig, dass die Kandidaten Ausländer oder Personen aus der VR China, Hongkong oder Macao zum Auftritt bei Wahlkampfveranstaltungen einladen. Es ist nicht erlaubt, dass Ausländer oder Personen aus der VR China, Hongkong oder Macao in der Öffentlichkeit Reden zur Unterstützung irgendeiner Kandidatengruppe halten (§ 50 Nr. 4 PräWG). Laden die Kandidaten Ausländer oder Chinesen aus der VR, Hongkong oder Macao zu Auftritten bei Wahlkampfveranstaltungen ein, können sie nach § 96 Abs. 4 PräWG zu einem Bußgeld in Höhe von 500 000 bis 5 000 000 NTD (ca. zwischen 11 111 und 111 111 Euro) bestraft werden.

Eine weitere wichtige Bestimmung betrifft die Veröffentlichung von Wahlumfragen. Nachdem der Wahltermin feststeht und öffentlich bekannt gegeben wurde, können bis zehn Tage vor dem Wahltag Umfragen durchgeführt und veröffentlicht werden. Bei der Veröffentlichung der Umfrageergebnisse müssen Daten zu dem die Umfrage durchführenden Institut, zur angewandten Methode, der Anzahl der Befragten und der Finanzierung der Umfrage mitgeteilt werden. Zehn Tage vor dem Wahltermin dürfen jedoch keine Umfragen mehr durchgeführt und Ergebnisse früherer Umfragen weder bekannt gegeben noch kommentiert werden (§ 52 PräWG). Wer gegen diese Bestimmung verstößt, macht sich nach § 96 Abs. 4 PräWG strafbar und kann zu einem Bußgeld in Höhe von 500 000 bis 5 000 000 NTD verurteilt werden (von 11 111 bis 111 111 Euro).

vi. Besondere Einschränkungen – Begrenzung der Wahlkampfkosten

Eine Besonderheit im Wahlkampf ist die Begrenzung der Wahlkampfkosten. Die Kandidaten können für ihren Wahlkampf nicht so viel ausgeben, wie sie wünschen. Der Gesetzgeber hat eine Grenze für Wahlkampfkosten festgesetzt, die von der zentralen Wahlkommission bei Ankündigung des Wahlkampfs bzw. des Wahltermins bekannt gegeben wird. Beispielsweise hatte die zentrale Wahlkommission am 08.11.2007 den Wahlkampfbeginn und Wahltermin für die Präsidentenwahl 2008 bekannt gegeben. Gleichzeitig wurde die Grenze der Wahlkampfkosten in Höhe von 420 955 000 NTD festgelegt (ca. 9 354 555 Euro). Dieser Betrag wird nicht willkürlich von der zentralen Wahlkommission festgesetzt, sondern wird nach der in § 38 PräWG vorgegebene Methode berechnet. Der Höchstbetrag der Wahlkampfkosten wird nach § 38 Abs. 2 PräWG nach folgender Formel berechnet: Gesamte Bevölkerungszahl * 70 % * 20,00 NTD + 100 000 000 NTD. Die Summe wird auf die Tausenderstelle aufgerundet. Die Gesamtzahl der Bevölkerung ergibt sich aus der Statistik, deren Erhebung nicht länger als ein halbes Jahr vor dem Wahltermin zurückliegen darf.

vii. Votum und Wahlergebnis

Beim Votum sollen die in Art. 129 VRC festgelegten Prinzipien befolgt werden: *Die verschiedenen Arten von Wahlen, die diese Verfassung festlegt, werden, soweit diese Verfassung nichts anderes bestimmt, durch allgemeine, gleiche, direkte und geheime Stimmabgabe durchgeführt.* Diese Prinzipien werden in § 2 PräWG wiederholt.

Um eine allgemeine und gleiche Wahl zu ermöglichen, wird in Art. 130 S. 1 VRC bestimmt: *Wahlberechtigt gemäß den gesetzlichen Bestimmungen ist jeder Bürger der Republik China, der das zwanzigste Lebensjahr vollendet hat.* Es wird in § 11 PräWG wiederholt: *Wahlberechtigt ist jeder Bürger der Republik China, der das zwanzigste Lebensjahr vollendet hat, es sei denn, dass der Bürger als entmündigten erklärt wurde und diese Erklärung noch nicht aufgehoben wurde.* § 12 PräWG schränkt ein, dass ein nach § 11 PräWG Wahlberechtigter nur dann wählen darf, wenn er am Tag der Wahl bereits mehr als sechs Monate in Taiwan wohnt. So zählen alle Bürger, die mindestens 20 Jahre alt sind und seit mehr als sechs Monaten in Taiwan ihren Wohnsitz haben, zu den stimmberechtigten Wählern.

Bis zwei Tage vor dem Wahltermin müssen die Wahlbenachrichtigung und das Mitteilungsblatt jedem Wähler zugestellt sein. Am Wahltag müssen die Wähler den Personalausweis, den persönlichen Stempel[374] und die Wahlbenachrichtigung mitbringen und zu dem zugeteilten Wahllokal gehen. Die Wahllokale müssen nach § 53 Abs. 1 PräWG in angemessenen öffentlichen Einrichtungen, wie Instituten oder Schulen, untergebracht sein. Damit ein Wähler den Stimmzettel nicht

374 Der persönliche Stempel wird im Alltag nicht wenig verwendet, bei dem Empfang der Einschreibung von Post, bei der Angelegenheit von Bankkonten, und bei Kaufvertrag von unbewegliche Sache usw. Der Stempel kann durch die Unterschrift ersetzt werden. Laut § 14 Abs. 2 PräWG ist es zulässig, dass die Wähler im Wählerverzeichnis unterschreiben oder ihren Fingerabdruck darauf machen. In der Praxis bringen die Wähler meistens ihren persönlichen Stempel mit.

mehrmals erhält, werden seine Angaben überprüft und schließlich im Wählerverzeichnis mit dem persönlichen Stempel bestätigt.

Nach der Prüfung der Wählerdaten, der Abgabe der Wahlbenachrichtigung und dem Abstempeln oder dem Unterschreiben auf dem Wählerverzeichnis wird dem Wähler der Stimmzettel ausgehändigt. Um das Prinzip der geheimen Wahl zu gewährleisten, geht der Wähler alleine in eine Wahlkabine und kennzeichnet unbeobachtet mit dem durch die zentrale Wahlkommission vorbereiteten Stempel auf dem Stimmzettel ein Kandidatenteam. Falls der Wähler wegen einer körperlichen Behinderung den Stimmzettel nicht alleine ausfüllen kann, darf er ausnahmsweise von einem Familienangehörigen begleitet werden. Steht kein Familienangehöriger zur Verfügung, so kann der behinderte Wähler um zwei Mitarbeiter des Wahllokals bitten, die ihn in die Wahlkabine begleiten. Egal ob Familienangehöriger oder Mitarbeiter des Wahllokal, sie sind nur Begleiter und Helfer und dürfen den behinderten Wähler in seiner Wahlentscheidung nicht beeinflussen (§ 14 Abs. 4 PräWG).

Das Prinzip der geheimen Wahl erlaubt gemäß § 59 Abs. 2 PräWG nicht, dass der Wähler nach dem Kennzeichnen den Stimmzettel anderen Personen zeigt. Bei Verstoß gegen § 59 Abs. 2 PräWG kann ein Wähler nach § 91 PräWG zu einer Haftstrafe von bis zu zwei Jahren oder zu einer Geldstrafe von bis zu 200 000 NTD (ca. 4 444 Euro) verurteilt werden. Umgekehrt ist es ebenfalls nicht erlaubt, z. B. mit versteckten Kameras die Stimmabgabe auszuspionieren. Nach § 61 Abs. 4 PräWG i. V. m. § 93–1 Abs. 2 PräWG kann bei Zuwiderhandlung eine Haftstrafe von bis zu fünf Jahren oder eine Geldstrafe von bis zu 500 000 NTD (11 111 Euro) verhängt werden.[375]

Nach Wahlschluss wird normalerweise die Wahlurne nicht abtransportiert, sondern gemäß § 53 Abs. 3 PräWG folgt die Auszählung der Stimmen vor Ort im Wahllokal. Das Prinzip der Zählwertgleichheit der Stimmen muss eingehalten werden. Das Kandidatenteam, das bei einfacher Mehrheit die meisten gültigen Stimmen auf sich vereinigen kann, wird von der zentralen Wahlkommission zum Wahlsieger erklärt und erhält eine offizielle Bestätigung über den Wahlsieg (§ 66 PräWG). Wenn zwei oder mehrere Kandidatenteams gleich viele gültige Stimme erhalten haben, muss eine zweite Wahl innerhalb von 30 Tagen nach dem ersten Wahlgang stattfinden (§ 63 Abs. 1 S. 2 PräWG). Falls nur ein Kandidatenteam an der Stichwahl teilnimmt, so wird dieses zum Wahlsieger erklärt, wenn es mehr als 20 Prozent der gültigen Stimmen erringt (§ 63 Abs. 2 S. 1 PräWG). Erhält es keine 20 Prozent der gültigen Stimme, so müssen innerhalb von drei Monaten nach dem Wahlgang Neuwahlen angesetzt

375 Für den Fall einer anderen Verhinderung an der Wahl oder Einflussnahme auf den freien Willen der Wähler wird die Strafe in § 79 ff. PräWG geregelt.

werden (§ 63 Abs. 2 S. 2 PräWG). Eine Stimme ist als gültig, sofern sie nicht aus einem der in § 60 PräWG genannten Gründe ungültig ist: es wurden mehr als ein Kandidatenteam gekennzeichnet; die Kennzeichnung kann nicht eindeutig einem Kandidatenteam zugeordnet werden; es befindet sich eine Unterschrift, ein Stempel- oder Fingerabdruck oder ein Wort bzw. Zeichen auf dem Stimmzettel; der Stimmzettel ist zerrissen; oder die Kennzeichnung erfolgte nicht mit dem durch die zentrale Wahlkommission bereitgestellten Stempel. Damit wird ein Stimmzettel auch ungültig, wenn der Wähler einfach auf dem Stimmzettel angekreuzt hat.[376]

cc) Direkte staatliche Zuschüsse

20 Tage nach Bekanntgabe der Wahlsieger muss die zentrale Wahlkommission die Höhe der Wahlkampfkostenerstattung berechnen und die Parteien bzw. die Kandidatenteams darüber informieren. Die Kandidatenteams erhalten nach der Wahl die Wahlkampfkosten von der zentralen Wahlkommission zurückerstattet, wenn sie mehr als ein Drittel der Stimmzahl der Wahlsieger errungen haben. Im Jahr 2008 hat der Wahlsieger 7 659 014 Stimmen erhalten. Konnte ein Kandidatenteam mehr als ein Drittel der 7 659 014 Stimmen auf sich vereinen, so bekommt es 30 NTD pro erhaltene Stimme (§ 41 Abs. 1 PräWG). Bei Erreichen dieses Quorums können die parteiunabhängigen Kandidatenteams diese Subvention vom Staat für sich erhalten. Handelt es sich um ein von der Partei nominiertes Kandidatenpaar, so geht der Zuschuss an die Partei und nicht an die Kandidaten. Stellen zwei oder mehrere Parteien ein Kandidatenpaar, erhalten die Parteien gemeinsam die Wahlkampfkostenerstattung. Die Subvention wird aber nicht unbegrenzt gezahlt, sondern nur bis zur Höhe der tatsächlichen Wahlkampfkosten (§ 41 Abs. 1 PräWG). Damit ist die von der Wahlkommission verkündete Summe der Wahlkampfkosten die absolute Obergrenze der Wahlkampfkostenerstattung.

a) Die Wahl des Parlaments

aa) Das Wahlverfahren

Nach der 7. Verfassungsänderung im Jahr 2005 wurde das System der Parlamentswahl reformiert. Dabei wurde gemäß Art. 4 Abs. 1 EA die Zahl der Parlamentssitze

376 Am 22.03.2008 fand die letzte Präsidentenwahl statt. Unter den 22 925 311 Einwohnern Taiwans gibt es 17 321 622 Wähler, zwei Kandidatenpaare traten an. 13 221 709 Personen gingen zur Wahl (76,33 %). Von den abgegebenen Stimmen waren 117 646 Stimmen ungültig. Die Daten stammen von der Website der zentralen Wahlkommission. Abgerufen am 24.09.2009, 18:10, unter: http://210.69.23.140/cec/vote421.asp?pass1=A2008A0000000000aaa

von 225 auf 113 Sitze verringert, die Legislaturperiode aber von drei auf vier Jahre verlängert. Von den 113 Sitzen sind 73 Sitze für Direktmandate, sechs Sitze für die Vertreter der Urbewohner und 34 Sitze für die Abgeordneten ohne Wahlkreis und in Übersee vorgesehen, die nach Art. 4 Abs. 2 EA in einer Verhältniswahl gewählt werden. Dies weist darauf hin, dass es sich bei Art. 4 Abs. 1 EA in Verbindung mit Art. 4 Abs. 2 EA um ein Zwei-Stimmen-Wahlsystem handelt. Eine solche Verfassungsänderung führte zur Reform des Wahlsystems und schließlich zur Reform des Gesetzes über die Wahl und Abwahl der politischen Ämter.

i. Die Wahlberechtigten

Wahlberechtigte sind nach Art. 130 S. 1 VRC alle Bürger, die das zwanzigste Lebensjahr vollendet haben. Laut § 14 WahlG hat ein Bürger keine Wahlberechtigung, wenn er entmündigt ist. Eine weitere Einschränkung ist, dass der Wähler vor Ankündigung der Wahl bereits mehr als vier Monate in dem Wahlkreis wohnen muss, in dem er wählt (§ 15 Abs. 1 WahlG). Erfolgt ein Wohnungsumzug nach Bekanntgabe des Wahltermins in einen anderen Wahlkreis, dann darf der Bürger nach § 15 Abs. 2 WahlG sein Wahlrecht nicht ausüben. Die Wahlberechtigten für die Wahl der Vertreter der Ureinwohner müssen der Urbevölkerung angehören (§ 16 WahlG).

ii. Die Direktmandate

Bei der ersten Stimme geht es um die 73 Sitze für die Direktmandate und die sechs Sitze für die Abgeordneten der Urbewohner. Aufgrund Art. 4 Abs. 2 S. 1 EA, der festlegt, dass in jedem Wahlkreis ein Direktmandat gewählt wird, wurde Taiwan in 73 Wahlkreise aufgeteilt. Zur Wahl stellen darf sich gemäß Art. 130 VRC und § 24 Abs. 1 S. 1 WahlG jeder Bürger, der das dreiundzwanzigste Lebensjahr vollendet hat. § 24 Abs. 1 S. 1 i. V. m. §§ 13 und 14 WahlG fordert weiter, dass die Wahlkandidaten in ihrem Wahlkreis mehr als vier Monate wohnen. Wer gemäß §§ 26 und 27 wegen einer Revolte, Korruption oder zu einer in §§ 142 und 144 StGB RC genannten Strafe verurteilt wurde, wer entmündigt oder wem das Wahlrecht entzogen wurde, darf nicht kandidieren (§ 26 WahlG). Außerdem dürfen Soldaten, Zivildienstleistende, Studenten einer militärischen Hochschule, haupt- und ehrenamtliche Mitarbeiter der Wahllokale und Mitglieder der Wahlkommission ebenfalls nichts kandidieren (§ 27 WahlG). Die Wahlkandidaten für die Wahl zu den Vertretern der Ureinwohner müssen Angehörige der Urbevölkerung sein (§§ 16 und 24 Abs. 1 WahlG).

Falls die Wahlkandidaten alle Voraussetzung erfüllen, können sie nach der Ankündigung der Wahlbeteiligung bei der zentralen Wahlkommission einen

Antrag auf Anmeldung zum Wahlkampf zur Abgeordnetenwahl stellen. Anderes als bei der Präsidentenwahl müssen die freien Kandidaten nicht die Prozedur einer Unterschriftensammlung durchlaufen. Deshalb gibt es kein Vorverfahren zur Anmeldung. Bei der Anmeldung müssen die Wahlkandidaten aber ebenfalls eine Kaution bezahlen, deren Höhe nach § 32 Abs. 1 WahlG von der zentralen Wahlkommission vorher bekannt gegeben wird. Im Jahr 2008 musste eine Kaution i. H. v. 200 000 NTD hinterlegt werden. Die Kaution wird einbehalten, wenn der Kandidat weniger als zehn Prozent der gesamten Wählerstimmen seines Wahlkreises erhält (§ 32 Abs. 4 und Abs. 5 WahlG). Neben der Kaution müssen bei Antragstellung auch die erforderlichen Formulare und Dokumente vorgelegt werden. Die parteigebundenen Wahlkandidaten müssen außerdem eine Parteinominierungsakte dem Antrag beifügen, auf der ein vom Innenministerium anerkannter Parteistempel vorhanden sein muss (§ 28 Abs. 1 WahlG). Wird die Parteinominierungsakte erst nach Ablauf des Anmeldungszeitraums eingereicht, wird eine Kandidatur nicht mehr berücksichtigt (§ 28 Abs. 2 WahlG). Unabhängige Wahlkandidaten können nach der Anmeldung ihren Antrag nicht mehr zurückziehen. Anders als diese kann eine Partei vor dem Ablauf des Anmeldungszeitraumes die Parteinominierungsakte ihrer vorgeschlagenen Wahlkandidaten zurückziehen (§ 31 Abs. 2 WahlG).

iii. Kandidaten für die Verhältniswahl

Laut Art. 4 Abs. 1 EA sind 34 Sitze im Parlament den Abgeordneten ohne Wahlkreis und in Übersee vorbehalten. Nach Art. 4 Abs. 2 S. 2 EA ergeben sich diese 34 Sitze aus dem Verhältniswahlrecht. Die Parteien stellen ihre Kandidatenliste auf. Die Kandidaten, die auf die Liste für die Abgeordneten ohne Kreis oder auf die Liste für die Abgeordneten in Übersee eingetragen werden, müssen das dreiundzwanzigste Lebensjahr vollendet haben und dürfen zu keiner in §§ 26 und 27 WahlG genannten Strafe verurteilt worden sein. Zusätzlich dürfen die Kandidaten für die Überseemandate nicht in Taiwan wohnhaft sein und müssen seit mehr als acht Jahren ihren Wohnort außerhalb Taiwans haben (§ 24 Abs. 3 WahlG).

Nicht nur die Wahlkandidaten, sondern auch die Parteien unterliegen gewissen Einschränkungen. Nicht jede Partei darf ihre Kandidatenliste zur Wahl vorlegen. Die Parteien können eine Liste bei der Wahlkommission nur unterbreiten, wenn sie eine der in § 24 Abs. 4 WahlG festgelegten Vorrausetzungen erfüllen. Eine Möglichkeit ist, dass bei der letzten Präsidentenwahl das Kandidatenteam, das die Partei vorgeschlagen hatte, mehr als zwei Prozent der gültigen Stimmen erhielt. Falls zwei oder mehrere Parteien ein Kandidatenpaar nominiert hatten, so ergibt sich die Summe der gültigen Stimmen einer Partei daraus, dass alle gültigen Stimmen der gemeinsam nominierten Kandidaten durch die Anzahl der Parteien dividiert werden. Die alternative Möglichkeit ist, dass bei den letzten drei Abgeordnetenwahlen die parteiabhängigen Kandidaten ohne Wahlkreis und in Übersee eine Wahlquote von zwei Prozent erreicht hatten. Eine dritte Option ist, dass mehr als fünf Mitglieder einer Partei Abgeordnete des gegenwärtigen Parlaments sind. Die letzte Möglichkeit ist, dass eine Partei mehr als zehn Kandidaten für die Direktwahl und die Mandate für die Urbewohner bei dieser Wahl vorgeschlagen hat, und diese Kandidaten von der zentralen Wahlkommission angenommen wurden.

Die Parteien, die eine der oben genannten Voraussetzung erfüllt haben, können in der Anmeldungsfrist ihre Kandidatenliste vorstellen. Vor dem Ablauf der Anmeldungsfrist kann die Liste noch zurückgezogen oder verändert werden. Bei Einreichen der Liste wird auch die Kaution erhoben, die für jeden auf der Liste angeführten Kandidaten in Höhe von 200 000 NTD zu zahlen ist (§ 32 Abs. 2 WahlG). Diese Kaution wird nicht zurückgezahlt, wenn die Partei bei der Wahl keine Sitze für die Abgeordneten ohne Wahlkreis und in Übersee erhalten hat (§ 32 Abs. 3 WahlG).

iv. Das Wahlergebnis

Anders als in Deutschland erhalten die Wähler in Taiwan bei der Parlamentswahl zwei Stimmzettel. Der eine ist für die 73 Direktmandate, der andere für die Zweitstimme, 34 Sitze. Für die Wähler aus der Urbevölkerung gilt die Erststimme den Abgeordneten der Urbewohner. Wer in seinem Wahlkreis die meisten gültigen Stimmen bekommt, ist der Wahlsieger in seinem Wahlkreis (§ 67 Abs. 1 WahlG). Auf dem zweiten Stimmenzettel gibt der Wähler seine Stimme der Partei, die er favorisiert.

In Art. 4 Abs. 2 S. 2 EA ist eine Fünf-Prozent-Klausel festgeschrieben, gemäß derer die Parteien, die weniger als fünf Prozent der gültigen Zweitstimmen erhalten, keine Möglichkeit haben, an der Sitzverteilung über die Zweistimme beteiligt zu werden. Es wird also zuerst berechnet, wie viele Zweitstimmen eine Partei prozentual erhalten hat. Diese Stimmen werden durch die Gesamtsumme der Zweitstimme aller Parteien dividiert. Beispielsweise hatte eine Partei, die TSU, im Jahr 2008 344 881 Stimmen von allen gültigen 9 780 573 Stimmen[377] erhalten, was folglich nur 3,5 Prozent entspricht. Damit konnte die TSU nicht an der Sitzverteilung über die Zweitstimmen teilnehmen.

Die endgültige Berechnung der Sitzverteilung erfolgt nach § 67 Abs. 2 WahlG. Demnach ergibt sich der prozentuale Anteil für die Partei, die die 5-Prozent-Hürde genommen hat, dadurch, dass die Stimmen dieser Partei durch alle Stimmen der

377 Die Daten stammen von der zentralen Wahlkommission. Abgerufen am 19.11.2009, 23:37, unter: http://210.69.23.140/cec/vote412.asp?pass1=B2008000000000aaa

Parteien geteilt wird, die ebenfalls mindestens fünf Prozent der Wählerstimmen erhalten haben. Bei der Parlamentswahl 2008 haben nur die KMT (51,23 %) und die DPP (36,91 %) die Fünf-Prozent-Hürde genommen. Demnach berechnete sich z. B. der endgültigen Prozentsatz der DPP für die Sitzverteilung wie folgt: die Stimmen der DPP (3 610 106) dividiert durch die Gesamtsumme der Stimmen von DPP (3 610 106) und KMT (5 010 801) ergibt 41,88 %. Der prozentuale Anteil der KMT lag damit bei 58,12 %.

Nach § 67 Abs. 2 Nr. 2 WahlG erfolgt die Sitzverteilung für die DPP auf Grundlage der gerundeten 41 %. Damit erhält die DPP 41 % * 34 Sitze = 13,94, also 13 Sitze. Die KMT erhält 58 % * 34 Sitze = 19,72, also 19 Sitze. Es bleiben aber noch zwei Sitze zu vergeben. Diese beiden Sitze werden nach § 67 Abs. 2 Nr. 3 WahlG nach der Höhe der Nachkommastelle aus der vorstehenden Berechnung vergeben. Die DPP hat mit 0,94 eine höhere Nachkommastelle als die KMT. Damit erhält die DPP zuerst einen Sitz, gefolgt von die KMT, die ebenfalls einen Sitz erhält. Am Ende bekommt KMT 20 Sitze für die Abgeordnete ohne Kreis und in Übersee und DPP 14 Sitze.

In Art. 4 Abs. 2 S. 2 EA ist bei der Sitzverteilung eine Frauenquote festgelegt, nach der mindestens die Hälfte der auf eine Partei entfallenden Sitze von Frauen besetzt werden müssen. Damit erhalten z. B. Frauen zehn Sitze von den insgesamt 20 auf die KMT entfallenen Mandaten. Im Prinzip erfolgt die Sitzverteilung nach § 67 Abs. 4 S. 1 WahlG nach der Kandidatenliste. Beträgt der Frauenanteil aber weniger als der verfassungsmäßig vorgeschriebene Prozentsatz, so werden die Kandidatinnen, die auf der Kandidatenliste auf hinteren Listenplätzen stehen, vorgezogen. Falls die Anzahl der gelisteten Kandidatinnen nicht ausreicht, um die verfassungsrechtlich geforderte Quote zu erreichen, so kann die entsprechende Partei nicht alle verteilten Sitze erhalten. Hierzu ein Beispiel: Die KMT soll theoretisch 20 Sitze erhalten und davon sind zehn Sitze für Frauen reserviert. Falls nun die Kandidatenliste der KMT insgesamt 30 Kandidaten umfasste und davon sieben Kandidatinnen wären, so erhielte die KMT am Ende drei Sitze nicht, weil sie nicht genug Kandidatinnen auf ihrer Liste vorgeschlagen hätte, und schließlich die Frauenquote nicht hätte erfüllt werden können.

bb) Staatliche Zuschüsse

i. Für Kandidaten

Bei der direkten staatlichen Subvention von Parlamentswahlen unterscheidet man nach Zuschüssen für Kandidaten und für Parteien. Nach § 43 Abs. 1 WahlG wird ein Kandidat, der in direkter Wahl gewählt wird, mit 30 NTD pro Stimme durch öffentliche Mittel unterstützt, wenn er ein Drittel der Stimmen des Wahlsiegers in seinem Wahlkreis erreicht. Diese Wahlkampfkostenerstattung darf aber nicht höher sein als die tatsächlichen Wahlkampfkosten. Die Beschränkung der Wahlkampfkosten ist in § 41 Abs. 2 WahlG geregelt. Demnach berechnen sich die maximal zulässigen Wahlkosten eines an der Direktwahl teilnehmenden Kandidaten folgendermaßen: die Einwohnerzahl eines Wahlkreises * 70 % * 30 NTD + 10 000 000 NTD. Da die Einwohnerzahl in jedem Wahlkreis unterschiedlich hoch ist, fallen auch die Wahlkampfkosten ungleich aus. Die Wahlkampfkosten jedes Wahlkreises werden von der zentralen Wahlkommission bei Wahlankündigung bekannt gegeben. Die qualifizierten Kandidaten können innerhalb von drei Monaten nach der Wahl gemäß § 43 Abs. 3 WahlG die Subvention von der zentralen Wahlkommission erhalten.

ii. Für Parteien

Neben der Wahlkampfkostenerstattung an die Kandidaten ist auch der staatliche Zuschuss an die Parteien in § 43 Abs. 6 WahlG geregelt. Anders als die anderen Zuschüsse wird die staatliche Zuwendung an die Parteien jährlich gewährt, obwohl auch diese im Gesetz als Wahlkampfkostenerstattung bezeichnet wird. Die Parteien, die bei der letzten Parlamentswahl bei der Verhältniswahl die Fünf-Prozent-Hürde erreichten, können 50 NTD pro Stimme vom Staat erhalten (§ 43 Abs. 6 WahlG). Bei dieser Zuwendung gibt es keine Begrenzung wie bei anderen staatlichen Zuschüssen und sie wird bis zum Ende der Abgeordnetenperiode gezahlt. Bei der letzten Parlamentswahl im Jahre 2008 konnten lediglich DPP und KMT die Fünf-Prozent-Hürde überschreiten und so die Zuwendungen aus öffentlichen Mitteln kassieren. Die DPP konnte bei der Verhältniswahl 3 610 106 Stimmen auf sich verbuchen und erhält deshalb jährlich bis zur nächsten Parlamentswahl je Stimme 50 NTD also über 180 Mio. NTD. Die zentrale Wahlkommission ist für die Abrechnung und die Zuteilung der staatlichen Zuschüsse verantwortlich.

2. Mittelbare Staatsfinanzierung – Steuerbegünstigung

a) Privatpersonen und Unternehmen

Spenden von Privatpersonen an Parteien, politische Vereine oder Wahlkandidaten, sind nach § 19 Abs. 1 PolSpendenG steuerbegünstigt und werden nicht durch § 17 des Einkommensteuergesetzes begrenzt, d. h. politische Spenden werden steuerbegünstigt behandelt, obwohl sie nicht unter die in § 17 des Einkommensteuergesetzes aufgelisteten steuerbegünstigten Aufwendungen fallen. Damit kann jeder Steuerzahler seine Spenden an Parteien, politische Vereine oder an

Wahlkandidaten als Aufwendungen in der Einkommensteuererklärung bis zwanzig Prozent des jährlichen Einkommens geltend machen (§ 19 Abs. 1 PolSpendenG). Neben dieser relativen steuerfreien Obergrenze gibt es jedoch eine absolute steuerfreie Obergrenze, die bei 200 000 NTD (ca. 4 444 Euro) liegt.

Nicht nur Privatpersonen, sondern auch Unternehmen können von der steuerbegünstigten Behandlung von Spenden profitieren. Abweichend von § 36 Einkommensteuergesetz können Unternehmen ihre politischen Spenden nach § 19 Abs. 2 PolSpendenG als jährliche Aufwendungen verbuchen, die nicht mehr als zehn Prozent des Einkommens überschreiten dürfen. Die absolute steuerfreie Obergrenze liegt bei 500 000 NTD (ca. 11 111 Euro).

Nach § 19 Abs. 3 PolSpendenG können Spenden nicht steuerlich begünstigt werden, wenn der Spender keine Spendenquittung erhält (Nr. 1), wenn die Spende unter einen der in § 7 Abs. 1 PolSpendenG aufgelisteten Tatbestände fällt, wenn nach § 9 Abs. 1 PolSpendenG für die Spende eine unangemessene Gegenleistung verlangt wird, wenn die Spende außerhalb des in § 12 PolSpendenG festgelegten Zeitraums angenommen wurde, wenn es eine anonyme Spende in Höhe von mehr als 10 000 NTD (ca. 222 Euro) war oder die Spende in Höhe von mehr als 100 000 NTD (ca. 2 222 Euro) nicht per Überweisung oder Scheck getätigt worden ist, und folglich gegen § 14 PolSpendenG verstößt, oder wenn die Spendensumme die in §§ 17 und 18 PolSpendenG festgelegte Höhe übersteigt (Nr. 2). Falls der Spendenempfänger später nicht an der Wahl teilnimmt oder sein Kandidatenstatus zurückgenommen wird, wird die Spende bei der Steuererklärung nicht berücksichtigt (Nr. 3). § 19 Abs. 3 Nr. 5 PolSpendenG macht eine weitere wichtige Einschränkung. Spenden an Parteien können steuerlich nicht begünstigt werden, wenn die empfangende Partei bei der letzten Parlamentswahl weder bei den Erststimmen noch bei den Zweitstimmen mehr als zwei Prozent der Stimmen bekommen hat.

b) Kandidaten der Präsidentenwahl und Parlamentswahl

Außer Privatpersonen und Unternehmen können auch die Kandidaten der Präsidentenwahl und Abgeordnetenwahl von der steuerlichen Begünstigung profitieren. Nach § 40 Abs. 1 PräWG können die Kosten, die vom Tag der Wahlkampfankündigung bis 30 Tage nach der Wahl entstanden sind, als Aufwendungsposten in der Einkommenssteuererklärung geltend gemacht werden, wenn die gesamten ausgegebenen Wahlkampfkosten nicht durch die eingenommenen Spenden gedeckt werden. Die ausgegebenen Wahlkampfkosten sollen nicht die in § 38 PräWG festgelegte Kostengrenze überschreiten.

Ähnlich wie bei den Kandidaten im Präsidentenwahlkampf können die Kandidaten, die für ein Direktmandat im Parlament kandidieren, auch Steuerbegünstigungen erhalten. Nach § 42 Abs. 1 WahlG können die Kosten, die nach Abzug der angenommenen Spenden verbleiben, als Aufwendungen in der Einkommensteuererklärung angegeben werden. Die Höhe der Wahlkampfkosten richtet sich nach den in § 42 Abs. 2 WahlG festgelegten Kosten, die vom Tag der Wahlkampfankündigung bis 30 Tage nach der Wahl im Wahlkampf ausgegeben wurden.

III. Zwischenfazit

Die finanziellen Quellen der Parteien sind die Beiträge der Mitglieder, die politischen Spenden und die direkten und indirekten staatlichen Zuwendungen. Infolge des niedrigen Mitgliederbeitrags sind die politischen Spenden und die Zuschüsse aus öffentlichen Mitteln für die Parteien von hoher Bedeutung. Die direkten staatlichen Zuschüsse hängen nicht von der Höhe der politischen Spenden oder von der Höhe der Mitgliederbeiträge ab, sondern lediglich vom Wahlergebnis. Bei der Präsidentenwahl gingen die direkten staatlichen Zuschüsse fast nur an Parteien, weil in den letzten zwei Wahlkämpfen kein Kandidat von Selbstbeteiligung vorhanden ist. Bei der Parlamentswahl werden diese Zuschüsse an Parteien zwar als „Wahlkampfkostenerstattung" bezeichnet, es handelt sich dabei aber in Wirklichkeit um jährliche Zuwendungen. Damit haben sie wenig direkt mit dem Wahlkampf zu tun. Obwohl sowohl die Unternehmen und die privaten Spender ihre politischen Spenden an Parteien teilweise oder ganz als Steuerfreibetrag in der Einkommenssteuererklärung eintragen können, tritt eine Steuerbegünstigung erst ein, wenn die die Spenden annehmenden Parteien die 2 %-Klausel bei der Verhältniswahl erreicht haben.

Dritter Teil: Vergleichende Erwägungen zur Parteienfinanzierung in Taiwan

H. Parteienfreiheit

I. Charakter der Parteienfreiheit

Auch ohne eine klare Funktionsdefinition der Parteien, wie Art. 21 GG sie bietet, wird der Grundrechtscharakter der politischen Parteien in Taiwan in Literatur und Praxis relativ übereinstimmend bestimmt. Zunächst wird die Freiheit der Parteien unter der Vereinigungsfreiheit gem. Art. 14 VRC eingeordnet. Die Bestimmung, dass für die Auflösung einer Partei. nur die Verfassungskammer zuständig ist, Art. 5 Abs. 4 und Abs. 5 EA (2005), bietet den Parteien zwar besonderen Schutz, verändert aber die Stellung der Parteien nicht, die im sozial-gesellschaftlichen Bereich und nicht in dem des Staates liegt.[378] Darüber hinaus können Bürger, juristische Personen und politische Parteien gemäß § 5 Abs. 1 Nr. 1 des Gesetzes über die Prüfung der Gesetzesauslegung durch die Hohen Richter[379] nach der Erschöpfung des Rechtswegs mit der Behauptung, in ihren von der Verfassung garantierten Rechte verletzt worden zu sein, einen Antrag darauf stellen, dass die Unvereinbarkeit der von einem Gericht im letztinstanzlichen Urteil angewandten Gesetze oder Verordnungen mit der Verfassung festgestellt werde. Diese Bestimmung gewährt politischen Parteien zusätzlichen Schutz und ist zugleich ein weiterer Nachweis des Grundrechtscharakters der Parteien.

II. Erweiterung des Schutzbereiches

In Literatur und Rechtsprechung in Taiwan ist zwar unstrittig, dass die Parteien im Rahmen der Vereinigungsfreiheit die Gründungsfreiheit und Betätigungsfreiheit genießen. Eine Diskussion mit Blick auf die Finanzierungsfreiheit blieb aber bisher weitgehend aus. Insofern in der Literatur und in der Praxis Einstimmigkeit herrscht, dass die Parteien dem gesellschaftlichen Bereich zuzuordnen sind, drängt sich zunächst die Schlussfolgerung auf, dass die Parteien ihre finanziellen Quellen im Rahmen der Gesetze frei wählen und nutzen können. Die Antwort auf

378 Vgl. 蔡宗珍，我國憲政體制下政黨的定位、發展及其危機，氏著：憲法與國家（一），2004，頁207以下。(Zong-Zhen Tsai, Die Stellung, Entwicklung und Gefährdung der Parteien im Verfassungssystem, in: ders., Verfassung und Staat I, 2004, S. 207 ff.)

379 Gesetz über die Prüfung der Gesetzesauslegung durch die Hohen Richter ist am 15.09.1948 in Kraft getreten. Zuletzt geändert am 03.02.1993.

die Frage, ob staatlichen Zuwendungen stattgegeben werden könne und ob trotz der staatlichen Zuschüsse die finanzielle Unabhängigkeit der Parteien gegenüber dem Staat gesichert sei, hängt, im Spiegel der deutschen Rechtsprechung in BVerfGE 85, 264 ff., von der Rolle und Aufgabe der Parteien ab. Dazu finden sich in der Rechtsprechung der Hohen Richter nur indirekte Darstellungen. Die Hohen Richter haben in der Auslegung Nr. 645 (11.07.2008) über die repräsentative Demokratie folgendes erklärt. Art. 2 VRC bestimme, dass die Souveränität der Republik China in der Gesamtheit ihrer Staatsbürger ruhe. Nach dem Wortlaut der Verfassung sei die repräsentative Demokratie in der Verfassung angenommen worden. Von den verschiedenen Verfassungsänderungen unberührt sei in Art. 53 VRC vorgesehen, dass der Exekutiv-Yuan das höchste Verwaltungsorgan des Staates sei sowie in Art. 62 und 63 VRC, dass der Legislativ-Yuan das höchste gesetzgebende Organ des Staates sei und er sich aus vom Volk gewählten Abgeordneten zusammensetze und die gesetzgebende Gewalt im Namen des Volkes ausübe, und dass der Legislativ-Yuan das Recht habe, über Gesetzesvorlagen und Haushaltsentwürfe sowie über Vorlagen, die die Erklärung des Kriegsrechts, Amnestien, Kriegserklärungen, Friedens- und Vertragsschlüsse sowie andere wichtige Angelegenheiten des Staates zu entscheiden. Art. 3 Abs. 2 EA, in der Verfassungsänderung der Bekanntmachung vom 21.06.1997, habe den Gedanken aufrechterhalten, dass der Exekutiv-Yuan gegenüber dem Legislativ-Yuan verantwortlich sei. Damit werde die politische Struktur der repräsentativen Demokratie keiner wesentlichen Veränderung unterzogen.

Die frühe Auslegung Nr. 261[380] (21.06.1990) erläutert, dass die Amtszeit der nationalen Abgeordneten ausdrücklich in der Verfassung vorgesehenen sei. Die regelmäßige Wiederwahl der Abgeordneten sei für die Reflexion des Willens des Volkes und folglich für die Umsetzung der konstitutionellen Demokratie von entscheidender Bedeutung.

---

380 Die Auslegung Nr. 216 ist ein Meilenstein der demokratischen Entwicklung Taiwans. Nach der Abschaffung der Kriegsverfassung tauchte das Problem auf, ob die Vertreter der Nationalversammlung von der ersten Amtsperiode und die Abgeordneten von Legislativ-Yuan von der ersten Legislaturperiode an ihre Befugnisse auf unbestimmte Zeit ausüben durften. Die Vertreter der Nationalversammlung der ersten Amtsperiode und die Abgeordneten der ersten Legislaturperiode wurden in Jahr 1947 gewählt. Danach fanden wegen des Verlustes der politischen Kontrolle über das chinesische Festland an die Volksrepublik Wahlen nur noch auf Taiwan statt, die Mandate der Festlandbereiche wurden, letztlich bis 1992, eingefroren („Langes Parlament"). Die Legalität der Vertreter der Nationalversammlung und der Abgeordneten vom Legislativ-Yuan wurde bezweifelt. Die Hohen Richter erklärten, dass ohne zwingenden Behinderungsgrund eine regelmäßige Wiederwahl notwendig sei. Kurz nach dieser Auslegung fanden die Abgeordnetenwahl und die Wahl für Vertreter der Nationalversammlung statt. Der Volltext der englischen Übersetzung von Auslegung Nr. 261 befindet sich in Anhang.

Darauf aufbauend stellt die Auslegung Nr. 520[381] (15.01.2001) klar, dass demokratische Politik die Politik des Willens des Volkes sei. Der Weg zur Umsetzung des Willens der Bürger sei vor allem, regelmäßig Präsidenten- und Abgeordnetenwahlen stattfinden zu lassen. Es sei dann tatsächlich ein normales Phänomen der Parteienpolitik, dass ein gewählter Präsidentschaftskandidat das, was er während der Kampagne versprochen habe, durch den von ihm ernannten Premierminister des Exekutiv-Yuan umsetzen und die bestehenden und seinen politischen Ansichten nicht entsprechenden politischen Richtlinien ändern könne.

Die Auslegungen Nr. 645, 261 und 520 geben zwar keine direkte Auffassung über die Aufgabe der Parteien wieder. Aus einer Zusammenschau dieser drei Auslegungen kann aber wohl eine bestimmte Position abgeleitet werden. Zunächst wird in der Rechtsprechung wiederholt, dass alle Staatsgewalt gem. Art. 2 VRC vom Volke ausgeht. Damit diese Bestimmung realisiert werden kann, sieht der Verfassungsgeber die repräsentative Demokratie vor. Die Demokratie spiegelt den Willen des Volkes wieder. Damit der Volkswillen zeitgemäß repräsentiert werden kann, ist es wichtig, regelmäßig Wahlen abzuhalten. Die Parteien versuchen durch die von ihnen angebotenen Wahlprogramme und Kandidaten den jeweiligen Wahlkampf zu gewinnen und zu regieren. Sofern die Demokratie, wie in der Rechtsprechung geäußert wird, die Umsetzung und Wiedergabe des Volkswillens ist, sind es die Parteien, die im Wahlkampf ihre Ideen dem Volk vermitteln und später durch diese die Meinung des Volkes repräsentieren. Von diesem Zusammenhang ist zwar in der Rechtsprechung und im Verfassungstext nicht – wie Art. 21 GG – ausdrücklich die Rede, dass nämlich die Parteien bei der politischen Willensbildung des Volkes mitwirken. Es lässt sich aber behaupten, dass im Zusammenhang der verschiedenen Auslegungen eine ähnliche Aufgabenzuweisung wie in Art. 21 GG zu finden ist. Folglich ist die staatliche finanzielle Unterstützung zur Erfüllung dieser Aufgabe auch nicht grundlos. Falls die Parteien in Taiwan ihre Position in der gesellschaftlichen Sphäre beibehalten, und falls die Freiheit der Parteien durch die Finanzierungsfreiheit erweitert wird, ist zur Aufrechterhaltung der Funktion und der sozial-gesellschaftlichen Position der Parteien und für die Unabhängigkeit der Parteien die gleiche Überlegung,

381 Die Auslegung Nr. 520 wird auch als „Viertes Atomkraftwerk" genannt. Ein viertes Atomkraftwerk sollte gebaut werden, obwohl in Taiwan schon drei Atomkraftwerke vorhanden sind. Protest gegen den Bau des Atomkraftwerks regte sich seit mehreren Jahren. Nach dem Machtwechsel im Jahr 2000 erklärte der Exekutive-Yuan entsprechend einer Anweisung des der DPP zugehörigen Präsidenten Chen einen Baustopp, wie ihn Chen während seines Wahlkampfes versprochen hatte. Der Legislative-Yuan war dagegen der Meinung, dass der Haushaltsplan ein Maßnahmegesetz sei und eine Veränderung oder Nicht-Umsetzung des Haushaltsplans ohne die Zustimmung des Legislativ-Yuan das Demokratieprinzip verletze und damit verfassungswidrig sei. Dadurch kam es zum Organstreit darüber, ob der Exekutive-Yuan im Stande ist, einseitig den Baustopp des vierten Atomkraftwerks zu verhängen.

wie sie in der deutschen Rechtsprechung (BVerfGE 85, 264 ff.) beleuchtet wurde, über die Finanzierungsfreiheit und über Obergrenzen staatlicher Zuwendung notwendig.

III. Keine absolute bzw. relative Obergrenze für staatliche Finanzierung

Wenn zur Aufrechterhaltung der Unabhängigkeit der Parteien Überlegungen zu einer Obergrenze direkter staatlicher Zuschüsse nicht unerheblich sind, so ist das gegenwärtige System staatlicher Zuschüsse in Taiwan reformbedürftig. Eine Partei erhält im Jahr der Präsidentschaftswahl gem. § 41 Abs. 1 PräWG einen staatlichen Zuschuss i. H. v. 30 NTD pro Wählerstimme, wenn ihre Kandidaten mindestens ein Drittel der Stimmenzahl des Siegers erhalten. Eine Partei erhält daneben jedes Jahr direkte staatliche Zuwendung i. H. v. 50 NTD pro Zweitstimmen in der Abgeordnetenwahl, wenn sie in der vorangegangenen Abgeordnetenwahl die 5 %-Hürde überschritten hat.

Im Rahmen der Präsidentschaftswahl gibt es zwar eine absolute und relative Obergrenze für die staatlichen Zuwendungen. Eine relative Obergrenze ist die Höhe der tatsächlich von den Kandidaten aufgewendeten Wahlkampfkosten (§ 41 Abs. 1 PräWG). Die absolute Obergrenze ist die von der Wahlkommission verkündete Summe der Wahlkampfkosten. Diese Grenze ist aber nur von geringer Bedeutung: Die absolute Obergrenze der staatlichen Zuwendungen im Rahmen der Präsidentschaftswahl ist keine echte Grenze. Bisher ist es noch nicht vorgekommen, dass die Summe der Wahlkampfkostenerstattung höher als die Summe der Wahlkampfkosten gewesen wäre. Die Summe der Wahlkampfkostenerstattung entspräche der Summe der Wahlkampfkosten, wenn z. B. bei der Präsidentschaftswahl 2008 das Kandidatenteam (aus – späterem – Präsident und Vizepräsident) 14 031 833 Stimmen von 17 321 622 Wählern erhalten hätte, es also umgerechnet 80 % aller Stimmen bei einer Wahlbeteiligung von 100 % errungen hätte.

Diese beiden direkten staatlichen Zuwendungen, sowohl die Zuwendung wegen der Präsidentschaftswahl als auch die jährlichen Zuschüsse auf Grundlage der letzten Abgeordnetenwahl, hängen lediglich von Wahlergebnissen ab. Abgesehen von der „unechten" Obergrenze bei der Präsidentschaftswahl gibt es eine weitere Begrenzung, dass die Eigenfinanzierung gegenüber den staatlichen Zuwendungen primär sein müsse, für die staatlichen Zuschüsse, insbesondere für die jährlichen Zuschüsse, nicht. Zur Verdeutlichung das Beispiel der DPP.[382] Im

382 KMT ist aus historischen Gründen eine reiche Partei. Eine grobe Darstellung in findet sich in: 黃世鑫,正義重建抑或政黨公平競爭? — 評中國國民黨黨產之處理間論政黨財源問題互動關係,於:台灣法學會主編,二十一世紀憲政風雲,2004,頁1以下。(Shi-Xin Huang, Wiederaufbau der Gerechtigkeit oder Wettbewerbsgleichheit zwischen Parteien? Die Diskussion über das

Jahr 2009 findet keine Abgeordneten- oder Präsidentschaftswahl in Taiwan statt. Die DPP bekommt folglich keine Wahlkampfkostenerstattung aufgrund einer Präsidentschaftswahl, sondern lediglich dank der Überschreitung der 5 %-Hürde bei der letzten Abgeordnetenwahl (2007) die jährlichen staatlichen Zuwendungen. Die folgende grafische Darstellung der Einnahmen der DPP im Jahre 2009 zeigt, dass die staatliche Zuwendung bereits eine nicht unerhebliche Rolle in der Finanzierung der Partei spielt. Falls keine wirksamen Grenzen gesetzt werden, ist es nicht völlig ausgeschlossen, dass zumindest einige Parteien von staatlichen Zuwendungen abhängig werden könnten und ihre unabhängige Stellung und damit ihre Aufgabenerfüllung beschädigt würden.

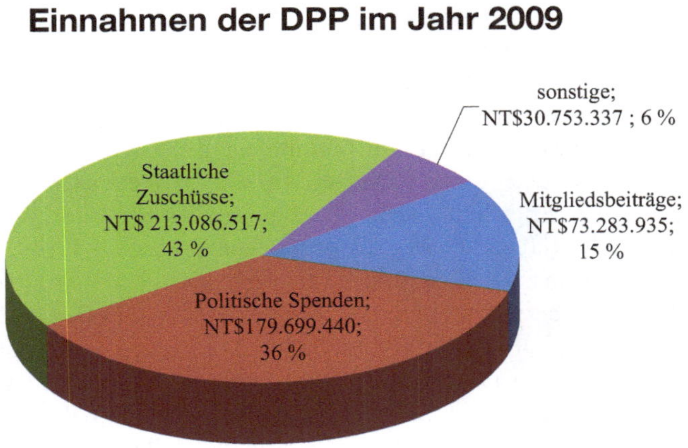

Grafik der Verfasserin, Zahlen aus dem offiziellen Rechenschaftsbericht der DPP, vgl. Fn. 382.

Parteienvermögen der KMT und die Finanzquellen der Parteien, in: Taiwan Law Society (Hrsg.), Verfassung im 21. Jh., 2004, S. 1 ff.). Der Haushaltsplan der KMT unterscheidet sich erheblich von den anderen Parteien. Damit ist er nicht geeignet, als Beispiel zu dienen. Aus dem Rechenschaftsbericht für 2009 erfährt man, dass das Einkommen aus Aktien die wichtigste Finanzquelle der KMT ist. Es erbringt 80 % (ca. 1,5 Mrd. NTD, ca. 30 Mio. Euro) der gesamten Einnahmen im Jahr 2009. Obwohl die KMT die größten staatlichen Zuwendungen bekommen hat, machen diese (ca. 0,2 Mrd. NTD, umgerechnet ca. 4 Mio. Euro) nur etwa 13 % des gesamten Einkommens aus. Politische Spenden (ca. 83 Mio. NTD, ca. 1,8 Mio. Euro) tragen 4 % bei. Der Jahresrechenschaftsbericht von KMT für 2009 findet sich auf der Website des von Ministeriums für Inneres in Taiwan, unter: http://www.moi.gov.tw/dca/03caucus_9801.aspx, abgerufen am 02.05.2011, 10:54. Der Rechenschaftsbericht der DPP für 2009 findet sich ebenfalls auf der Website des Ministeriums für Inneres in Taiwan, unter: http://www.moi.gov.tw/dca/03caucus_9801.aspx, abgerufen am 02.05.2011, 10:54.

IV. Überlegungen zur Qualifikation der Spender de lege ferenda

Sofern eine Begrenzung staatlicher Zuschüsse eingezogen werden soll, ist auch zu überlegen, ob und wie die Umgehung der Obergrenze vermieden werden kann. Eine Durchbrechung dieser Obergrenze kann durch Parteispenden erfolgen. In Deutschland findet sich zur Vermeidung einer solchen Umgehung der Obergrenze die besondere Einschränkung in § 25 Abs. 2 Nr. 1, 2 und 5 PartG. Im Gegensatz zu Rechtslage in Deutschland sind die Einschränkungen zur Verhinderung des Umgehens der Grenzen in Taiwan nicht ausreichend ausgearbeitet. § 7 Abs. 1 Nr. 1 PolSpendenG enthält für Taiwan zwar ein ähnliche Bestimmung wie § 25 Abs. 2 Nr. 5 PartG in Deutschland. Eine Entsprechung zu § 25 Abs. 2 Nr. 2 PartG findet man in Taiwan aber nicht. Nach § 25 Abs. 2 Nr. 2 PartG dürfen Spenden von politischen Stiftungen, Körperschaften, Personenvereinigungen und Vermögensmassen nicht angenommen werden, die nach der Satzung, dem Stiftungsgeschäft oder der sonstigen Verfassung und nach der tatsächlichen Geschäftsführung ausschließlich und unmittelbar gemeinnützigen, mildtätigen oder kirchlichen Zwecken dienen. Der letzten Alternative entspricht in Taiwan § 7 Abs. 1 Nr. 4 PolSpendenG, wonach religiöse Gruppen oder Vereine keine Spenden an Parteien tätigen dürfen. Ansonsten können nach § 7 Abs. 1 PolSpendenG jedoch Personen (sowohl juristische als auch natürliche Personen), Vereinigung (darunter auch berufliche Vereine i. S. v. § 35 ff. VereinsG, soziale Vereine, § 39 ff. VereinsG, und politische Vereine, § 44 ff. VereinsG), und Unternehmen spenden. Welchem Zweck sie dienen ist dabei unerheblich. Nach § 25 ff. BGB RC umfasst die juristischen Person Stiftungen und Vereine. Folglich können Personalvereinigungen, Stiftungen und Körperschaften, die alle juristischen Personen sind, allesamt spenden, auch wenn sie nach Satzung, Stiftungsgeschäft oder der sonstigen Verfassung und nach der tatsächlichen Geschäftsführung ausschließlich und unmittelbar gemeinnützigen, mildtätigen Zwecken dienen. Aufgrund des weiten Begriffsumfangs in § 7 Abs. 1 PolSpendenG kann eine gemeinnützige juristische Person nun einerseits staatliche Subventionen beantragen und so öffentliche Mittel erhalten und andererseits politische Spenden an Parteien tätigen. Eine darin enthaltene indirekte staatliche Parteienfinanzierung führt dazu, dass eine Obergrenze der staatlichen Parteienfinanzierung umgangen werden könnte. Falls eine Obergrenze für staatliche Zuschüsse eingeführt werden soll, wäre es auch sinnvoll, wenn an diese Lücke auch gedacht werden könnte.

I. Gleichheit

I. Verbesserungsbedürftige Herleitung der Chancengleichheit

Zwar gibt es auch in Taiwan eine Diskussion über Chancengleichheit der Parteien, jedoch hat diese eine andere Richtung eingeschlagen als in Deutschland. In der deutschen Literatur wird die Diskussion über die Herleitung der Chancengleichheit entlang verschiedener hervorgehobener Aspekte geführt, namentlich des Umfangs ihres Anwendungsbereichs, der Spezialität des Art. 21 GG und der Kriterien der Chancengleichheit. Ob Art. 21 GG als eine spezielle Ausprägung gegenüber dem allgemeinen Gleichheitsgrundsatz für die Herleitung der Chancengleichheit ausreiche, ob der Grundsatz der Wahlrechtsgleichheit (Art. 38 Abs. 1 S. 1 GG) in seinem Anwendungsbereich zu stark eingeengt und für die Herleitung der Chancengleichheit nicht geeignet sei, und aus welchem Artikel für die abgeleitete Chancengleichheit strenge formale Kriterium heranzuziehen seien, sind Beispiele für in der Diskussion erschienene Fragenkomplexe. Im Vergleich zu Deutschland sind solche Diskussionen in Taiwan bisher kaum geführt worden. Die Auffassung, dass die Chancengleichheit aus Art. 7 VRC abgeleitet werden könne, legt nicht dar, wie im Rahmen von Art. 7 VRC ohne Berücksichtigung von Art. 17 und 129 VRC der Schutzbereich erweitert und folglich die gleichen Chancen zur Wahlkampfbetätigung gewährleistet werden kann. Die Befürworter der Position, dass die Chancengleichheit zum besseren Schutz aus Art. 129 VRC abgeleitet werden solle, geben hingegen keine Begründung an, warum Art. 7 und 17 VRC nicht einen besseren Schutz anbieten können, wie das subjektive Recht aus Art. 129 VRC abgeleitet werden könne und warum der Anwendungsbereich von Art. 129 VRC nicht womöglich zu eng sei. Die Meinung schließlich, dass die Chancengleichheit aus den Art. 7, 17 und 129 VRC gemeinsam abzuleiten sei, bietet auch kein Argument an, warum Art. 7 VRC als spezielle Gleichheitsnorm für die Herleitung der Chancengleichheit nicht ausreichend sein sollte und weshalb die Chancengleichheit von einem Gleichheitsrecht, einem subjektiven Wahlrecht und einem objektiven Wahlgleichheitssatz gemeinsam abgeleitet werden soll. So die Chancengleichheit der Parteien aus der Verfassung Taiwans abgeleitet werden soll, wäre es angezeigt, dass dem Begründungsinhalt zur Herleitung der Chancengleichheit mehr Substanz hinzugefügt würde. Bestenfalls sollten sogar Gründe geliefert werden, weshalb die Chancengleichheit der Parteien neben der allgemeinen Gleichheit, dem Wahlrecht und der Wahlgleichheit extra abgeleitet werden muss. Diese Überlegungen müssen zwar nicht die Frage von Organstreit versus Verfassungsbeschwerde wiederholen, wie sie das BVerfG wegen der speziellen Verortung des Art. 21 GG zu beantworten hatte. Was das BVerfG an Erwägungen in seine Urteilen hat einfließen lassen, dass die Chancengleichheit auf den Aspekten des Mehrparteiensystems, der Freiheit der Parteiengründung, dem allgemeinen Gleichheitssatz und der Wahlgleichheit gemeinsam beruht[383], bietet aber einen Ausgangspunkt zu eigenen Überlegungen.

II. Prüfungskriterien

Auch wenn die Frage, ob und wie die Chancengleichheit der Parteien hergeleitet wird, noch immer nicht abschließend geklärt ist, bedeutet dies nicht, dass kein Prüfungsmaßstab für Eingriffe in die Gleichheit der Parteien vorhanden wäre. Abgesehen von den uneinheitlichen Kriterien der Hohen Richter tendiert die Wissenschaft bei Eingriffen in Art. 7 VRC zu einem strengen Prüfungsmaßstab. Und bei Eingriffen in Art. 17 VRC, Wahlrecht, und Art. 129 VRC, Wahlgleichheit, muss ein noch strengerer oder formalerer Prüfungsmaßstab angelegt werden, weil sowohl Art. 17 VRC als auch Art. 129 VRC eine enge Beziehung zum Demokratieprinzip haben, das die Beachtung des Willens der an der Politik teilnehmenden Bürger verlangt. Sofern diese Prüfungsmaßstäbe vorübergehend nicht strittig sind, ist es nicht abwegig, bei der Anwendung im Einzelfalle zunächst die bezogenen Artikel und die entsprechenden Prüfungsmaßstäbe anzuwenden.

III. Gedanken zur 5 %-Sperrklausel bei der Sitzverteilung

Damit die Wählergleichheit und die Gleichheit der Parteien eingehalten werden kann, wird prinzipiell versucht, eine Verfälschung der Wahlergebnisse bei der Zusammensetzung des Parlaments zu vermeiden. Daher bedarf es in Deutschland zwingender Gründe für die Rechtfertigung einer Sperrklausel bei der Sitzverteilung. Das BVerfG sieht solche zwingenden Gründe in der drohenden Zersplitterung des Parteiensystems, die das Parlament lahm legen und die Regierungsbildung verhindern kann.[384] Auch in Taiwan wird diese Meinung in

383 Hwai-Tzong Lee, Chancengleichheit der politischen Parteien – Eine sich aus der „Natur der Sache“ ergebende Betrachtung, Diss. München, 1994, S. 9; Streinz, in: v. Mangoldt/Klein/Starck, GG II, Art. 21, Rn. 119.

384 BVerfGE 1, 208 (256); 3, 383 (394); 4, 31 (40); 4, 375 (380); 5, 77 (83); 6, 84 (92).

der Literatur vielfach vertreten.[385] Einerseits muss allerdings bei einer Ungleichbehandlung im Zusammenhang mit der Wahlgleichheit ein strenger Prüfungsmaßstab angelegt werden. Damit bedarf es eines zwingenden Grundes für die Rechtfertigung der Ungleichbehandlung nach Art. 129 VRC. Andererseits geht die gängige Literaturmeinung wie die deutsche Rechtsprechung davon aus, dass die 5 %-Klausel bei der Sitzverteilung zur Vermeidung der Zersplitterung des Parteiensystems, zur Aufrechterhaltung der Funktionsfähigkeit des Parlaments und zur Regierungsbildung notwendig sei. Diese Überlegungen werden als zwingende Gründe für die Rechtfertigung der Ungleichhandlung gesehen. Dabei wird aber nicht berücksichtigt, dass in Taiwan kein parlamentarisches System besteht. Es ist zwar noch strittig, was für ein System Taiwan genau besitzt, ein semi-präsidiales oder präsidiales System.[386] Unzweideutig ist aber, dass die Regierungsbildung in Taiwan nicht von dem Ergebnis der Parlamentswahlen abhängig ist.[387] Der Präsident wird direkt von den Bürgern gewählt, und der Premierminister des Exekutive-Yuans wird direkt vom Präsidenten, ohne Zustimmung des Parlaments, ernannt. Der Präsident kann zwar Rücksicht auf das Ergebnis der Parlamentswahlen nehmen und zum Premierminister ein Parteimitglied einer in den Parlamentswahlen siegreichen anderen Partei ernennen. Hierzu verpflichtet ist er aber nicht. Weiterhin wird eine Begründung, warum eine Verschlechterung der Funktionsfähigkeit des Parlamentes wegen der Zersplitterung der Parteien drohen sollte, in der Literatur nur dürftig geliefert. Ob im Parlament tatsächlich nur stabile Parteien vertreten sind und ob zu viele kleine Parteien das Parlament lahm legen könnten, ist durchaus zweifelhaft. Sofern man nur das Gesetz über die Amtsausübung des Legislativ-Yuan[388] und die Verwaltungsvorschrift über Ausschüsse des Legislativ-Yuan[389] betrachtet, scheint es zwar nicht ausgeschlossen, dass sich die Funktionsfähigkeit durch mehrere kleine Parteien verschlechtern kann. Abgesehen von der in Art. 4 Abs. 4 und 7 EA erforderlichen absoluten Mehrheit entscheidet gem. § 36 und 37 der Verwaltungsvorschrift über die Amtsausübung des Legislativ-Yuan der Legislativ-Yuan mit einfacher Mehrheit. Aber

385 Vgl. 蕭文生，國家法I – 國家組織篇，2008，頁177。(Wen-Sheng Xiao, Staatsrecht I – Staatsorganisation, 2008, S. 177)；程明修，憲法基礎理論與國家組織，2006，頁174。(Ming-Shiou Cherng, Grundlagen der Verfassung und Staatsorganisation, 2006, S. 174.)

386 Vgl. 蔡宗珍，從憲法的憲政角度看我國憲法體制改革之選擇，於：葉俊榮、張文貞編，新興民主的憲法改造，2008，頁257以下。(Zong-Zhen Tsai, Die Wahl des Regierungssystems in der Verfassungsreform Taiwans: Zur Rolle der Präsidentschaft, in: Jun-Rong Ye/Wen-Zhen Chang (Hrsg.), Verfassungsreform der neuen Demokratie, 2008, S. 257 ff.)

387 Das gegenwärtige System der Staatsorgane ist in Anhang I.

388 Gesetz über die Amtsausübung vom Legislativ-Yuan ist am 25.01.1999 in Kraft getreten. Zuletzt geändert am 13.05.2011.

389 Verwaltungsvorschrift über Ausschuss des Legislativ-Yuan ist am 20.05.1948 in Kraft getreten. Zuletzt geändert am 26.12.2008.

nach § 9 des Gesetzes über die Amtsausübung des Legislativ-Yuan kann während der zweiten Lesung auf Vorschlag und mit Zustimmung von 15 Abgeordneten ein Entwurf das Verfahren nach zweiter Lesung von vorne durchlaufen. Bei einem Gesetzesentwurf ist nach § 10 des Gesetzes über die Amtsausübung des Legislativ-Yuan ein solcher Vorschlag mit der Zustimmung von 25 Abgeordneten möglich. Nach Abschluss der zweiten oder dritten Lesung kann das Gesetzgebungsverfahren wieder erneuert werden, wenn dies ein Abgeordneter vorschlägt und dieser Vorschlag die Zustimmung von 20 Abgeordneten erhält. Damit ist eine Blockierung oder Verhinderung des Prozesses durch mehrere kleine Parteien nicht völlig ausgeschlossen. Die politische Realität sieht aber ganz anders aus. In der Vergangenheit ging eine Blockierung vielmehr von den zwei großen Parteien aus. Darüber hinaus gibt es eine Tendenz, dass immer weniger Abgeordneten im Parlament sind, die aus dritten Parteien stammen oder gar keine Parteimitgliedschaft besitzen.[390] Mit der Einführung des Zwei-Stimmen-Systems und der Verringerung der Abgeordnetenzahl ist es für kleine Parteien noch schwieriger geworden, es ins Parlament zu schaffen. Damit scheint in der politischen Realität die Gefahr einer Funktionsunfähigkeit wegen Zersplitterung der Parteien nicht besonders groß. Ist dann, in diesem Lichte, diese Klausel wirklich nötig? Oder sind die gemeinhin angeführten Gründe für die Rechtfertigung der 5 %-Klausel letztlich nur theoretischer Natur?[391]

IV. 5 %-Klausel für die Zuwendung an Parteien

Vom BVerfG (BVerfGE 111, 382 ff.) lernt man, dass das Kriterium für staatliche Zuwendungen an Parteien nicht zu hoch angesetzt werden darf, damit die Offenheit der politischen Willensbildung des Volkes und die Lernfähigkeit des politischen Systems durch die Wettbewerbschancen der kleinen Parteien ermöglicht werden. Demnach darf *„das Recht der Parteienfinanzierung das Entstehen neuer Parteien und deren Zutritt zum politischen Wettbewerb nicht über Gebühr*

390 Die Parteiangehörigkeit der Abgeordneten online bei der zentralen Wahlkommission eingesehen werden. Abgerufen am 22.05.2011, 23:54, unter: http://117.56.211.222/pdf/B2004006.pdf (die 6. Legislaturperiode) und unter: http://117.56.211.222/pdf/B2008006.pdf (die 7. Legislaturperiode) Inoffizielle Angabe auf Deutsch, http://german.rti.org.tw/German//2008-legislative-election/result.aspx, abgerufen am 12.06.2011, 18:01.

391 Eine Auffassung geht davon aus, dass 5 % Klausel zur Verschlechterung der Gewährleistung der Parteiengleichheit führt. Die Notwendigkeit der 5 % Klausel wird bezweifelt. 張嘉尹，憲法改造的途徑選擇 — 以台灣憲法變遷為脈絡的思考，於：葉俊榮、張文貞編，新興民主的憲法改造，2008，頁105。(Jia-Yin Chang, Der Weg der Verfassungsreform – Gedanken zur Entwicklung der Verfassung in Taiwan, in: Jun-Rong Ye/Wen-Zhen Chang (Hrsg.), Verfassungsreform der neuen Demokratie, 2008, S. 105.)

erschweren und die Betätigung kleiner Parteien nicht unangemessen beeinträchtigen.“[392] Behält man diesen Gedanken im Hinterkopf und blickt auf die Bestimmungen in Taiwan, bemerkt man ein vermutlich zu hohes Kriterium für staatliche Zuwendungen an Parteien: Die Parteien in Taiwan, die bei der letzten Parlamentswahl bei der Verhältniswahl die Fünf-Prozent-Hürde erreichten, können jährlich nach § 43 Abs. 6 WahlG staatliche Zuschüsse i. H. v. 50 NTD pro Stimme erhalten. Bei der Überprüfung, ob diese Ungleichbehandlung, die Fünf-Prozent-Hürde, verfassungsmäßig ist, kann man zwar weder den in der Literatur weiterhin umstrittenen Chancengleichheitssatz noch die Ausführungen des BVerfG einfach und direkt als Prüfungsgrundlage heranziehen. Diese Ungleichbehandlung kann aber auf der Folie der in der Literatur relativ unstrittigen Parteiengleichheit gem. Art. 7 VRC und damit mit einem strengen Prüfungsmaßstab geprüft werden. Wenn auch noch das Demokratieprinzip zur Prüfung herangezogen wird, ist es mehr als zweifelhaft, dass zwingende Gründe für die Rechtfertigung dieser Ungleichbehandlung gefunden werden können.

Die Sorge, dass die kleineren Parteien unterdrückt werden und damit die politische Willensbildung des Volkes teilweise beschädigt ist, ist nicht ohne Grund. Beispielsweise erhielten die PFP und die TSU in den Abgeordnetenwahlen 2004 nicht wenige Sitze und haben im Parlament eine nicht geringe Rolle gespielt. Nach der Verfassungsänderung in Jahr 2005, die zur Verringerung der Abgeordnetensitze und zur Einführung des Zwei-Stimmen-Systems geführt hatten, überschritten PFP und TSU die 5 %-Klausel in der Verhältniswahl 2007 jedoch nicht. Daher bekommen sie nach § 43 Abs. 6 WahlG keine staatliche Zuwendung. Politische Spenden sind nun die Hauptquellen dieser beiden Parteien. Im Jahr 2009 fand jedoch kein großer Wahlkampf statt, so dass sie kaum politische Spenden einwerben konnten.[393]

Aus den Rechenschaftsberichten geht auch hervor, dass die staatlichen Zuwendungen an die DPP (213 086 587 NTD, ca. 4,7 Mio. Euro) sogar die gesamten Einnahmen der FPF (9 913 044 NTD, ca. 0,2 Mio. Euro) und TSU (28 545 433NTD, ca. 0,6 Mio. Euro) übersteigen. PFP und TSU verloren nach der Verfassungsänderung sowohl ihre Sitze als auch die Zuwendungen vom Staat. Es stellt sich die Frage, ob diese beiden Parteien oder andere kleine Parteien mit geringer Finanzkraft in Zukunft noch die Funktion der Willensbildung des Volkes erfüllen und irgendeine Wettbewerbsfähig beim Wahlkampf haben werden. Wenn nicht, brächte das großen Schaden über das Mehrparteiensystem, die Parteiengleichheit und die Demokratie selbst.

392 BVerfGE 111, 382 (405).

393 Jahresrechenschaftsbericht von 2009 findet unter der Website von Ministerium für Innen in Taiwan. Abgerufen am 02.05.2011, 10:54, unter: http://www.moi.gov.tw/dca/03caucus_9801.aspx

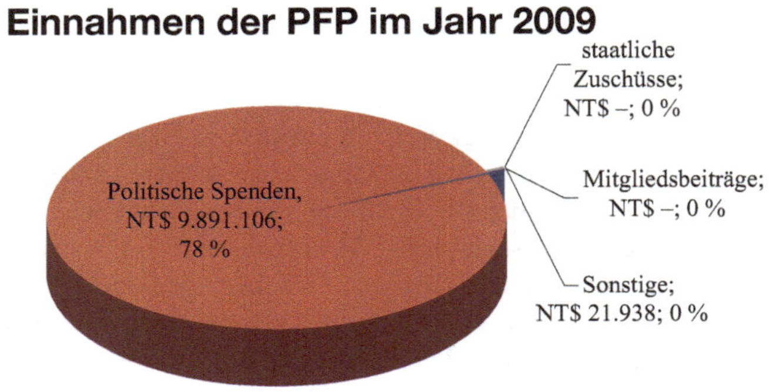

Grafik der Verfasserin, Zahlen aus dem offiziellen Rechenschaftsbericht der PFP, vgl. Fn.393.

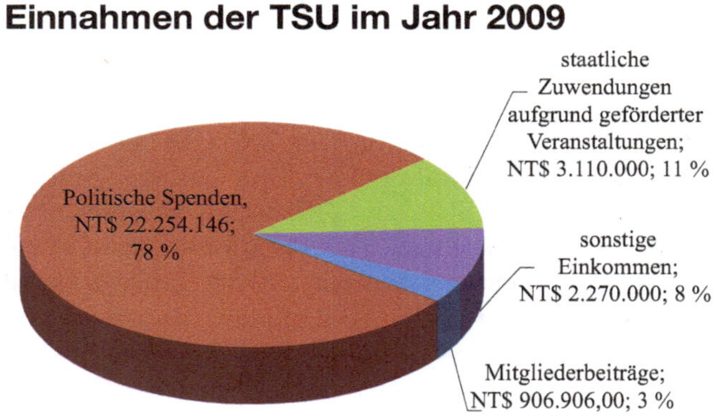

Grafik der Verfasserin, Zahlen aus dem offiziellen Rechenschaftsbericht der TSU, vgl. Fn. 393.

V. Mittelbare staatliche Zuwendungen – Steuerbegünstigung

Die deutsche Rechtsprechung weist darauf hin, dass Spenden von Organisationen an politische Parteien steuerlich nicht abzugsfähig sein dürfen. Wenn Spenden von Organisationen an politische Parteien steuerlich abzugsfähig sind, verschafft dies denjenigen natürlichen Personen, die hinter ihnen stehen, eine zusätzliche Möglichkeit vom Staat – und damit zu Lasten der übrigen Steuerzahler – geförderter Einflussnahme auf die politische Willensbildung, die anderen Bürgern vorenthalten bleibt.[394] Dementsprechend wurde die Bestimmung auf Gesetzesebene novelliert, damit Spenden von Körperschaften an politische Parteien nicht abzugsfähig sind. Im Gegensatz zur Lage in Deutschland können Unternehmen in Taiwan ihre politischen Spenden nach § 19 Abs. 2 PolSpendenG als jährliche Aufwendungen verbuchen. Sie dürfen zwar nicht mehr als zehn Prozent des Einkommens oder 500 000 NTD (ca. 11 100 Euro) betragen. Die Sorge ist nicht von der Hand zu weisen, dass diejenigen Bürger, die über die Finanzen von Organisationen verfügen können, in ihren politischen Präferenzen steuerlich stärker unterstützt werden als andere Bürger. Ob eine solche Bestimmung noch mit der Verfassung vereinbar ist, ist durchaus zweifelhaft. In Ableitung aus dem Gedanken des Rechts auf gleiche Teilnahme an der Politik ist es nicht abwegig, den Schutzbereich von Art. 129 VRC, Wahlgleichheit, auf das Vorfeld von Wahlen zu erweitern oder Art. 7 VRC, allgemeine Gleichheit, i. V. m. Art. 17 VRC, Wahlrecht und Demokratieprinzip, gemeinsam als Grundlage zu nehmen. Dann ist es auch zweifelhaft, dass zwingende Gründe für die Rechtfertigung dieser Steuerbegünstigung von Organisationen vorhanden sind. Zur Verbesserung des demokratischen Systems und der Gewährleistung gleicher Einflussmöglichkeiten aller auf Wahlen ist diese Bestimmung zur Steuerbegünstigung von Organisationen auf jeden Falls novellierungsbedürftig.

Ein anderes Problem der Steuerbegünstigung versteckt in § 19 Abs. 3 Nr. 5 PolSpendenG. Nach dieser Bestimmung können Spenden an Parteien steuerlich nicht begünstigt werden, wenn die empfangende Partei bei der letzten Parlamentswahl weder bei den Erststimmen noch bei den Zweitstimmen mehr als zwei Prozent der Stimmen erhalten hat. Es ist fraglich, weshalb die Steuerabzugsfähigkeit vom Wahlergebnis anhängig sein sollte. Zunächst könnte diese Bestimmung zur Verletzung des Rechts der Bürger auf gleiche Teilhabe an Politik führen. Darüber hinaus werden Spenden, die vor allem durch die Steuerbegünstigung motiviert sind, an jene Parteien abgelenkt, die zweifellos mehr als zwei Prozent der Stimmen erhalten werden. Die kleineren oder neu gegründeten Parteien haben daher eine relativ noch schlechtere Aussicht auf den Erhalt von Spendengeldern. Folglich könnte dieser finanzielle Anreiz Verzerrungen zu Ungunsten kleiner Parteien verursachen. Dem Ziel einer Gleichheit der Bürger bei den Möglichkeiten der Einflussnahme auf die politische Willensbildung und eines konstruktiven demokratischen Systems bzw. eines sinnvollen Mehrparteiensystem ist es daher zumindest dienlich, diese Bestimmung abzuschaffen.

394 BVerfGE 85, 264 (315).

J. Schlussbemerkung

Das System der Parteienfinanzierung, dessen verfassungsrechtliche Grundlegung und die dazu ergangene Rechtsprechung in Deutschland sind in dieser Arbeit Spiegel für die Betrachtung der Situation Taiwans. Von ihnen kann man erfahren, wo die Schwächen der Parteienfinanzierung in der Verfassung und auf Gesetzesebene in Taiwan noch bestehen und wie sie behoben werden könnten.

Der Grundrechtscharakter der Parteienfreiheit in Taiwan ist zwar wegen der klaren Verortung in der Verfassung (Art. 14 VRC) und des entsprechenden Verfahrensanspruchs im Gesetz über die Prüfung der Gesetzesauslegung durch die Hohen Richter relativ einfach festzustellen. Der Schutzbereich der Parteienfreiheit sollte aber umfangreicher bestimmt werden, damit die Finanzierungsfreiheit der Parteien tatsächlich und effektiv gewährleitet werden kann. Obwohl staatliche Zuwendungen an Parteien zur Aufrechterhaltung ihrer Funktionen bzw. Aufgaben von der Verfassung nicht unerwünscht sind, sind sie doch auf die Sicherung der Finanzierungsfreiheit und die Wahrung der sozial-gesellschaftlichen Stellung der Parteien zu prüfen. Damit ist das Einziehen der erörterten „echten" absoluten und relativen Obergrenze für direkte staatliche Zuwendungen unentbehrlich. Zur Vermeidung einer Umgehung dieser Obergrenze ist zugleich auch die gegenwärtige Bestimmung über die rechtliche Qualifizierung der Spender im Gesetz über politischen Spenden änderungsbedürftig.

Die Notwendigkeit einer fundierten Herleitung der Chancengleichheit wird in der taiwanischen Literatur bisher kaum beachtet. Aus welchen Artikeln die Chancengleichheit abgeleitet werden soll, wird in den literarischen Auseinandersetzungen nicht ausreichend. Was das BVerfG in seinen Urteilen an grundsätzlichen Überlegungen anstellt, kann daher nützliche Ausgangspunkte zur Begründung der Chancengleichheit auch in Taiwan bieten. Bevor Theorie und Inhalt der Chancengleichheit im Einzelnen bis zur Reife entwickelt sind, können die bereits bestehenden Verfassungsartikel zur Gleichheit, Gleichheit der Parteien, zum Wahlrecht und zur Wahlgleichheit im jeweils einzelnen Fall angewendet werden. Es ist auch denkbar, dass das Demokratieprinzip in Einzelfällen „in Reinform" herangezogen werden kann.

Die kleinen Parteien werden durch die Fünf-Prozent-Hürde bei der Sitzverteilung gem. Art. 4 Abs. 2 S. 2 EA und bei den direkten staatlichen Zuwendungen gem. § 43 Abs. 6 WahlG ungleichbehandelt. Ob bei der Sitzverteilung, Art. 4 Abs. 2 S. 2 EA, diese Einschränkung notwendig ist, ist nicht ganz fraglos. Damit die Fünf-Prozent-Hürde bei der Sitzverteilung zur Gewährleistung der Gleichheit der Parteien abgeschafft werden, handelt es sich aber um eine komplizierte Verfassungsänderung. Die Fünf-Prozent-Hürde für direkte staatliche Zuwendungen begünstigt die großen Parteien und lässt die Wettbewerbsfähigkeit der kleinen Parteien geschwächt. Zur Beförderung eines sinnvollen Mehrparteiensystems, und zur Sicherung der Aufgabenerfüllung bei der Willensbildung des Volkes in einer demokratischen Gesellschaft ist diese Ungleichbehandlung zu beheben. Eine Abmilderung oder Abschaffung dieses Kriteriums bei den direkten staatlichen Zuwendungen ist für die Gleichheit der Partei zumindest wünschenswert. Damit sich für alle Bürger das Recht der gleichen Einflussmöglichkeit auf Wahlen verwirklichen kann, ist weiterhin zu wünschen, dass Organisationen in Taiwan nicht mehr steuerlich begünstigt werden können und die Steuerbegünstigung keine zwei-Prozent-Hürde gesetzt wird. Die entsprechenden Bestimmungen sollen novelliert werden.

Glossar

1. Auslegung: Die Entscheidung der Hohen Richter wird nicht als „Urteil" sondern als „Auslegung" genannt. Anderes als Urteilsform besteht die Entscheidung aus zwei Teile, „Holding" und „Reasoning". Das Teil über die Tatsache ist nicht vorhanden. Die Nummerierung der Auslegung wird nicht nach Jahrgang erneuert.
2. Die Hohen Richter: Der Justiz-Yuan verfügt über 15 Hohe Richter, von denen einer als Präsident und einer als Vize-Präsident des Justiz-Yuan fungiert (Art. 5 Abs. 1 EA). Sie werden alle vom Staatspräsidenten mit Zustimmung des Legislativ-Yuan ernannt. Die Amtszeit der Hohen Richter beträgt 8 Jahre (Art. 5 Abs. 2 EA). Alle 4 Jahre wird die Hälfte der Mitglieder der Hohen Richter neu gewählt (Art. 5 Abs. 3 EA).
3. Exekutiv-Yuan: Der Exekutiv-Yuan ist das höchste administrative Organ des Staates (Art. 53 VRC) und besteht aus einem Premierminister, einem Vize-Premierminister, einer Anzahl von Ministern und den Vorsitzenden der Kommissionen sowie einer Anzahl von Ministern ohne Portefeuille (Art. 54 VRC). Der Premierminister wird vom Staatspräsidenten ernannt (Art. 3 Abs. 1 S. 1 EA); der Vize-Präsident, die Minister und die Vorsitzenden der Kommissionen werden auf Vorschlag des Premierministers vom Staatspräsidenten ernannt und entlassen (Art. 56 VRC).
4. Fünf-Gewalten-Teilung: Das Konzept von Dr. *Sun* wird als „Fünf-Gewalten-Teilung" bezeichnet. Die regierende Gewalt bestehen aus Verwaltungsgewalt, Gesetzgebungsgewalt, Justizgewalt, Prüfungsgewalt und Kontrollgewalt. Die Kontrollgewalt sei von der Gesetzgebungsgewalt abgetrennt, um die Parlamentswillkür zu verhindern und gleichzeitig habgierige, bestechliche und pflichtversäumende Beamte zu verhindern. Die Prüfungsgewalt sei von der vollziehenden Gewalt getrennt, um die Möglichkeit eines Machtmissbrauchs der vollziehenden Gewalt zu vermindern und die wirklich Begabten auszuwählen. Nach dieser Vorstellung wurden auch die sogenannten „Organe der regierenden Gewalt" konstituiert, nämlich der Exekutiv-Yuan (Art. 53 VRC), der Legislativ-Yuan (Art. 62 VRC), der Justiz-Yuan (Art. 77 VRC), der Prüfungs-Yuan (Art. 83 VRC) und schließlich der Kontroll-Yuan (Art. 90 VRC).
5. Kontroll-Yuan: Der Kontroll-Yuan übt die Gewalt der Anklage wegen Amtsvergehen, Tadels, bzw. Rechnungsprüfung aus (Art. 7 Abs. 1 EA). Der Kontroll-Yuan besteht aus einem Präsidenten, einem Vize-Präsidenten, und 27

weiteren Mitgliedern (Art. 7 Abs. 2 EA). Sie werden mit Zustimmung des Legislativ-Yuan vom Staatspräsidenten ernannt. Ihre Amtszeit beträgt 6 Jahre (Art. 7 Abs. 2 EA).

6. Justiz-Yuan: Der Justiz-Yuan ist das höchste Justizorgan des Staates (Art. 77 VRC), dessen Unterorgane alle Gerichte, Verwaltungsgerichte und das Beamtendisziplinarkomitee sind. Weiterhin verfügt der Justiz-Yuan über 15 Hohe Richter, die die Verfassungskammer bilden, die ausschließliche Verfassungsauslegungskompetenz haben und für die Auflösung verfassungswidriger Parteien und die Präsidentenanklage zuständig sind (Art. 5 Abs. 4 EA).
7. Kriegsverfassung: 1947 begann der Bürgerkrieg zwischen Kuomintang und Kommunisten. Um eine schnelle Beendigung des Kriegszustands herbeizuführen, trat die am 10.05.1948 erlassene Kriegsverfassung, „die Vorläufige Bestimmung“, in Kraft. Die Verfassung der Republik China wurde deswegen ersetzt. Die Kriegsverfassung ist in Jahr 1991 aufgehoben.
8. Legislativ-Yuan: Der Legislativ-Yuan übt die gesetzgebende Gewalt aus (Art. 62 VRC). Ab 2008 werden all vier Jahre 113 Abgeordneten gewählt, davon 79 Direktmandate und 34 Listenmandate sind.
9. Prüfung-Yuan: Der Prüfungs-Yuan ist für Staatsexamen, Amtseinstellungen und die Leitung der Behördenbediensteten in dem Staat verantwortlich. Der Prüfungs-Yuan ist verantwortlich für alle Angelegenheiten in Bezug auf Beamte. Im Prüfungs-Yuan gibt es den Präsidenten, den Vize-Präsidenten und 19 weitere Mitglieder. Sie werden mit Zustimmung des Legislativ-Yuan vom Staatspräsidenten ernannt (Art. 6 Abs. 2 EA). Ihre Amtszeit beträgt 6 Jahre.
10. Yuan: Auf Chinesisch ist Yuan eine räumliche Zeichnung.

Anhang I

Das politische System Taiwans nach 7. Verfassungsrevision im Juni 2005

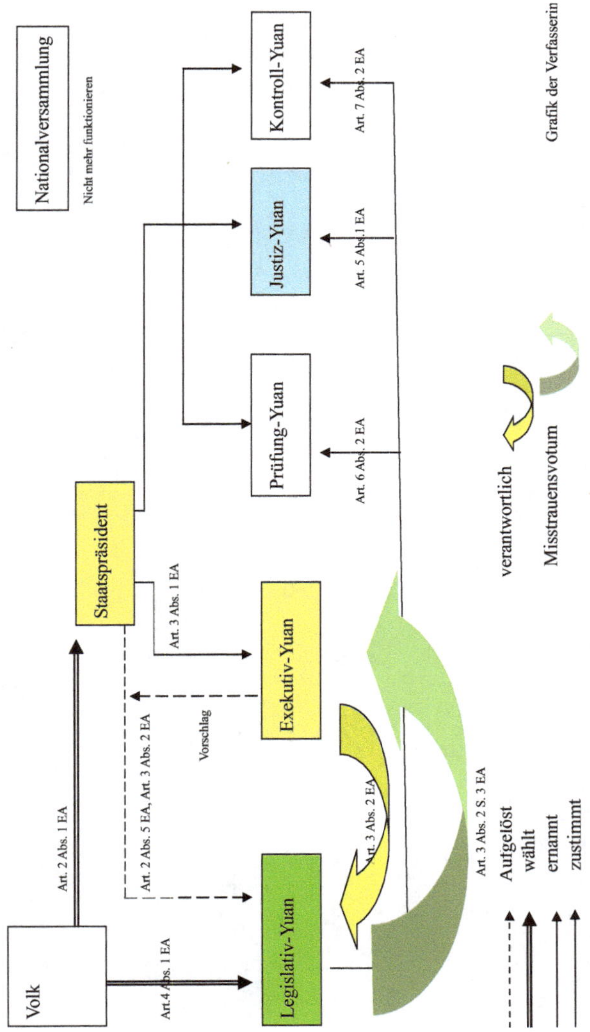

Anhang II

List der Anhänge der Auslegung von Hohen Richter

Anhang 1	Auslegung Nr. 479
Anhang 2	Auslegung Nr. 644
Anhang 3	Auslegung Nr. 560
Anhang 4	Auslegung Nr. 542
Anhang 5	Auslegung Nr. 649
Anhang 6	Auslegung Nr. 485
Anhang 7	Auslegung Nr. 593
Anhang 8	Auslegung Nr. 211
Anhang 9	Auslegung Nr. 412
Anhang 10	Auslegung Nr. 365
Anhang 11	Auslegung Nr. 618
Anhang 12	Auslegung Nr. 626
Anhang 13	Auslegung Nr. 340
Anhang 14	Auslegung Nr. 468
Anhang 15	Auslegung Nr. 481
Anhang 16	Auslegung Nr. 645
Anhang 17	Auslegung Nr. 261
Anhang 18	Auslegung Nr. 520

Anhang 1

J.Y. Interpretation	NO.479 (釋字第 479 號)
Date	1999/4/1
Issue	Section 4 of the Regulations for Registration of Social Entities promulgated by the Ministry of the Interior requires that any social organization must be named in accordance with the administrative district where it is located. Does the said Regulation surpass the permissible bounds of the relevant Law's details and technicalities, thus constituting an infringement on the people's freedom of association guaranteed by the Constitution and being null and void?
Holding	Article 14 of the Constitution prescribes that the people shall have the freedom of association. The original intent of the Article is to protect the people's freedom to form any organizations they wish and to participate freely in their activities. Hence, a free choice of organizational name is at the very core of the protection of freedom of association since naming an organization is crucial to the purpose, nature, and identity of members in one's organization, and to its own distinctiveness from those of others. The infringement of the associations' right to their own names, hence, shall not be permitted unless under the circumstances specified by Article 23 of the Constitution and by laws or specifically delegated rules. Article 5 of the Civil Organizations Act prescribes that organizational areas of civil associations shall be limited to administrative areas. Article 12 of the same Act, however, does not specify ways that people's organizations shall be named. Rather, it only requires that names and organizational areas of associations be specified in their own charters. In accordance with the prior Interpretations of this Yuan, administrative agencies, based on the mandate of executing laws, may make necessary rules to supplement laws. The administrative rules, however, shall not go beyond the mandate of delegating laws and shall be

	limited to details and technicalities concerning the executions of laws. Section 4 of the Regulations for Registration of Social Entities, promulgated by the Ministry of the Interior, requiring that civil associations be named in accordance with their administrative areas, goes far beyond the mandate intended by the delegating Act. As a result, this section infringes upon the peoples' freedom of association guaranteed by the Constitution and shall be declared null and void.
Reasoning	Article 14 of the Constitution that guarantees freedom of association as one of the people's fundamental rights is to empower people by way of freely forming associations to formulate their common wills, pursue their common beliefs, and ultimately realize their common goals. Freedom of association not only includes the people's right to freely determine the purposes and forms of their associations, but also the right to join or not join any associations and related activities. It also guarantees any associations that individuals form and join, along with their creation, maintenance, naming, and promotion of their related activities from any unlawful infringement. With such a protection, associations may freely, in accordance with common consensus reached by a majority principle, decide their own business affairs related to associations including naming and openly express ideas consistent with the purpose of associations. By choosing their own names, associations express their existence as associations and show their own distinctiveness from that of others. Using their own names, associations will be able to, internally, strengthen the identity of their members, and externally, further their business relations as well as promote their activities under said names. Should associations have been deprived of the freedom to choose their own names, the nature of free association, being able to freely determine their own business affairs, would not have been incarnated, and that recruitment and maintenance of their members as well as external expressions of their own wills would have been disadvantaged. Hence, associations' right to choose their own names, at the time of their creation, or the right to change their names afterwards, shall be protected under the right of freedom of association that Article 14 of the Constitution guarantees. The infringement of the associations'

	right to choose their own names shall not be permitted unless under the circumstances specified by Article 23 of the Constitution and by laws or specifically delegated rules. Article 3 of the Civil Organizations Act assigns agencies to regulate civil associations at the national, provincial, and county levels. Article 5 of the same Act prescribes that organizational areas of civil associations shall be limited to the abovementioned administrative areas. Although Article 12 of the Act requires that names and organizational areas of associations be specified in their own charters, it does not intend to limit associations' internal or external activities to such administrative areas specified in their own charters. According to the original intent of the Article, the purpose of specifying organizational areas of associations is to assign agencies to regulate the civil associations as well as to determine which courts have jurisdiction with regard to registering matters on their legal person. Names and organizational areas of associations manifest differently such that between them there are no necessary relations. While administrative agencies, based on their mandate of executing laws, may make necessary rules to supplement laws, the administrative rules shall not go beyond the mandate of delegating laws and shall be limited to details and technicalities concerning the execution of related laws. This fundamental principle has been previously upheld in Interpretations Nos. 367, 390, 443 and 454. Hence, Section 4 of the Regulations for Registration of Social Entities, made by the Ministry of the Interior, requiring that civil associations be named in accordance with their administrative areas, infringes upon the peoples' freedom of association guaranteed by Article 14 of the Constitution and shall be declared null and void. Likewise, based on this Interpretation, the competent authority shall closely examine other sections of the same Regulations and, if necessary, make correspondent revisions in order to be consistent with the rights of associations guaranteed by the Constitution. ' Translated by Jiunn-rong Yeh.

Abgerufen am 31.10.2009, 12:16, unter: http://www.judicial.gov.tw/constitutionalcourt/EN/p03_01.asp?expno=479

Anhang 2

J.Y. Interpretation	NO.644 (釋字第 644 號)
Date	2008/6/20
Issue	Is it constitutional for the Civic Organizations Act to prohibit the establishment of associations that advocate Communism or the partition of national territory?
Holding	Article 2 of the Civic Organizations Act stipulates that: "[t]he organization and activities of a civic association shall not advocate Communism or the partition of national territory." The front portion of the first paragraph of Article 53 of the same Act provides that "no permission shall be granted … for those applicants/civic associations that violate Article 2." This amounts to allowing the governing authority to conduct a review of the content of a person's political speech to determine whether any statement therein "advocate[s] Communism or the partition of national territory" prior to the establishment of an association, and as the ground for disapproval. This has clearly exceeded the scope of necessity and is not in conformity with the purpose of constitutional protection of people's freedom to associate and freedom of speech. Therefore, within the scope of this Interpretation, [the indicated statutory provisions] are deemed invalid as of the date this Interpretation is issued.
Reasoning	Any person who brings forth litigation alleging his/her constitutionally protected rights having been unlawfully infringed or violated may, in accordance with Article 5, Paragraph 1, Section 2 of the Constitutional Interpretation Procedure Act, petition this Yuan to interpret the Constitution on the ground that the applicable laws or regulations relied upon by the court of final judgment contravene the Constitution. The scope of review by this Yuan is not limited to those [laws and/or regulations] specified in the petition, and may extend to the underlining substantive laws or regulations based on which the final

	judgment should be rendered. The present petition only alleges that Article 2 of the Civic Organizations Act contravenes the Constitution, among other things, whereas Article 2 states, "[t]he organization and activities of a civic association shall not advocate Communism or the partition of national territory[,]." It is a provision that concerns actus juridicus (a juristic or legal act), which must be applied in combination with the front portion of the first paragraph of Article 53 of the same Act, "no permission shall be granted ... for those applicants/civic associations that violate Article 2[,]" which concerns the legal effect. Given that the judgment of the Supreme Administrative Court, (90) pan No. 349, which upheld the governing administrative agency's decision to deny the petitioners' application for the establishment of a political organization for violation of Article 2 of the Civic Organizations Act, in effect and in substance touches upon the application of the above stated the front portion of the first paragraph of Article 53 of the same Act, it shall be jointly reviewed [by this Interpretation]. The purpose of Article 14 of the Constitution, which grants the freedom of association, is to protect the right of the people to form associations and participate in their activities based upon mutual consent, and to ensure the sustenance of the associations, self-determination regarding their internal constitution and affairs as well as freedom to [conduct] external activities. In addition to the protection of the freedom of people to develop individual characteristics through organized formats, the freedom of association further encourages those with a sense of citizenry to actively participate in socio-economic and political affairs through the formation of [civic] associations. Depending upon different individual meanings, different social systems or democratic constitutional systems, organizations may be subject to different legal protections and restrictions. Yet each respective protection of the freedom of association is based upon each individual's free will to organize, and the level of restrictions considered the most severe are those designed to control and limit such freedom of association. Therefore, whether any or all such legal restrictions and grounds for approval or disapproval are proportional and in compliance with Article 23 of the Constitution shall be subject

to stringent scrutiny to meet the original purpose of having a constitutionally protected freedom of association.

The Civic Organizations Act categorizes civic associations into occupational, social and political organizations. All of them are not-for-profit in nature with an occupational organization being formed with work units, institutions or individuals in the same occupation for the purpose of coordinating relationships within that occupation, enhancing mutual benefit, and fostering socio-economic construction (Article 35); a social organization being formed by individuals or organizations for the purpose of promoting cultural, academic, medical-therapeutic, health, religious, philanthropic, gymnastic, benevolent, social services or other public interests (Article 39); and a political organization being formed by nationals with mutual democratic political ideas to promote the development of political will, and the enhancement of political participation (Article 44).

Article 2 of the Civic Organizations Act stipulates, "[t]he organization and activities of a civic association shall not advocate Communism or the partition of national territory." The front portion of the first paragraph of Article 53 provides, "no permission shall be granted … for those applicants/civic associations that violate Article 2." Thus, it is clear that this law may disapprove the establishment of a not-for-profit civic association on the ground that it advocates Communism or the partition of national territory.

Freedom of expression encompasses self-fulfillment, exchange of ideas, pursuance of truth, satisfying people's right to know, and the promotion of all kinds of reasonable political and social activities, a mechanism for the normal development of a democratic and diverse society (see J. Y. Interpretation No. 509). Any restrictions by law on freedom of expression must meet the principle of proportionality. The use of so-called "advocating Communism or partition of national territory," each constituting a kind of political advocacy (or speech), as grounds for disapproving the establishment of a civic association amounts to bestowing on the governing authority (or agency) the power to review the content of the speech itself, which directly restricts the people's fundamental right of free speech. Article 5, Paragraph 5 of the Amendment of the Constitution of the Republic of China provides, "[a] political party shall be deemed unconstitutional in the event its goals or activities endanger the existence or the democratic constitutional order of the Republic of China." Since there is no prerequisite that the organization of a political party should seek prior approval, a political party may be disbanded only by the judgment of the Constitutional Court after it has been established and its goals or activities have been deemed to endanger the existence or the democratic constitutional order of the Republic of China. Conversely, disapproval based on Article 2 of the Civic Organizations Act gives the governing authority (or agency) the power to conduct substantive review of the content of such speech before an organization is established. As such, if it should discover that an association advocates the above-mentioned activities, and the facts [collected] at the time are sufficient, the governing authority may then revoke (which has been amended to "repeal" as of December 11, 2002) the approval in accordance with the latter portion of the first paragraph of Article 53, as amended and promulgated on January 27, 1989, to achieve the purpose of disbandment. If disapproval is rendered from the outset of a petition to form a civic organization, it is not different from the prohibition of establishment of a civic association merely on the ground that it advocates Communism or partition of national territory. This has clearly exceeded the scope of necessity under Article 23 of the Constitution, and is not in conformity with the purpose of constitutional protection of people's freedom to associate and freedom of speech. Therefore, Article 2 and the front portion of the first paragraph of Article 53 of the Civic Organizations Act, as indicated above, shall be deemed invalid within the scope of this Interpretation as of the date this Interpretation is issued.

[1] Translated by Professor Andy Y. Sun

Abgerufen am 31.10.2009, 12:20, unter: http://www.judicial.gov.tw/constitutionalcourt/EN/p03_01.asp?expno=644

Anhang 3

J.Y. Interpretation	NO.560（釋字第 560 號）
Date	2003/7/4
Issue	Is an alien employee entitled to claim burial compensation under Article 62 of the Labor Insurance Act for the death of his dependent who did not live with the employee inside the territory of jurisdiction of the Act and died outside such territory?
Holding	Labor insurance is a social welfare program established by the Legislature under the nation's fundamental policy as manifested by the Constitution for protecting workers and implementing the social insurance program, with the purpose of guaranteeing workers a stable livelihood and promoting the social security. The insurance fund established as a part of the labor insurance program is composed of an insurance premium paid by the insured persons and the portion shared by employers in addition to the pro rata subsidies from governments at all levels. Under the Labor Insurance Act, payment is made mainly for medical care, disability, retirement, death, and other events occurring to the insured. The provision of Article 62 of the Act whereby an insured may claim the benefit of burial compensation for the death of his parent, spouse, or child is designed to alleviate the increased financial burden on the insured as a result of the loss of a member of his family, and the payment thereunder is certainly distinguishable from the regular compensation payable against an insured event that occurred to the insured himself in that it carries concurrently the nature of social aid and as such must be determined depending upon whether the person to whom the insured event occurs is covered under the protection provided by the social security program. The Employment Services Act promulgated on May 8, 1992, provides in Article 43, Paragraph 5, that in the case of death of a dependant of an alien employee occurring

	outside the jurisdictional territory of the Labor Insurance Act, no entitlement to burial compensation may be claimed. This is a special provision enacted for the purpose of social security within the sphere of legislative discretion and is not contrary to the essence embodied in Articles 7 and 15 of the Constitution.
Reasoning	Labor insurance is a social welfare program established by the state under the nation's fundamental policy as manifested by the Constitution for protecting workers and implementing the social insurance program, with the purpose of guaranteeing workers a stable livelihood and promoting the social security. Under the Labor Insurance Act, the insurance fund established as a part of the labor insurance program is composed of the insurance premium paid by the insured persons and the portion shared by the insured units in addition to the pro rata subsidies from governments at all levels. The operation of such insurance program is also financed by the state (See Labor Insurance Act, Article 15 and Chapter 5). Under said Act, payment is made mainly for medical treatment, disability, retirement, death, and other events occurring to the insured. The purpose of Article 62 of the Act, whereby an insured is entitled to payment in a sum equal to one and one half to three months of his average wage for which he is insured in the case of the death of his parent, spouse, or child, is to alleviate the burden on the worker's family finances and to help him maintain financial stability by way of making available to him burial compensation to meet his increased expenses incurred as a result of the loss of a member of his family. To the extent that such payment is made available in the case where an insured event occurred to a person other than the insured, it is certainly distinguishable from the compensation payable against an insured event that occurred to the insured in that it carries concurrently the nature of social aid, and the Legislature is empowered to define the necessary coverage of such payment consistent with the essence expressed above by taking into account whether the person to whom the insured event occurs is covered under the protection to be accorded by the social security program. The Employment Services Act promulgated on May 8, 1992, is enacted for the purpose of promoting the employment of

	nationals and furthering the social and economic development. The Act provides in Article 43, Paragraph 5 (re-numbered Article 46 in the Employment Services Act amended on January 21, 2002, in which the clause herein cited was deleted) that in the case of the death of a dependant of an alien employee occurring outside the territory where the Labor Insurance Act is implemented, no entitlement to burial compensation shall be available. It means that no burial compensation may be claimed by an alien employee for the death of his dependent if such dependent did not live with the alien employee inside the jurisdictional territory of the Act and died outside such territory. As already stated above, the restriction set forth in the Employment Services Act is based on the consideration of the function of the social security system and the fact that such burial compensation is different in nature from the regular labor insurance coverage. From the viewpoint of eligibility for social aid, a dependent who lives in a foreign country instead of with the alien employee inside the territory of jurisdiction of the Act is distinguishable from the dependent of a local worker and the dependent of an alien employee living with him inside the territory of jurisdiction of the Act in the degree of reliance on living expenses. Thus, because of the particular nature of such benefit and considering the social appropriateness as a significant factor of the social security program and the degree of protection provided by foreign governments to workers from the Republic of China, it is essential that the Legislature makes reasonable adjustment of the coverage of such benefits to save expenditure from the insurance fund and the legislation gives rise to no problem of discrimination. We conclude that the provision of the Employment Services Act, Article 43, Paragraph 5, is consistent with the intent of Article 23 of the Constitution and is not in contradiction to the right of equality set forth in Article 7 of the Constitution and the right of property set forth in Article 15 of the Constitution. [1] Translated by Raymond T. Chu.

Abgerufen am 13.01.2011, 12:20, unter: http://www.judicial.gov.tw/constitutional-court/EN/p03_01.asp?expno=560

Anhang 4

J.Y. Interpretation	NO.542（釋字第 542 號）
Date	2002/4/4
Issue	Is the administrative ordinance, which requires residents of the reservoir catchment area to be relocated out of the area, a proper means to the end of water resource protection, thus complying with the constitutional principle of proportionality? Is the said ordinance adopting the household registry records of residents in the reservoir catchment area as the sole indicator of actual residence in the said area for determining the granting of relocation compensation appropriate, thus conforming to the constitutional principle of equality?
Holding	Article 10 of the Constitution has expressly provided that the people shall have the freedom of residence and migration. Any restriction on this freedom shall not exceed the degree of necessity required by Article 23 of the Constitution, and must be mandated by the law. The foregoing has been explained by this Yuan's Interpretations Nos. 443 and 454. Article 11 of the Water Supply Act authorizes administrative bodies to make provisions for the „classification of the water quality and quantity protection area and the prohibition of any activity that is likely to be hazardous to the water quality and quantity in the said area." Pursuant to this authorization, the relevant authority announced an „Implementation Plan for the Relocation of Residents in the Bi Shan, Yun An and Ge To Villages of the Shrdiang County, Feitsui Reservoir Catchment Area." Although the Plan places a restriction on the people's freedom of residence and migration, it cannot be said to have infringed upon Article 10 of the Constitution since the means of relocation conforms to the principle of proportionality when considering the end–the protection of water resources. The administrative ordinances, set down by administrative bodies, having the nature of compensatory administrative

	measures, which grant benefits to the people, should be bound by the relevant constitutional principles, especially the principle of equality. Provisions for payment of relocation compensation in the aforementioned Implementation Plan are a type of Leistungsverwaltung, which gives benefits to the people with an aim to assist residents financially in vacating the catchment area. Since the ultimate objective is to relocate residents out of the area, the prerequisite for an Leistungsverwaltung should be that of actual residence, with listings on the household registry being one indicator of actual residence. However, the abovementioned Plan adopts household registry records as the sole indicator of actual residence in the said water supply region, and although it does not contradict the principle of equality, it is inadequate as it fails to take into account other means of proving actual residence. Therefore, the relevant provisions regarding the receipt of relocation compensation must be amended in line with this Interpretation.
Reasoning	The internal guidelines of administrative bodies assume the status of legislation once they are proclaimed or announced to take effect. Those guidelines that have not been proclaimed or announced but have the effect of regulating people's rights and obligations in general and have became the basis of concrete administrative measures are regulations applicable to the public; that is, they have the same status as legislations, ordinances or administrative rules and are subject to review by this Yuan. The aforementioned „Implementation Plan for the Relocation of Residents in the Bi Shan, Yun An and Ge To Villages of the Shrdiang County, Feitsui Reservoir Catchment Area" has been approved by the Executive Yuan and proclaimed by the Taipei Special Water Supply Region Management Committee, Ordinance No.1855 of March 6, 1996. Thus the Plan shall be reviewed as an administrative ordinance. Article 10 of the Constitution has expressly provided that the people shall have the freedom of residence and migration. In order to construct reservoirs, the government may expropriate the people's property with compensation. Once reservoirs have been built, administrative bodies may restrict activities of residence and movement in certain areas in order to maintain

	the purity and safety of the water source, the quality and quantity in the catchment area. However, such restriction on the people's freedom of residence and migration shall not exceed the degree of necessity required by Article 23 of the Constitution and must be mandated by the law. The foregoing has been explained by this Yuan's Interpretations Nos. 443 and 454. Article 11 of the Water Supply Act authorizes administrative bodies to make provisions for the „classification of the water quality and quantity protection area and the prohibition of any activity that is likely to be hazardous to the water quality and quantity in the said area." Thus, after the Feitsui Reservoir was built, the competent authority announced an „Implementation Plan for the Relocation of Residents in the Bi Shan, Yun An and Ge To Villages of the Shrdiang County, Feitsui Reservoir Catchment Area" pursuant to the aforementioned authorization. The Plan seeks to preserve the water quality and quantity in the protected water supply region, and the means it adopts are necessary, from an objective point of view, to achieve this. Although the Plan places a restriction on the people's freedom of residence and migration, it cannot be said to have infringed upon Article 10 of the Constitution since the means of relocation conforms to the principle of proportionality when considering the end—the protection of water resource. The administrative ordinances, set down by administrative bodies, having the nature of compensatory administrative measures, which grant benefits to the people, should be bound by the relevant constitutional principles, especially the principle of equality. According to this Yuan's Interpretation No.485, all social policy legislations shall be appropriate in their aims, being efficient use and proper allocation of resources, shall adopt means that are objectively necessary to help achieve the aims, and shall take into consideration the efficiency of such means and whether they are proportional in the achievement of the aims. Provisions for payment of relocation compensation in the aforementioned Implementation Plan are a type of Leistungsverwaltung which financially assists residents to vacate the catchment area, and stops activities of any residence and livelihoods of the area in order to maintain the purity and safety of the water source, the quality and quantity in the

	catchment area. Such provisions are appropriate in their aims. Since the ultimate aim is to vacate residences from the area, the prerequisite for an Leistungsverwaltung should be that of actual residence, with listings on the household registry being just one indicator of actual residence. However, the aforementioned Plan adopts household registry records as the sole determinant of actual residence in the said water supply region. This will exclude the residents who have actually been residing in and have vacated the water supply region from getting the benefit of relocation compensation. Although this does not contradict the principle of equality, it is inadequate as it fails to take into consideration other means of proving actual residence. In general, household registration is only an administrative control measure for special purposes. The law does not prohibit administrative bodies from utilizing household registration outside the scope of such purposes, for administrative convenience, and adopting household registration as the control mechanism, but they must conform to the principle of equality in Article 7 of the Constitution. Those individuals who can prove long-term residence in the water supply region before the date of the abovementioned Ordinance should be awarded relocation compensation by administrative bodies despite not having such household registration. Provisions for determining actual residence in the said Implementation Plan should be reviewed and amended in line with this Interpretation. ' Translated by Wei-Feng Huang of THY Taiwan International Law Offices.

Abgerufen am 12.01.2011, 15:48, unter:
http://www.judicial.gov.tw/constitutionalcourt/EN/p03_01.asp?expno=542

Anhang 5

J.Y. Interpretation	NO.649（釋字第 649 號）
Date	2008/10/31
Issue	Is it constitutional for the Physically and Mentally Disabled Citizens Protection Act to restrict the practice of massage business to vision-impaired individuals only?
Holding	The front portion of the first paragraph of Article 37, Paragraph 1 of the Physically and Mentally Disabled Citizens Protection Act, as amended and promulgated on November 21, 2001, provides that "those who are not vision-impaired as defined by this Act shall not engage in the practice of massage business." (The name of the Act was changed to Physically and Mentally Disabled Citizens' Rights Protection Act on July 11, 2007, and the above quoted "those who are not vision-impaired as defined by this Act" has been amended to "those whose vision is not functionally impaired" and reassigned as the first Paragraph of Article 46, with the same regulatory meaning.) Such provision does not conform to the right of equal protection as stipulated in Article 7, right of employment as stipulated in Article 15, and the doctrine of proportionality as stipulated in Article 23 of the Constitution, and shall be invalid no later than three years since the issuance of this Interpretation.
Reasoning	The front portion of the first paragraph of Article 37, Paragraph 1 of the Physically and Mentally Disabled Citizens Protection Act, as amended and promulgated on November 21, 2001, provides that "those who are not vision-impaired as defined by this Act shall not engage in the practice of massage business." (The name of the Act was changed to Physically and Mentally Disabled Citizens' Rights Protection Act on July 11, 2007, and the above quoted "those who are not vision-impaired as defined by this Act" has been amended to "those whose vision is not functionally impaired" and reassigned as the first Para-

graph of Article 46, with the same regulatory meaning.) As a preferential treatment to protect the right to work for vision-impaired individuals, and, conversely, a prohibition against non-vision impaired individuals with regard to the freedom to choose their occupation, this provision must conform the right of equal protection as stipulated in Article 7, right of employment as stipulated in Article 15, and the doctrine of proportionality as stipulated in Article 23 of the Constitution.

Vision impairment is a physical condition beyond any human control. The disputed statutory provision, which based its discriminatory treatment on such a category over who can engage in massage business, has a profound impact on the majority of population who are not vision-impaired. While the legislators have taken into consideration the limited occupation and career options available to the vision-impaired in light of many obstacles they need to overcome, such as their growth, movement, learning and education, as well as the vulnerability of their social status, together with the reality that vision-impaired individuals have traditionally been dependent upon massage business for their livelihood, such legislation, in order to achieve an important public interest and comply with the right of equal protection, should nevertheless adopt a measure not to be excessively restrictive to the rights of those who are not vision-impaired, and to ensure that the protective measure for the vision-impaired have a substantial nexus with the objectives it intends to accomplish. The Constitution provisions concerning fundamental rights have emphatically focused on the protection of socially disadvantaged. Article 155 of the Constitution states, "... [t]o the aged and the infirm who are unable to earn a living, and to victims of unusual calamities, the State shall provide appropriate assistance and relief." Article 10, Paragraph 7 of the Additional Articles of the Constitution states, "[t]he State shall guarantee availability of insurance, medical care, obstacle-free environments, education and training, as well as support and assistance in everyday life for physically and mentally handicapped persons, and shall also assist them to attain independence and to develop [their] potentials. ..." These provisions have clearly demonstrated the principle for assisting the disadvantaged. As a result, there is a significant public interest in protecting the vision-impaired right to work, and the objectives for preferential or discriminatory treatment are justified under the relevant provisions of the Constitution.

When the Handicapped Welfare Act was enacted and promulgated in 1980, there were few career options available for vision-impaired individuals. The prohibition against non-vision impaired to engage in massage business was beneficial for the vision-impaired willing to engage in such business, and the reality was that a high percentage of vision-impaired have chosen massage business as their livelihood. However, the nature of massage and the skill required for those intend to engage in the massage business is not limited to vision-impaired only. With the expansion of market for massage career and service consumption, the disputed provision has become excessively restrictive to non-vision impaired individuals, which include other physically or mentally disabled but are not vision-impaired who do not otherwise enjoy the preference on occupation reservation. With the knowledge and capability of [many] vision-impaired enhanced gradually, and the selectable occupation categories increased by the day, the statutory provision in question tends to make the governing authority overlook the fact that the talents of vision-impaired are not limited to massage business alone. Consequently, after nearly thirty years of the statute's promulgation and in light of the multiple availabilities of various occupations, the social-economic condition of vision-impaired has yet to see any significant improvement. Since there is hardly a substantial nexus between the objectives and the means, [the provision] contradicts the meaning and purpose of Article 7 of the Constitution on the right of equal protection.

The right of citizens' employment must be protected under Article 15 of the Constitution, the Judicial Interpretations No. 404, 510, 584, 612, 634 and 637 further illustrate the freedom to engage in employment and to choose occupation. The Constitution has set forth different permission standards, based upon difference of contents, on restrictions over freedom of employment. The legislators, in pursuance of general public interest, may impose proper restrictions on the methods, time

	and location that an occupation may be carried out. Yet on the freedom to choose an occupation, if [the restrictions] concern the subjective condition needed, which means professional capability or license to perform the specific occupation, and such capability or [license] status can be gained through training and fostering, such as knowledge, degree or physical capability, no restrictions may be permitted without justification of important public interest. The objective condition needed for people to choose an occupation means those restrictions on the pursuance of an occupation that cannot be achieved by individual efforts, such as monopoly of certain sectors. Such restrictions may be justified only with showing of especially critical public interest. Without regard to under which condition the restrictions were imposed, the means adopted must not violate the principle of proportionality. The disputed provision that prohibits non-vision impaired to engage in massage business amounts to restrictions on the objective conditions concerning the freedom to choose occupation. Since that provision was designed to protect the employment opportunity for vision-impaired, taking into consideration of the purpose of the last paragraph of Article 155 of the Constitution and Article 10, Paragraph 7 of the Additional Articles of the Constitution, it concerns an especially critical public interest, and the objective [of the statutory provision] is proper. Yet in light of the social development, expansion of the need for massage occupation, provided that the hand skills required for massage business are quite broad, including, among other things, "effleuraging, kneading, chiropractics, pounding, stroking, hand arcuation, movement and other special hand skill." (See Article 4 of the Regulations Governing the Qualifications and Management of Vision-Impaired Engaged in Massage Occupation, repealed on March 5, 2008, Article 4, Section 1 of the current regulations Governing the Qualifications and Management of Vision Functionally-Impaired Engaged in Massage and Physical Therapy Massage Occupation.) The prohibition in the disputed provision against the non-vision impaired does not have a clearly defined scope, and has resulted in inconsistent enforcement standards; thereby greatly increase the possibility of violations by non-

vision impaired engaged in similar work or business. This can be seen by many cases pending before different levels of the Administrative Courts. Given that anyone interested in massage business should have been eligible to engage in the occupation after receiving corresponding training and qualification review, by only permitting the vision-impaired to be able to conduct such business has resulted in non-vision impaired transfer to other occupation or lose their jobs, and a multi-facet competitive environment for consumers to choose not being able to form. This is not in parity with the interest to protect the right of employment for the vision-impaired. Consequently, the restriction of the disputed provision is not in conformity with principle of proportionality under Article 23 of the Constitution, and contravenes the protection over the right of employment stipulated in Article 15 of the Constitution.

It is an especially important public interest to protect the right of employment for the vision-impaired, and the governing authority shall adopt multiple, concrete measures to provide training and guidance for occupations deemed suitable for the vision-impaired, retain appropriate employment opportunities. In addition, [the governing authority] should provide adequate management on massage occupation and related matters, take into consideration the interests of both vision-impaired and non-vision impaired, the consumers and the suppliers, as well as the balance between the protection of disadvantaged and market mechanism, so that the employment opportunities for the vision-impaired and other physically or mentally disabled [individuals] can be enhanced, the objectives of the Constitution to assist the disadvantaged in independent development can be fulfilled, and the principle and spirit of substantive equality enhanced. Since all of these measures require delicate planning and execution, the disputed provision shall be invalid no later than three years since the issuance of this Interpretation.

[1] Translated and edited by Professor Andy Y. Sun

Anhang 6

J.Y. Interpretation	NO.485（釋字第 485 號）
Date	1999/5/28
Issue	Do the public housing benefits for military personnel and their families provided according to the Act Governing the Reconstruction of Old Villages for Military Personnel and Their Dependents and its Enforcement Rules violate Article 7 of the Constitution guaranteeing the principle of equality?
Holding	The principle of equality prescribed by Article 7 of the Constitution does not mean a formal equality in an absolute and mechanical sense. Rather, it aims to guarantee the substantive equality of the people in the sense of equal protection under law. The legislative body, based on the value system of the Constitution and the purpose of enactment, could consider the differences of the addressed subject areas and reasonably treat them differently. The improvement of the people's welfare is one of the basic principles of the Constitution, which is self-evident in light of the Preamble, Article 1, the Fundamental National Policies in Chapter 13 and the 10th Amendment. The legislators, in consideration of social policy, have the authority to enact policies in order to make a restricted allocation of welfare resources. The Act Governing the Reconstruction of Old Villages for Military Personnel and Their Dependents and its Enforcement Rules prescribed: "The families that resided in original housing have a prior option to buy a new residence unit built pursuant to the said Act as well as the right to receive government subsidy for housing; such families can also apply for a loan with special interest rate for the down payment; and the government should provide appropriate assistance for the needs of such families. The purpose of the enactment of the Act does not violate the right of equality doctrine of Article 7. However, in light of limited state resources, the legislations of social policies have to consider the following factors

	to make appropriate allocation of welfare resources: the economic and financial conditions of the state, the principle of resource utilization, and should also try to attend to the equity between beneficiaries and other people. The legislations should also consider the beneficiaries' finances, income, costs for family support as well as the need of welfare and then regulate accordingly. It is forbidden to base the consideration of special treatment only on the beneficiaries' specific position or status. The rules governing the ways and amount of provision should also seek to be consistent with the basic needs of beneficiaries, and not to exceed the extent necessary for welfare purposes and thus result in overprovision. The legislative body should therefore revise any part of the abovementioned Act not in accord with the intent of this Interpretation.
Reasoning	The principle of equality prescribed by Article 7 of the Constitution does not mean a formal equality in an absolute and mechanical sense. Rather, it aims to guarantee the substantive equality of the people in the sense of equal protection under law. The legislative body, based on the value system of the Constitution and the purpose of enactment, could consider the differences of the addressed subject areas and reasonably treat them differently. The improvement of the people's welfare is one of the basic principles of the Constitution, which is self-evident in light of the Preamble, Article 1, the Fundamental National Policies in Chapter 13 and the 10th Amendment. Based on this principle, the state should provide various kinds of benefits, in order to guarantee the basic needs of people required by human dignity, to assist the economically disadvantaged, and to implement welfare measures such as social safety. Since the said benefits are related to the allocation of state resources, the legislative body has the full authority to make decisions on the issues of the priority of various kinds of benefits, the purposes of enactments, the scope of beneficiaries, the ways and amount of provision, etc. The legislative body can consider relevant factors of social policies such as the necessity of benefit and public finance in the law-making process, and enact such policies to make a restricted allocation of welfare resources. Article 5 (revised on November 26, 1997) and Arti-

	cle 20 of the Act Governing the Reconstruction of Old Villages for Military Personnel and Their Dependents, effective on February 5, 1996, as well as Article 9 of its Enforcement Rules effective on July 23, 1996, both prescribe that the families that resided in the original housing have a prior option to buy a new residence unit built pursuant to the said Act, the right to receive government subsidy for housing as well as the qualification to apply for a loan with a special interest rate for the down payment. The purpose of the enactment is to provide appropriate assistance to such families, which is consistent with the basic principle of improvement of welfare, and does not violate the intent of Article 7 of the Constitution. However, in light of the limited state resources, the legislations of social policies have to consider the following factors to make an appropriate allocation of welfare resources: the economic and financial conditions of the state, the principle of resource utilization, and should also try to ensure the equity between beneficiaries and other people. As regarding the scope of beneficiaries, the legislations should consider the beneficiaries' finances, income, costs for family support as well as the need of welfare and then regulate accordingly. It is forbidden to base the consideration of special treatment only on the beneficiaries' specific position or status. The rules governing the ways and amount of provision should also seek to be consistent with the basic needs of beneficiaries, and not to exceed the extent necessary for welfare purposes and thus result in over-provision. Article 3, Paragraph 1, of the said Act prescribes: "The term 'Old Villages for Military Personnel and Their Dependents' should mean such villages constructed before December 31, 1980, and which must also meet one of the following conditions: 1) constructed and allocated by the government; 2) financed by donations from the Chinese Women's Anti-Communist Union; 3) constructed by the housing family on public land; and 4) other situations approved by the relevant authorities." However, whether the public housing is deemed old and in need of reconstruction should depend on the real condition of the house and the need of community renovation. In order to avoid wasting state resources, the decision must not be based solely on the date of the completion of construction.

	The second sentence of Article 5, Paragraph 1, prescribed: "On the occasion of the death of the title holder, his spouse has the priority option to this title of possession; in the case that the spouse also dies, their sons or daughters acquire the option; no others are entitled to possession." The purpose of this rule is surely to take care of the descendents of military personnel. However, the rule may result in overprovision as it disregards whether there is real need on the part of a son or daughter for the provision of public housing, and it also unconditionally entitles sons or daughters with the same right of the original holder to the priority option and the subsidy. And Article 24, Paragraph 1, of the same Act prescribes: "For a residence unit sold and distributed by the relevant authorities, except through inheritance according to law, the buyer is forbidden to sell, mortgage, gratuitously transfer or exchange the residence unit and the land occupied within five years of title registration." Since the money is primarily financed by the state and not the buyer, the legislative body should consider restricting the buyer's right to transfer in order to utilize the limited resources. The restrictions can include the parties to transfer, the price of transaction, or other appropriate measures. Some rules of the said Act thus do not accord with the restricted allocation of state resources, which aims to realize the principle of substantive equality and the principle of resource utilization. The legislative body should therefore revise any part of the abovementioned Act not in accord with the intent of this Interpretation. ' Translated by Su-Po Kao.

Anhang 7

J.Y. Interpretation	NO.593 (釋字第 593 號)
Date	2005/4/8
Issue	Are the provisions of the Regulations Governing the Collection and Distribution of Automobile Fuel Use Fees regarding the targets and manners in which the fees are imposed in violation of the Constitution?
Holding	The people's rights of property as protected by Article 15 of the Constitution are involved when the State imposes monetary obligations other than taxation on certain people based on specific purposes of the public interest. The purpose, target and range of the obligation should be either provided by law or through an order made by the authority in charge within the scope explicitly authorized by law. If the target of collection prescribed by the law or order is a purpose serving choice made after considering the different characters of the matter and if the manner and range prescribed have reasonable nexus with the accomplishment of the purpose, the law or order does not violate the principle of equality or the principle of proportionality. Article 27-I of the Highway Act as amended and promulgated on January 23, 1984, provides that "The authority in charge of highways, for the purposes of raising the funds for maintenance, repair and safety management of highways, may collect the automobile fuel use fees, the rate of which shall be higher than fifty percent (50%) of the price of importing the fuel or the ex factory price." The said provision has clearly prescribed the purpose, target and ceiling of the range of automobile fuel use fees. Paragraph II of the same Article explicitly authorizes the Ministry of Transportation and Communications, after consulting with the Ministry of Finance, to make the Regulations Governing the Collection and Distribution of Automobile Fuel Use Fees. Since the purpose, scope and con-

	tents are clearly prescribed in the authorization, it is not inconsistent with the principle of express delegation. The authority in charge, based on the aforesaid authorization, amended and published the Regulations Governing the Collection and Distribution of Automobile Fuel Use Fees on September 26, 1997. Article 2 of the said Regulations provides, "Any type of automobile driven on highways or the roads in city areas shall be subject to the automobile fuel use fees according to this Regulation except for those indicated in Article 4 hereof." Article 3 thereof provides, "The automobile fuel use fees shall be collected by the Ministry of Transportation and Communications or by the province (city) empowered by the said Ministry in accordance with the amount of fuel consumed per month by each type of automobile based on the amounts shown in the schedule attached hereto. The rates are: 1. Gasoline NT$2.5 per liter; and 2. Diesel fuel NT$1.5 per liter (Paragraph I). The amount of oil consumed provided in the preceding paragraph shall be calculated according to the total amount of exhaust generated by cylinders, mileages and fuel use efficiency of each type of automobile (Paragraph II)." These articles do not breach the scope of authorization granted by the Highway Act and are consistent with the principle of legal reservation under Article 23 of the Constitution. Furthermore, the targets prescribed in Article 2 and the manners prescribed in Article 3 of the said Regulations do not violate the principle of equality under Article 7, and the principle of proportionality under Article 23 of the Constitution. There is also no issue concerning double taxation where both automobile fuel use fees and license plate tax are collected.
Reasoning	The people's rights of property as protected by Article 15 of the Constitution are involved when the State imposes monetary obligations other than taxation on certain people based on specific purposes of the public interest. The purpose, target and range of the obligation should be either provided by law or through an order made by the authority in charge within the scope explicitly authorized by law. With regard to the monetary payment obligation, it should be based on a just legislative purpose and be collected within a necessary scope from

	the proper target in a reasonable manner and range in order to be consistent with the principle of equality and the principle of proportionality. Where the State imposes monetary payment obligation on certain people, it should clearly prescribe the purpose, target and range of the collection by law. If the law explicitly authorizes the authority in charge to make necessary rules by orders, such rules should be comprehensively judged from the viewpoint of their relevancy as expressed by the enabling statute in its entirety, whether the authorization granted by the legislative authority satisfies the principle of express delegation and whether the order made by the executive authority in charge breaches or conflicts with the authorization of the enabling statute. Article 27-I of the Highway Act as amended and promulgated on January 23, 1984, provides that "The authority in charge of highways, for the purposes of raising the funds for maintenance, repair and safety management of highways, may collect the automobile fuel use fees, the rate of which shall be higher than fifty percent (50%) of the price of importing the fuel or the ex factory price." Paragraph II of the same Article authorizes the Ministry of Transportation and Communications, after consulting with the Ministry of Finance, to make the Regulations Governing the Collection and Distribution of Automobile Fuel Use Fees. Article 75 of the said Act provides that if the owner of the automobile does not pay the automobile fuel use fees as required by law, the authority in charge of highways shall notify the owner that he or she should pay within a specified period of time. Therefore, the Highway Act has explicitly authorized the purpose, target and ceiling of the range of collection of the automobile fuel use fees and authorized the authority in charge to decide the manners of collection and distribution after the collection. The purpose, scope and the material contents have been clearly prescribed so the authorization is consistent with the principle of express delegation. The Ministry of Transportation and Communications, based on the authority under the aforesaid relevant provisions of the Highway Act, amended and published the Regulations Governing the Collection and Distribution of Automobile Fuel Use

	Fees. Article 2 of the said Regulations provides that any type of automobile driven on highways or the roads in city areas shall be subject to the automobile fuel use fees according to these Regulations except for those indicated in Article 4 thereof. Article 3 of the said Regulations provides that the fees shall be set at NT$2.5 per liter in the case of gasoline and NT$1.5 per liter in the case of diesel fuel, and be calculated according to the total amount of exhaust generated by cylinders, mileages and fuel use efficiency of each type of automobile, and be collected by the Ministry of Transportation and Communications or by the province (city) empowered by the Ministry according to the amounts shown in the schedule attached. The Regulations at issue provide that the owner of the automobile is the target of collection, which falls within the scope prescribed in the aforesaid Article 75 of the Highway Act. Thus, there is no overstepping the authorization granted by the Highway Act. With respect to whether the manners of collection breach the scope of authorization granted by the relevant provisions of the Highway Act, they should be comprehensively judged from the viewpoint of their relevancy as expressed by the Highway Act in its entirety whether or not the purpose of collection of the automobile fuel use fees is breached. Based on Article 27-I of the Highway Act, the primary purpose of collecting automobile fuel use fees is for the financing of costs of the maintenance, repair and safety management of highways rather than for controlling the use of fuel. If the calculation used by the authority in charge is within the scope provided by the Act and is appropriate enough to reflect the amount of use of the highways, the authority in charge can make its proper political decision after comprehensively considering the costs of collection, administrative efficiency, transportation policy, highway construction plan, environmental protection or other public interests that the Highway Act intends to protect. It should not be inferred that the purpose of the aforesaid authorization would not be achieved unless the authority in charge calculates the rates based on the amount of actual use of fuel by an individual automobile and collects the same with the fuel because the Highway Act names the fees the "automobile fuel use fees" and provides that the rates are determined by the price of fuel.

	The regulation at issue calculates the amount of fuel consumed by the total amount of exhaust generated by cylinders, mileage and fuel use efficiency so as to reflect how much the highway is used. This is not so precise as the calculation based on the actual amount of fuel consumed by an individual automobile; however, it is the choice made by the authority in charge after considering the costs of collection and technicalities, which does not overstep the purport of the authorization granted by the Highway Act, nor is inconsistent with the principle of legal reservation embodied in Article 23 of the Constitution. "Those who are equal should be treated equally, unequal be treated unequally." This is the basic meaning of the constitutional principle of equality. Therefore, if the same matters or things are treated in a discriminatory manner without any legitimate reason or different matters or things are not treated in a reasonably different manner, the principle of equality is violated. Whether the law is consistent with the principle of equality should be judged by deciding whether the purpose of the discriminatory treatment under the law at issue is constitutional, whether there is a certain level of nexus between the class and the purpose of the law, and to what level the nexus should reach. According to Article 2 of the Regulations Governing the Collection and the Distribution of Automobile Fuel Use Fees at issue, the primary purpose of the collection of automobile fuel use fees from the owner of each type of automobile is to finance the costs of maintenance, repair and safety management of highways in accordance with Article 27-I of the aforesaid Highway Act, which serves a constitutionally compelling public interest. The automobile is the main type of motor vehicle being driven on highways, even though not all owners of automobiles regularly drive on highways. To maximize the benefits of having the ownership of an automobile, a perfect, safe and accessible network of highways is the prerequisite. The owners of the automobiles will benefit either directly or indirectly regardless of whether they drive themselves or not. In addition, after the collected automobile fuel use fees are distributed to the central or local authorities, the authorities will adopt the method of income and expense list and use it exclusively for the collection of automobile fuel use

	fees, road traffic safety regulations, and maintenance, repair and reconstruction of the roads, thus enabling the owners of automobiles to actually enjoy the benefits of the collection of automobile fuel use fees to a certain degree. Therefore, the Regulations at issue make the owners of automobiles who are the main persons enjoying the benefits of the highway maintenance, etc., the targets for the purpose of collecting automobile fuel use fees that are used exclusively for highway maintenance, etc., does not cover all those who use the highways. The discriminatory treatment of the owners of automobiles under the said Regulation, however, is not an arbitrary choice and, therefore, is consistent with the legislative purpose of highway maintenance, etc., and in line with the purport that imposes monetary obligations other than paying taxes on certain people, which is not contrary to the principle of equality embodied in Article 7 of the Constitution. In addition, despite the fact that Article 3 of the Regulation Governing the Collection and Distribution of the Automobile Fuel Use Fees does not provide different rates of calculation for using 92 unleaded gasoline, 95 unleaded gasoline or 98 unleaded gasoline, it is not arbitrary or unreasonable in that the decision was made by the authority in charge based on such considerations as costs of collection, administrative efficiency and other public policies. Furthermore, the imposition of identical rates on all owners of automobiles using fuel has a reasonable nexus to achieving the purpose and thus does not violate the principle of equality. As mentioned above, the primary purpose of collecting the automobile fuel use fees is to finance the costs of maintenance, repair and safety management of highways, which is a compelling public interest. As regards the manners of the collection provided in Article 3 of the aforesaid Regulations, although the amount payable is not based on the actual amount of fuel used by each automobile owner, nor on his or her use of or the level of wear and tear inflicted on highways, one cannot conclude that the calculation based on the total amount of exhaust generated by cylinders is completely unfair or unreasonable. For instance, the larger the amount of the total exhaust generated by the cylinders of an automobile, the more fuel it usually will consume; or the heavier the gross weight it carries, the

	harder burden it may put, and the more damage it may inflict, on the highways. In addition, distinguishing an automobile for business purposes from one for personal use in varying the frequency of collection (See Article 5 of the said Regulations) is meant to reflect the fact that an automobile for business purposes usually consumes a larger amount of fuel and is driven more often on the highway than one for personal use. As for the fact that the amount of the automobile fuel use fees collected for the use of diesel fuel per liter is lower than that for the use of gasoline, it is not only due to the considerable price difference between diesel fuel and gasoline, but also because of the considerations of transportation and industrial policies. Therefore, the collection of automobile fuel use fees as per the amount of fuel consumed according to the total amount of exhaust generated by cylinders, mileages and use efficiency and the determination of rates by distinguishing the use of gasoline or diesel fuel, based on the purpose of maintenance, repair and safety management of highways, can hardly be considered an arbitrary decision. And, there is a reasonable nexus with the achievement of the purpose of collection. Therefore, the aforesaid Article 27 of the Highway Act and Article 3 of the Regulations Governing the Collection of the Automobile Fuel Use Fees are not inconsistent with the principle of proportionality provided by Article 23 of the Constitution. Finally, the License Plate Tax is imposed to finance the general needs of the State, and is collected from the owners or users who are licensed to use their transportation vehicles on public land or waterways. On the other hand, the Automobile Fuel Use Fees are the fees collected for the maintenance, repair and safety management of highways. Since the two are widely different in nature and purpose of collection, there is no issue of double taxation. ' Translated by Vincent C. Kuan.

Abgerufen am 01.11.2009, 12:10, unter: http://www.judicial.gov.tw/constitutionalcourt/EN/p03_01.asp?expno=593

Anhang 8

J.Y. Interpretation	NO.211 (釋字第 211 號)
Date	1986/12/5
Issue	Does Article 49 of the Customs Smuggling Control Act violate Articles 7 and 16 of the Constitution?
Holding	The right of equality provided in Article 7 of the Constitution is to protect the substantial equality of the legal position of the people. It does not restrict the competent authority, with due authorization by the law, from rendering reasonably different treatments by reference to the differences de facto of any particular case and the purposes of legislation. The purpose of Article 49 of the Customs Smuggling Control Act, which provides that "For any protest cases, and in case no goods were seized or the goods seized were not sufficient to pay for the fine or the short-paid duty, the Customs may order the person to pay in deposit, within 14 days, half of the original fine or insufficient amount or furnish an adequate security equal to the same amount. In case no payment was made or no security was furnished within the prescribed time limit, that protest will not be accepted", is to authorize the Customs, after examination, and subject to the particular facts, to render appropriate punishment. This is to prevent the person subjected to administrative punishment, by submitting a protest, from delaying or evading the execution of duty payment and punishment, and is also to fulfill the Customs policy of preventing smuggling, which is necessary to promote the public interest and not contrary to Articles 7 and 16 of the Constitution. In addition, some of the wording in the section on administrative litigation procedure stipulated in the Act is imprecise and should be examined and amended in order to concur with the preservation of administrative execution and the adequate exercise of the rights of administrative appeal and litigation of the people.

Reasoning	Article 7 of the Constitution, which provides "All citizens of the Republic of China, irrespective of sex, religion, race, class or party affiliation shall be equal before the law," is to protect the substantial equality of the legal position of the people. It does not restrict the competent authority, with due authorization by the law, from rendering reasonably different treatments by reference to the differences de facto of any particular case and the purposes of legislation. Article 49 of the Customs Smuggling Control Act provides that "For any protest cases, and in case no goods were seized or the goods seized were not sufficient to pay for the fine or the short-paid duty, the Customs may order the person to pay in deposit, within 14 days, half of the original fine or insufficient amount or furnish an adequate security equal to the same amount. In case no payment was made or no security was furnished within the prescribed time limit, that protest will not be accepted." The wording that follows the word "may" is meant to authorize the Customs, after examination, and subject to the particular facts, to render appropriate punishment. This is to prevent the person subjected to administrative punishment, by submitting a protest, from delaying or evading the execution of duty payment and punishment. It is not that Customs shall whatsoever order the person subjected to administrative punishment to pay a deposit or furnish the security needed. Though this provision limits the opportunity for relief of the person subjected to administrative punishment, it aims to prevent the person subjected to administrative punishment, who have no goods seized or whose goods seized were not sufficient to pay for the fine or the short-paid duty, from submitting a protest deliberately under the circumstance that the original administrative punishment was not obviously contrary to law or did not constitute undue punishment. It aims to fulfill the Customs policy of preventing smuggling, which is necessary to promote the public interest and is not contrary to Articles 7 and 16 of the Constitution. As to the person subjected to administrative punishment submitting administrative appeal or litigation against the administrative punishment on paying a deposit or furnishing the security, the administrative authority accepting the administrative appeal or the administrative court shall, subject to the above-mentioned, examine and deter-

	mine whether that administrative punishment was illegal or improper. Under this circumstance, in case it is found that the Customs' original administrative punishment on supplementary levying or punishment was illegal or undue, the higher administrative authority may put it to proper disposition, subject to its power of supervision over the relevant administrative authority. In addition, it is to be noted here that some of the wording in the section on administrative litigation procedure stipulated in the Customs Smuggling Control Act is imprecise and may cause deviation in the administrative execution; thus, such wording should be examined and amended in order to concur with the preservation of administrative execution and the adequate exercise of the rights of administrative appeal and litigation of the people. Translator by Assistant Professor Y.K.Huang.

Abgerufen am 13.01.2011, 11:36, unter: http://www.judicial.gov.tw/constitutionalcourt/EN/p03_01.asp?expno=211

Anhang 9

J.Y. Interpretation	NO.412（釋字第 412 號）
Date	1996/8/2
Issue	Is Article 10 of the Enforcement Rules of the Act Governing the Replacement Test of the Reserve Military Personnel for Civil Positions promulgated by the Examination Yuan in contravention to its statutory authority, or to the constitutional mandate of equal protection of the right to work under Article 7 of the Constitution?
Holding	Article 6 of the Act Governing the Replacement Test of the Reserve Military Personnel for Civil Positions authorizes the Examination Yuan to promulgate enforcement rules. Under this authorization and taking into account that the Public Functionaries Appointment Act and the Public Functionaries Remuneration Act were reestablished and enacted in 1986 and implemented on January 16, 1987, the Examination Yuan on January 11, 1988, promulgated Article 10, Paragraph 5, of the Enforcement Rules of the Act Governing the Replacement Test of the Reserve Military Personnel for Civil Positions limiting the applications of the Act Governing the Replacement Test of the Military Reserve Personnel for Civil Reappointment to those who seek reappointments after January 16, 1987. It represents the efforts of the Examination Yuan to coincide with the newly enacted Public Functionaries Appointment Act and the Public Functionaries Remuneration Act and a set of rules promulgated after considering the differences of various circumstances. Therefore, it is neither in contravention to the Act Governing the Replacement Test of the Reserve Military Personnel for Civil Positions, nor to the constitutional mandate of equal protection of the right to work.
Reasoning	The principle of equal protection under Article 7 of the Constitution provides de jure equality, i.e., the legislature may, with

different legislative intents, enact different laws to respond to various factual circumstances pursuant to the nature of matters. The legislature may also enact laws and authorize the administrative branch to promulgate reasonable and necessary rules applicable under different factual circumstances. Article 6 of the Act Governing the Replacement Test of the Reserve Military Personnel for Civil Positions authorizes the Examination Yuan to promulgate enforcement rules. According to this authorization, the Examination Yuan in 1980 amended and implemented Article 10, Paragraph 1, of the Enforcement Rules of the Act Governing the Replacement Test of the Reserve Military Personnel for Civil Positions regulating correspondent rankings between military personnel and public functionaries to enable qualified military personnel to be reappointed to proper rankings as public functionaries. The legislative intent of Article 10, Paragraph 1, of the above-mentioned Enforcement Rules is the same as that of Article 2 of the Act of Assignment for Officers and Noncommissioned Officers of the Armed Forces, which provides a chart of Correspondent Ranks between Officers and Noncommissioned Officers of the Armed Forces and Civil Servants. Article 10, Paragraph 2, of the same Enforcement Rules stipulates that the ranking bases of the reappointments are those provided in the Public Functionaries Remuneration Act or the Classified Rankings for Public Functionaries Remuneration Act. Both Paragraphs 1 and 2 of Article 10 of the Enforcement Rules at issue are practically necessary for the factual differences in superiority and seniority of those qualified military personnel.

Thereafter on January 11, 1988, taking into account the fact that both the Public Functionaries Appointment Act and the Public Functionaries Remuneration Act were reestablished and enacted in 1986 and implemented on January 16, 1987, the Examination Yuan promulgated Article 10 of the Enforcement Rules of the Act Governing the Replacement Test of the Reserve Military Personnel for Civil Positions on January 11, 1988. Besides the emendation to said Paragraph 2 thereof and the addition of Paragraph 5, the aforesaid Article 10 expressly limits the applications of the Act Governing the Replacement Test of the Reserve Military Personnel for Civil Positions to

	those who seek reappointments after January 16, 1987. It represents the efforts of the Examination Yuan to coincide with the newly enacted Public Functionaries Appointment Act and the Public Functionaries Remuneration Act and a set of rules promulgated after considering differences under various circumstances. Accordingly, it is neither in contravention to the Act Governing the Replacement Test of the Reserve Military Personnel for Civil Positions, nor to the constitutional mandate of equal protection of the right to work. ' Translated by Professor Spenser Y. Hor.

Abgerufen am 20.03.2011, 10:36, unter:
http://www.judicial.gov.tw/constitutionalcourt/EN/p03_01.asp?expno=412

Anhang 10

J.Y. Interpretation	NO.365 (釋字第 365 號)
Date	1994/9/23
Issue	Article 1089 of the Civil Code provides that in case of parental disagreement in exercising parental rights over a minor, the father shall have the right of final decision. Is the provision of said Article contrary to the Constitution?
Holding	Article 1089 of the Civil Code, which stipulates that in situations of parental disagreement in exercising parental rights over that of a minor the father shall have the right of final decision, is incompatible with Article 7 of the Constitution, which proclaims that both sexes are equal under the law, as does Article 9, Paragraph 5, to the Amendment in eliminating sexual discrimination. This Article should be examined and amended. This Article shall be void within two years from the day of this Interpretation.
Reasoning	Article 7 of the Constitution states: „All citizens of the Republic of China, irrespective of sex, religion, race, class, or party affiliation, shall be equal before the law." Article 9, Paragraph 5, to the Amendment provides: „The State shall protect the dignity of women, safeguard their personal safety, eliminate sexual discrimination, and further substantive gender equality." The union of man and woman through marriage, and the children created from that union are subject to the above constitutional obligations. In an exceptional situation, where discrimination based on sex is to be allowed by the Constitution, the exceptional situations must be grounded on biological differences or the differences in societal functions as the consequence of the biological differences in order for the exception to be held valid. Article 1089 of the Civil Code stipulates that „parental rights and duties concerning minors, unless specified by other

statutes, shall be borne by both parents. Should there be disagreement in the exercise of parental rights and duties, the father shall be accorded the right of final decision. In cases where one of the parents becomes incapable of exercising these rights, the spouse shall assume the duties. Should it be the case that both parents are incapable of exercising parental rights, the next capable person shall assume those duties." This particular Article was enacted during the nineteenth year of the Republic, the product of cultural traditions and social mores of a bygone era. With widespread education, and equal access to education granted to both sexes, favorable changes in employment conditions, and women having greater career opportunities, conditions are virtually indistinguishable for both men and women; this Article stipulates that in the event of disagreement, the father shall have the final say; the recommended action should be a compromise between the two parents in the interest of preserving gender equality in exercising parental rights, or else, in the event of such a disagreement, the position of the mother will be subordinated to that of the father, which constitutes a gross violation of gender equality, and creates a glaring discrepancy with the actual status of women in today's family.

Based on the above, Article 1089 of the Civil Code, which stipulates that in situations with regard to parental disagreement in exercising parental rights over that of a minor, the father shall have the right of final decision, is therefore incompatible with Article 7 of the Constitution, which states that both sexes are equal under the law, and also with Article 9, Paragraph 5, to the Amendment which prohibits sexual discrimination.

This Article should be amended and shall be void within two years from the day of this Interpretation.

This problem should be resolved based on the premises of the principle of gender equality and the best interest of minors; in the event that such a disagreement arises, the nearest relative or a conference of relatives, or the family court decision shall have the right of final decision, unless there are extraordinary circumstances in which steps other than the normal course of action should be considered.

Finally, as for the Legislative Yuan's submission of an official letter titled Tai-Yuan-Yi No. 2162 to this Yuan on July 26th

	of this year (1994), in which the former Yuan sought to obtain this Yuan's opinion on whether Members of that Yuan are qualified to propose future amendments to the unconstitutional Article 1089 of the Civil Code, the request made is not in conformation with Article 4, Paragraph 1, Subparagraph 1, of the Constitutional Interpretation Procedure Act. However, since the Article that the former Yuan is seeking to have interpreted is the same one that this Yuan has just rendered an opinion on in the foregoing Interpretation, it is therefore unnecessary to make a further interpretation. This situation is herein stated concurrently. ' Translated by Mr. Cing-Kae Chiao.

Abgerufen am 20.03.2011, 09:40, unter:
http://www.judicial.gov.tw/constitutionalcourt/EN/p03_01.asp?expno=365

Anhang 11

J.Y. Interpretation	NO.618 (釋字第 618 號)
Date	2006/11/3
Issue	Are the provisions of the first half of Article 21-I of the Act Governing Relations between People of the Taiwan Area and Mainland Area unconstitutional?
Holding	Article 7 of the Constitution provides that all citizens of the Republic of China, irrespective of sex, religion, race, class, or party affiliation, shall be equal before the law. Thus, the people, who shall have the right of taking public examinations and of holding public offices under Article 18 thereof, shall be equal under the law. The concept of "equal" as expressed thereunder shall refer to substantial equality. In light of the value system of the Constitution, the legislative branch may certainly consider the differences in the nature of the various matters subject to regulation and thus may create rational discriminatory treatment among the people accordingly. The foregoing has been made clear in the reasoning of J.Y. Interpretation No. 205 rendered by this Court. Furthermore, the restrictions imposed by law on the fundamental rights of the people based on any rational discriminatory treatment should also satisfy the test of the principle of proportionality under Article 23 of the Constitution. Article 10 of the Amendments to the Constitution as promulgated on May 1, 1991 (as amended and renumbered as Article 11 on July 21, 1997) provides, "The rights and obligations between the people of the Chinese mainland area and those of the free area, and the disposition of other related affairs, may be specified by sui generis law." The Act Governing Relations between People of the Taiwan Area and Mainland Area (hereinafter referred to as the "Cross-Strait Relations Act") is the sui generis law enacted to regulate the rights and obligations between the people of the Chinese mainland area and those of the free

	area, as well as the disposition of other related affairs, prior to the nation's reunification. The 1st half of Article 21-I of the Act Governing Relations between People of the Taiwan Area and Mainland Area as amended and promulgated on December 20, 2000, provides that no person from the Mainland Area who has been permitted to enter into the Taiwan Area may serve as a public functionary unless he or she has had a household registration in the Taiwan Area for at least ten years. The said provision is an extraordinary one with reasonable and justifiable objectives in that a public functionary, once appointed and employed by the State, shall be entrusted with official duties by the State under public law and owe a duty of loyalty to the State, that the public functionary shall not only obey the laws and orders but also take every action and adopt every policy possible that he or she considers is in the best interests of the State by keeping in mind the overall interests of the State since the exercise of his or her official duties will involve the public authorities of the State; and, further, that the security of the Taiwan Area, the welfare of the people of Taiwan, as well as the constitutional structure of a free democracy, must be ensured and preserved in light of the status quo of two separate and antagonistic entities which are on opposite sides of the strait and significant differences in essence between the two sides in respect of the political, economic and social systems. Given the fact that a person who came from the Mainland Area but has had a household registration in the Taiwan Area for less than ten years may not be as familiar with the constitutional structure of a free democracy as the Taiwanese people, it is not unreasonable to give discriminatory treatment to such a person and not to the Taiwanese people of the Taiwan Area with respect to the qualifications to serve as a governmental employee, which is not in conflict with the principle of equality as embodied in Article 7 of the Constitution, nor contrary to the intent of Article 10 of the Amendments to the Constitution. In addition, the said provision, which requires a person who originally came from the Mainland Area to have had a household registration for at least ten years before he or she may be eligible to hold a public office, is based on the concerns that those who originally came

	from the Mainland Area have a different view as to the constitutional structure of a free democracy and may need some time to adapt to and settle into the society of Taiwan. Moreover, it also may take a while for the Taiwanese people to place their trust in a person who came from the Mainland Area if and when he or she serves as a public functionary. Therefore, the ten-year period as specified by the provision at issue is nonetheless a necessary and reasonable means. The legislators, in making the relevant judgments in that regard, have not made any noticeable and significant oversights. Hence there is no violation of the principle of proportionality under Article 23 of the Constitution.
Reasoning	The subject matter of this petition for interpretation is the Cross-Strait Relations Act. The petition is for the 1st half of Article 21-I of the Act Governing Relations between People of the Taiwan Area and Mainland Area as amended and promulgated on December 20, 2000, to be declared unconstitutional. The 1st half of Article 21-I of said Act provides that no person from the Mainland Area who has been permitted to enter into the Taiwan Area may register as a candidate for any public office, serve in any military, governmental or educational organization or state enterprise, or organize any political party unless he or she has had a household registration in the Taiwan Area for at least ten years. It should be noted, however, that the outcome of the judgment giving rise to this matter merely concerns the part of the said provision in respect of governmental service, so this Court, having examined the intent of J.Y. Interpretations Nos. 371, 572 and 590, will limit its constitutional review of the matter to the said part of the provision without touching upon the other parts thereof. Article 7 of the Constitution provides that all citizens of the Republic of China, irrespective of sex, religion, race, class, or party affiliation, shall be equal before the law. Thus, the people, who shall have the right of taking public examinations and of holding public offices under Article 18 thereof, shall be equal under the law. The concept of "equal" as expressed thereunder shall refer to substantial equality. In light of the value system of the Constitution, the legislative branch may certainly

consider the differences in the nature of the various matters subject to regulation and thus may create rational discriminatory treatment among the people accordingly. The foregoing has been made clear in the reasoning of J.Y. Interpretation No. 205 rendered by this Court. Furthermore, the restrictions imposed by law on the fundamental rights of the people based on any rational discriminatory treatment should also satisfy the test of the principle of proportionality under Article 23 of the Constitution. Nevertheless, dealing with cross-strait affairs requires considerations and judgments on numerous factors relating to politics, economy and society. The constitutional interpreters, who are in charge of the judicial review of the law, should rightfully give due respect to the decisions made by the legislative branch, which represents the diverse opinions of the people, and have ample information on hand in that regard unless there has been any noticeable and significant oversight on the part of the legislative branch.

Article 10 of the Amendments to the Constitution as promulgated on May 1, 1991 (as amended and renumbered as Article 11 on July 21, 1997) provides, "The rights and obligations between the people of the Chinese mainland area and those of the free area, and the disposition of other related affairs may be specified by sui generis law." The Act Governing Relations between People of the Taiwan Area and Mainland Area as promulgated on July 31, 1992, is the sui generis law enacted pursuant to the intent of the said article of the Amendments to the Constitution to regulate the rights and obligations between the people of the Chinese mainland area and those of the free area, as well as the disposition of other related affairs, prior to the nation's reunification. The 1st half of Article 21-I of the Act Governing Relations between People of the Taiwan Area and Mainland Area as amended and promulgated on December 20, 2000, provides that no person from the Mainland Area who has been permitted to enter into the Taiwan Area may serve as a public functionary unless he or she has had a household registration in the Taiwan Area for at least ten years (as was provided in Article 21 of said Act as enacted and promulgated on July 31, 1992). The said provision is an extraordinary one with reasonable and justifiable objectives in that a public

	functionary, once appointed and employed by the State, shall be entrusted with official duties by the State under public law and shall owe a duty of loyalty to the State, that the public functionary shall not only obey the laws and orders but also take every action and adopt every policy possible that he or she considers is in the best interests of the State by keeping in mind the overall interests of the State since the exercise of his or her official duties will involve the public authorities of the State; and, further, that the security of the Taiwan Area, the welfare of the people of Taiwan, as well as the constitutional structure of a free democracy, must be ensured and preserved in light of the status quo of two separate and antagonistic entities which are on opposite sides of the strait and significant differences in essence between the two sides in respect of the political, economic and social systems. Given the fact that a person who came from the Mainland Area but has had a household registration in the Taiwan Area for less than ten years may not be as familiar with the constitutional structure of a free democracy as the Taiwanese people, it is not unreasonable to give discriminatory treatment to such a person and not to the Taiwanese people of the Taiwan Area with respect to the qualifications to serve as a governmental employee, which is not in conflict with the principle of equality as embodied in Article 7 of the Constitution, nor contrary to the intent of Article 10 of the Amendments to the Constitution. In addition, the said provision, which requires a person who originally came from the Mainland Area to have had a household registration for at least ten years before he or she may be eligible to hold a public office, is based on the concerns that those who originally came from the Mainland Area have a different view as to the constitutional structure of a free democracy and may need some time to adapt to and settle into the society of Taiwan. Moreover, it also may take a while for the Taiwanese people to place their trust in a person who came from the Mainland Area if and when he or she serves as a public functionary. If the review is conducted on a case-by-case basis, it would be difficult to examine an individual's subjective intentions and character, as well as his or her level of identification with the preservation of the constitutional structure of a free democracy. Besides, it

	would also needlessly increase the administrative costs to a prohibitive level with hardly any hope of accuracy or fairness. Therefore, the ten-year period as specified by the provision at issue is nonetheless a necessary and reasonable means. In respect of such matters as the types of public functionaries and public offices that may affect the security of the Taiwan Area, the welfare of the people of Taiwan, as well as the constitutional structure of a free democracy, the constitutional interpreters should give due respect to the decisions made by the legislative body in that regard. Despite the failure of the law at issue to make any differential treatment and thus impose different restrictions, no noticeable or significant oversights have been made. Hence, there is no violation of the principle of proportionality under Article 23 of the Constitution. Where a petition is made by a judge of any of the various levels of courts with this Court on the constitutionality of a law, J.Y. Interpretation No. 371 should govern. As for the formality of a petition, the said Interpretation has made it clear that Article 8-I of the Constitutional Interpretation Procedure Act should apply. This petition for constitutional interpretation has been filed pursuant to the intent of J.Y. Interpretation No. 371 (see II (iv) on p. 3 of the Petition). As such, Article 252 of the Administrative Litigation Act is not the law which is applicable to the original case for which the petitioning court rendered its judgment, nor is it the law to be applied by this Court in rendering an interpretation. Therefore, as far as the said provision is concerned, the petition for the constitutionality thereof should be dismissed based on the intent of J.Y. Interpretations Nos. 371, 572 and 590. ' Translated by Vincent C. Kuan.

Abgerufen am 20.03.2011, 10:40, unter:
http://www.judicial.gov.tw/constitutionalcourt/EN/p03_01.asp?expno=618

Anhang 12

J.Y. Interpretation	NO.626 (釋字第 626 號)
Date	2007/6/8
Issue	Is it unconstitutional to deny color-blind people the opportunity to be enrolled in the Central Police Academy under the general regulation issued by said school in respect of student admission?
Holding	Article 7 of the Constitution provides that all citizens of the Republic of China shall be equal before the law. Article 159 thereof further provides that all citizens shall have an equal opportunity to receive education, which is intended to ensure that the people shall have a fair opportunity to receive education at various stages. According to Point 7 (ii) and Point 8 (ii) of the Central Police University General Regulation in Respect of the 2002 Graduate School Admission Examinations for Master's Programs, whether a person is color-blind will determine if he or she is eligible to enroll in said school. The purposes of said provisions are to train professional police talents who are equipped with both theoretical knowledge and real-world techniques, and to attain effective use of educational resources, thus improving the quality of police administration and fostering the development of a rule-of-law nation. As such, the purposes are no doubt important public interests. In light of the wide range of police tasks, complexity of police work, and frequent transfer of posts, a police officer may be required to distinguish colors at any given moment. Therefore, a legitimate reason indeed exists when a color-blind person is considered to be unsuitable for the police profession. Given the above, the provisions of said General Regulation for student admission and the purposes thereof are substantially related and thus are not in conflict with Articles 7 and 159 of the Constitution.

Reasoning	When a citizen, whose constitutional right was infringed upon and for whom remedies provided by law for such infringement had been exhausted, has questions on the constitutionality of the statute or regulation relied thereupon by the court of last resort in its final judgment, he or she may petition for interpretation of the Constitution. The foregoing is expressly provided under Article 5-I (ii) of the Constitutional Interpretation Procedure Act. It should be noted that the Central Police University (hereinafter "CPU") General Regulation in Respect of the 2002 Graduate School Admission Examinations for Master's Programs at issue is a general legal norm prescribed and announced by the CPU regarding its 2002 graduate school admission for master's programs. As such, it falls within the term "regulation" as defined in the aforesaid Article 5-I (ii) of the Constitutional Interpretation Procedure Act. University self-government is within the scope protected by the freedom of teaching under Article 11 of the Constitution. Universities are entitled to the right of self-government in teaching, research and learning. The scope of self-government covers not only such matters as internal organization, curriculum models, research topics, scholastic aptitude evaluations, examination rules, and graduation requirements (see J.Y. Interpretations Nos. 380, 450 and 563), but also qualifications for admission so that a university may thereby select its students, maintain its quality, improve its competitiveness, develop its characteristics, and realize its educational ideals. Since a university has the right of self-government in regards to qualifications for admission, it may hence set forth relevant qualifications and requirements for admission by means of self-governing regulations to the extent that they are reasonable and necessary. No violation of the principle of legal reservation as provided for under Article 23 of the Constitution should arise as a result. The CPU is a university established by the Ministry of the Interior to achieve the dual purposes of studying advanced police academics and of training professional police recruits (see Article 8 the Organic Act of the Ministry of the Interior and Article 2 of the Organic Act of the Central Police University). The said university is subordinate to the Ministry of the Interior and is in charge of the training

	and education of the police and thus is involved in the improvement of the nation's police administration and the maintenance of social order and safety. Although it may be different from ordinary universities due to the specialty of its organization and missions, the CPU may nonetheless have the right of self-government to a certain extent when it comes to such matters as the teaching, research and learning regarding the police academics, including the qualifications and requirements for admission, since its mission statement includes the "research and study of advanced police academics." Therefore, in respect of the qualifications and requirements for admission, the CPU set forth the Central Police University General Regulation in Respect of the 2002 Graduate School Admission Examinations for Master's Programs at issue, which, in nature, is a university's self-governing regulation. Where it specifically provides that passing the physical examination is a condition for admission, no violation of the principle of legal reservation can be found since it does not go beyond the scope of self-government. However, the CPU's exercise of its right of self-government should be subject to the nature of its function. For instance, it should not establish a department that has nothing to do with police administration. Besides, it goes without saying that it should be subject to more state supervision than ordinary universities so as to make sure that it achieves functions mandated under the state's policy. Taking qualifications for admission as an example, if the law authorizes the Ministry of the Interior to formulate certain qualifications and criteria for the CPU's graduate school admission for master's programs based on the specific requirements of its police policies and hence the CPU can only set forth its general regulation for student admission and select its students based on such qualifications and criteria, or if it further requires that the general regulation for student admission prepared by the CPU be submitted to the Ministry of the Interior in advance, it is not unconstitutional despite the significant restriction of the CPU's right of self-government with respect to student admission. The Central Police University General Regulation in Respect of the 2002 Graduate School Admission Examinations for Master's Programs at issue is a self-governing regu-

lation set forth by the CPU for the purpose of formulating its qualifications and requirements for admission. Where it does not go beyond the scope of self-government, there is no violation of the principle of legal reservation. Nonetheless, it is still subject to the fundamental rights provided for by the Constitution. Point 7 (ii) of the General Regulation at issue provides, "2. Items for Second Examination: oral examination and physical examination..." Point 8 (ii) thereof provides, "Others: The following tests must be passed; those who fail these tests will not be admitted...3. An examinee who has any of the following conditions shall be deemed to have failed the physical examination:...ability to distinguish colors – color blindness (provided that a person suffering from dyschromatopsia will not be admitted to the Graduate School for Criminology and the Graduate School for Forensic Science)..." Under the aforesaid provisions, whether a person is color-blind will determine if he or she is eligible to enroll in said school, thus preventing a color-blind examinee from being able to attend the CPU for education. Further review should be conducted to decide on its constitutionality since it is likely to infringe upon the individual's right to education and right of equality.

In respect of the people's right to education, it may be further divided into the "right to receive a civil education" and the "right to receive education other than a civil education." The former right is expressly provided for under Article 21 of the Constitution, which is intended to enable the people to demand that the State provide civil education benefits and to obligate the State to so perform. As for the people's right to receive education other than a civil education, Article 22 of the Constitution also guarantees it (see J.Y. Interpretation No. 382). Nevertheless, in light of the limited educational resources, it is the student's right to ensure that the State does not arbitrarily restrict or deprive him or her of the right to receive education at school that is guaranteed, but not the right to demand the grant of admission to school or provision of any particular education benefits. Therefore, if a school other than a civil-education school sets forth specific admission qualifications to preclude unqualified examinees from admission (e.g., the CPU's general regulation for admission's preclusion of a color-blind examinee from being admitted to said university), it does not necessarily infringe upon such examinees' constitutionally guaranteed right to education. Except where any relevant qualification or requirement for admission violates Article 7 of the Constitution, which provides that all citizens of the Republic of China shall be equal before the law, and Article 159 thereof, which provides that all citizens shall have an equal opportunity to receive education, thus unjustifiably restricting or depriving the people of a fair opportunity to receive education, there is no conflict with the Constitution.

As for the issue of whether the discriminatory standards for classification based on color blindness as provided for in the General Regulation in question infringes upon the fair opportunity of all people to receive education and hence violates the principle of equal protection by precluding color-blind examinees from being admitted to the school, said General Regulation should be subject to strict scrutiny because color blindness is a biological defect beyond human control, the discrimination concerns the constitutionally guaranteed equal opportunity to receive education, and education plays a profound role in an individual's choice of jobs, career planning and sound development of personality, and is even closely related to a person's social status and the distribution of the State's resources. Therefore, in order to judge whether the General Regulation at issue is contrary to the principle of equal protection, one should determine whether the purposes to be achieved are important public interests, and whether the standards for classification and discriminatory treatment are substantially related to such purposes.

Since the CPU is charged with the dual missions of studying advanced police academics and training professional police recruits, all of its students are expected to join the police force after graduation to devote themselves to the maintenance of the social order and peace of the State, and to combine theoretical knowledge and real-world techniques in carrying out police tasks. If a student is enrolled in a police education program but is not able to perform the real-life job of a police officer and the maintenance of social order and peace, the purposes of the CPU's establishment will simply be defeated. In order to achieve said purposes and effectively use the educational resources, freedom from color blindness is a condition for admission, thus precluding those who are not suitable for the position of police officer. Since the said purposes, if achieved, would be conducive to the improvement of the quality of police administration, and would help maintain or improve social order and peace, human rights protection, the police image and the prestige of law enforcement, thus furthering the development of a rule-of-law nation, they are certainly important public interests. In light of the wide range of police tasks, complexity of police work, and frequent transfer of posts, a police officer may be required to distinguish colors at any given moment. Therefore, a legitimate reason indeed exists when a color-blind person is considered to be unsuitable for the police profession. Given the above, the provisions of said General Regulation for student admission, in precluding color-blind people from admission and concentrating limited educational resources on training and cultivating those students who are suitable for the police profession, are substantially related to the purposes to be achieved. Under the current system, the CPU's graduates still have to take the specific examination for the police profession and will qualify as police officers only after passing said examination. Besides, the CPU's students do not have any public fund appropriated for their tuition, nor are they required to perform the police functions upon their graduation. As such, the CPU neither guarantees any graduate a police job nor compels any graduate to perform such job after their graduation. Despite the above, the CPU may still pursue the purposes of fulfilling its missions and effectively using the educational resources as long as it falls within its decision-making power. In addition, the means of precluding color-blind people from admission indeed is conducive to the achievement of the aforesaid purposes. Given the above, the provisions of said General Regulation for student admission and the purposes thereof are substantially related and thus are not in conflict with Articles 7 and 159 of the Constitution.

[1] Translated by Vincent C. Kuan.

Abgerufen am 20.03.2011, 10:45, unter:
http://www.judicial.gov.tw/constitutionalcourt/EN/p03_01.asp?expno=626

Anhang 13

J.Y.	
Interpretation	NO.340（釋字第 340 號）
Date	1994/2/25
Issue	Is the relevant provision of the Public Officials Election and Recall Act, which provides to the effect that the guarantee deposit for a party-recommended candidate may be reduced by half, unconstitutional?
Holding	Article 38-II of the Public Officials Election and Recall Act provides, "The guarantee deposit for a party-recommended area or aboriginal candidate will be reduced by half provided, however, that the same shall be paid in full if the political party withdraws its recommendation." The said provision is tantamount to requiring a candidate who is not recommended by a political party to pay a higher amount of guarantee deposit and thus unreasonably discriminates against such a candidate. Therefore, it is contrary to the intent of Article 7 of the Constitution and hence shall no longer apply.
Reasoning	All citizens of the Republic of China, irrespective of party affiliation, shall be equal before the law, which is unambiguously provided under Article 7 of the Constitution. While registering his or her interest in running for various public offices, a candidate shall pay a guarantee deposit whose amount will be published by the election commission in advance, provided that a candidate for village head or li head need not pay the same. The foregoing is also clearly set forth in Article 38-I of the Public Officials Election and Recall Act as promulgated and amended on August 2, 1991. Nevertheless, Paragraph II of the said article provides, "The guarantee deposit for a party-recommended area or aboriginal candidate will be reduced by half provided, however, that the same shall be paid in full if the political party withdraws its recommendation." The said provision is tantamount to requiring a candidate who is not

recommended by a political party to pay a higher amount of guarantee deposit than a party-recommended candidate. If and when the amount of the guarantee deposit published by the competent authority is too high, a person intent on running for the public office concerned may simply bring together a handful [or small group] of people and form a political party by means of placing the same on record pursuant to law, and then lessen his or her financial burden in the name of a party-recommended candidate. As a result, smaller parties will be mushrooming, which may not be conducive to a healthy development of party politics. Hence, the aforesaid provision of the Public Officials Election and Recall Act has imposed unnecessary restrictions on the people's suffrage and qualifies as unreasonable discrimination. Therefore, it is contrary to the intent of the aforesaid Article 7 of the Constitution and hence shall no longer apply as of the date of this Interpretation.

As an additional note, the second half of Article 50-V of the Public Officials Election and Recall Act is not found to have infringed upon any constitutionally protected right of the people in providing that the party membership of a candidate who is not recommended by his or her party or whose recommendation is later withdrawn by his or her party will not be published.

[1] Translated by Vincent C. Kuan.

Abgerufen am 01.11.2009, 12:14, unter: http://www.judicial.gov.tw/constitutionalcourt/EN/p03_01.asp?expno=340

Anhang 14

J.Y. Interpretation	NO.468 (釋字第 468 號)
Date	1998/10/22
Issue	Are the relevant provisions of the Presidential and Vice Presidential Election and Recall Act and other applicable laws in respect of the joint endorsements and the security deposits in violation of the Constitution?
Holding	Article 46 of the Constitution of the Republic of China provides, "The election of the President and the Vice President shall be prescribed by law." The legislature, in enacting applicable laws to regulate the procedure for the election of the President and the Vice President based on the aforesaid article, should follow the principles of fairness and reasonableness. Paragraphs II and IV of Article 23 of the Presidential and Vice Presidential Election and Recall Act stipulate that those applying to register for the candidacy for President and Vice President by method of joint endorsements shall, within the statutorily prescribed period of time, garner at least 1.5 percent of the total number of electors in the most recent election of centrally elected representatives, which is not only intended to signify the reasonable degree of political support for the candidate opting for the joint-endorsement system as equitably comparable to the requirement for a candidate recommended by a political party, but also to prevent the people from needlessly participating in presidential and vice presidential elections, thus wasting social resources. Hence it is not to be regarded as an unnecessary restriction on the right to be elected as president or vice president, nor is it in violation of the right of equality as stipulated by the Constitution. Furthermore, under Paragraph I of the aforesaid article the candidate seeking joint endorsements is required to make a security deposit in the amount of NT$1,000,000 so as to assure that the number of joint endorsements indeed reaches one half of the population stipulated in Paragraph IV of said

	article. Thus it does not the scope of legislative discretion, nor does it violate Article 23 of the Constitution. The Regulation on the Joint Endorsements and the Verification Thereof for the Presidential and Vice Presidential Election was established by the competent agency under the authority delegated by Article 23-IX of the Presidential and Vice Presidential Election and Recall Act. The purpose and scope of the authorities thereof are clearly defined. The provisions of Article 2-III of said Regulation, which require that the Central Election Committee should reject an application where the documentation is incomplete or inconsistent with the applicable requirements, or the security deposit is insufficient, are in line with the intent of legal authorization and thus do not violate the Constitution. Nevertheless, in respect of the requirements for the exercise of the aforesaid right to be elected, review and improvement should, of course, be conducted in due time as social conditions and political environments change, so as to conform to the constitutional intent to safeguard the people‘s suffrage.
Reasoning	Article 46 of the Constitution of the Republic of China provides, "The election of the President and the Vice President shall be prescribed by law." With respect to the procedure for the election of the President and the Vice President, the legislature may certainly enact laws to regulate such procedure in a fair and reasonable manner. So long as the contents of the legal norms do not exceed the necessary limits, there should be no violation of the suffrage as guaranteed under Article 17 of the Constitution, as well as the right to be elected as president and vice president provided in Article 45 thereof. Article 23-I of the Presidential and Vice Presidential Election and Recall Act provides, "A person who applies to register for the candidacy for President or Vice President by method of joint endorsements shall apply to the Central Election Commission within five days after the proclamation of the election, obtain joint-endorsement register forms and make a security deposit in the amount of NT$1,000,000." Paragraph II thereof reads, "Upon receiving such application referred to in the preceding paragraph, the Central Election Commission shall, within a fixed period of time, proclaim the applicant to be a candi-

	date for a joint-endorsement campaign, and shall request the municipal and county (city) election commissions in writing to accept joint-endorsement forms submitted by the candidate for the joint-endorsement campaign or his or her agent within forty-five days beginning as of the day following the day when the proclamation is issued." And, Paragraph IV thereof further provides, "If, within the period of time referred to in Paragraph II hereof, the number of joint endorsements reaches at least 1.5 percent of the total number of electors in the most recent election of centrally elected representatives, the Central Election Commission shall, within a fixed period of time, proclaim the completion of the joint-endorsement campaign and issue a certificate of completion to the candidate for the joint-endorsement campaign, and shall also refund the security deposit." The foregoing provisions require that a candidate for the joint-endorsement campaign garner at least 1.5 percent of the total number of electors in the most recent election of centrally elected representatives within forty-five days beginning as of the day following the day when the Central Election Commission proclaims the candidates for the joint-endorsement campaigns, which means that the statutory number of joint endorsements for the 9th Presidential and Vice Presidential Election was 201,318. The first part of Article 23-VIII of the Presidential and Vice Presidential Election and Recall Act provides, "Upon receiving the joint-endorsement documents referred to in the preceding paragraph, the municipal or county (city) election commissions shall inspect the endorsements by random samples and, upon completion of the random inspection, the results of the reception and of the random inspection shall be reported to the Central Election Commission." Judging from the random inspections made during the 9th Presidential and Vice Presidential Election, the aggregate number of joint-endorsement documents submitted by various teams of presidential and vice presidential candidates amounted to 1,052,590, which were verified item by item through various municipal or county (city) election commissions and the Central Election Commission by both manpower and computers (See Official Reply of the Central Election Commission, Directive Ref. No. CSY-(86)-72040, June 26, 1997). In light

	of the above, the adoption of the joint-endorsement system, which signifies a reasonable degree of political support for the candidate opting for the system, serves not only to equitably balance against the requirement for a candidate recommended by a political party as provided in Article 22 of the Presidential and Vice Presidential Election and Recall Act, but also to prevent the people from needlessly participating in presidential and vice presidential elections, thus wasting social resources. Hence it is not to be regarded as an unnecessary restriction on the right to be elected as president or vice president, nor is it in violation of the right of equality as stipulated by the Constitution. Furthermore, Article 23-V of said Act provides, "If the number of joint endorsements does not reach one half of the number required under the preceding paragraph within the prescribed period of time, the security deposit will not be refunded." Thus it is clear that the lodgment of the NT$1,000,000 security deposit is designed to ensure that the number of joint endorsements reaches one half of the number provided in Paragraph IV of said article, and that the security deposit will be refunded once the number is reached. Since it neither compels the candidates to bear undue burdens of excessive amount of campaign costs, nor imposes inadequate restrictions on a person's right to be elected as president or vice president, the determination of the amount of the security deposit does not exceed the scope of legislative discretion, and thus does not violate the Constitution. The Regulation on the Joint Endorsements and the Verification Thereof for the Presidential and Vice Presidential Election was established by the competent agency under the authority delegated by Article 23-IX of the Presidential and Vice Presidential Election and Recall Act. The purpose and scope of the authorities thereof are clearly defined. Those applying to register for the candidacy for President and Vice President by method of joint endorsements shall, within the statutorily prescribed period of time, submit the register of joint endorsements, affidavits and photocopies of the joint signatories' identity cards to which their seals are affixed, and lodge the security deposit for the purpose of joint endorsements. If the number of joint endorsements does not reach one half of the statutorily required number within the prescribed

	period of time, the security deposit will not be refunded, which is unambiguously provided in Article 23 of the Presidential and Vice Presidential Election and Recall Act. The provisions of Article 2-III of the aforesaid Regulation, which require that the Central Election Committee should reject an application where the documentation is incomplete or inconsistent with the applicable requirements, or the security deposit is insufficient, are in line with the intent of legal authorization and thus do not violate the Constitution. Nevertheless, in respect of the requirements for the exercise of the aforesaid right to be elected, review and improvement should, of course, be conducted in due time as social conditions and political environments change, so as to conform to the constitutional intent to safeguard the people's suffrage. ' Translated by Vincent C. Kuan.

Abgerufen am 01.11.2009, 23:27, unter: http://www.judicial.gov.tw/constitutionalcourt/EN/p03_01.asp?expno=468

Anhang 15

J.Y. Interpretation	NO.481（釋字第 481 號）
Date	1999/4/16
Issue	Shall Fukien Province hold gubernatorial and representative body elections as Taiwan province does?
Holding	Article 17 of the 1992 Amendments to the Constitution authorized the Legislative Yuan to enact a unified law on local self-government. A province shall have a council and the governor shall be elected by the people of said province. This is designed for those provinces that were, in fact, able to exercise self-government. Article 64 of the Self-Governance Act for Provinces and Counties provided that the organization of the local council and government where territorial jurisdiction was incomplete should be directly regulated by the Executive Yuan. Elections of members of the council and the governor were denied according to the Regulations of Organization of the Fukien Provincial Government issued by the Executive Yuan. It is warranted by the existing facts and was in accordance with the spirit and purpose of the statutory delegation. It was also in harmony with the equal protection of law provided in Article 7 of the Constitution.
Reasoning	Article 17 of the 1992 Amendments to the Constitution authorized the Legislative Yuan to enact a unified law on local self-government. Members of the provincial council and the governor of a province shall thus be elected by the people of the province. However, this may be applied only to those provinces that are, in fact, able to exercise self-government. In other words, without enacting the General Principles of Provincial and County Self-Government (which were originally required by the Constitution), an alternative statute was proposed to deal with the special case of Taiwan. Accordingly, a unified law based on a constitutional delegation on local self-government

	was enacted. Article 64 of this law further provided that the Executive Yuan should be authorized to issue a regulation on these provinces whose territory is incomplete. The Regulations of Organization of the Fukien Provincial Government issued by the Executive Yuan thus provided for a provincial government composed of seven to eleven members, one of whom shall be the chairman. All members shall be nominated by the Premier and appointed by the President. The council of the province was totally abolished. These laws and regulations had taken into account the special case of Fukien Province and are thus in harmony with the spirit and purpose of the authorizing statute. Local self-government at the county level is explicitly provided for in the Constitution. As for local self-government at the provincial level, however, the Constitution has adopted a different approach by authorizing the Legislative Yuan to enact legislation. In terms of the constitutional principle of equality, it is well-established that substantial equality under the law is of the essence. It requires reasonably different treatments of factual differences based on the nature of the subject. The current territory and population actually under control of Fukien Province are totally different from those of the original. In view of the degree of complexity of public affairs, the case of Fukien is also obviously different from the Taiwan case. Therefore, the organization of Fukien Province shall be simplified for the furtherance of administrative efficiency. Based on these factual differences, the preclusion of popular election of members of the council and the governor is reasonable and does not conflict with the Constitution. Although the 1997 Amendments to the Constitution made significant changes in provincial organization, the unified law was also later amended; hence, the different organization and arrangement provided in this Interpretation for the province with special territory are still valid. [1] Translated by Professor Jyh-Pin Fa.

Abgerufen am 20.03.2011, 10:55, unter:
http://www.judicial.gov.tw/constitutionalcourt/EN/p03_01.asp?expno=481

Anhang 16

J.Y. Interpretation	NO.645（釋字第 645 號）
Date	2008/7/11
Issue	Is the provision set forth in the Referendum Act unconstitutional in granting the Legislative Yuan the power to propose bill of referendum? Is the provision with respect to the appointment of members of the Referendum Review Committee unconstitutional?
Holding	1. The provision of the Referendum Act, Article 16, Paragraph 1, that: "Where the Legislative Yuan considers that it is necessary to hold a referendum with respect to an issue falling under Article 2, Paragraph 2, Subpragraph 3, hereof, it may, upon a resolution adopted at the Yuan Sitting and by a letter stating the subject thereof and the reasons therefore, refer the matter to the Central Election Committee for holding a referendum." is intended to make it possible for the Legislative Yuan to submit to referendum any issue involving critical policy for which direct vote by the people is necessary so that the issue may be decided directly by the people. It is not contrary to the principle of representative democracy under our constitutional system, and is also consistent with the meaning of the Constitution that the sovereignty shall rest with the whole body of the people and that the people shall have the rights of initiative and referendum, and is not contrary to the fundamental principle of separation of powers under the Constitution. 2. The Referendum Act provides in Article 35, Paragraph 1, that: "The Referendum Review Committee under the Executive Yuan shall be composed of 21 members, who shall each serve a term of three years. The members shall be recommended by all parties in proportion to the number of seats taken by each party caucus in the Legislative Yuan and appointed by the President upon nomination by the competent agency." Because the provision with respect to the appointment of such members has

	virtually deprived the Executive Yuan of its power to make decisions on personnel appointment under the Constitution and has obviously transgressed the limit of check and balance of powers, it is clearly contrary to the principles of separation of powers and must be made inoperative not later than one year as of the date of issuance of this Interpretation.
Reasoning	Article 2 of the Constitution provides: "The sovereignty of the Republic of China rests with the whole body of citizens." According to the text of the Constitution, our Constitutional system is designed to be representative democracy. While the Constitution has undergone several amendments, it is provided in Article 53 that the Executive Yuan is the highest administrative organ of the State as well as in Article 62 and Article 63 that the Legislative Yuan is the highest legislative organ of the State, to be constituted of legislators elected by the people to exercise legislative power on behalf of the people, and that the Legislative Yuan shall have the power to decide by resolution upon statutory or budgetary bills or bills concerning martial law, amnesty, declaration of war, conclusion of peace or treaties, and other important affairs of the State. In the Constitutional Amendment promulgated on July 21, 1997, Article 3, Paragraph 2, the spirit of the Constitution that the Executive Yuan shall be report to the Legislative Yuan is therein preserved so that the political structure of the representative democracy has gone no material change. The Constitution further provides in Article 17 that "the people shall have the rights of election, recall, initiative and referendum;" and in Article 136 that "the exercise of the rights of initiative and referendum shall be prescribed by law;" showing adequately that the people is allowed by explicit provision of the Constitution to participate in the formation of the will of the State through the exercise of their rights of initiative and referendum. Where the Legislature enacts the Referendum Act in accordance with the foregoing provisions without changing the premise that our constitutional system is based on the representative democracy, providing the people with a channel to express directly their opinions on important policies and assisting the people in exercising their rights of

initiative and referendum, it is certainly not contrary to the Constitution.

Because initiative and referendum are fundamental rights of the people, bills of referendum should in principle be proposed by the people. Nevertheless, the Legislative Yuan, in exercising the legislative power on behalf of the people, has the power to resolve upon important matters of the State (see Article 62 and Article 63 of the Constitution) and to take part in the making of decisions on the formation or change of important policies of the State (see J. Y. Interpretation No. 520). The provision of the Referendum Act, Article 16, Paragraph 1, that: "Where the Legislative Yuan considers that it is necessary to hold a referendum with respect to an issue falling under Article 2, Paragraph 2, Subpragraph 3, hereof, it may, upon a resolution adopted by the Yuan Sitting, and by a letter stating the subject thereof and the reasons therefore, refer the matter to the Central Election Committee for holding a referendum." Article 31, Subparagraph 3, of the same Act requires that the competent authority take necessary actions to materialize the content of the bill involving major government policy passed by referendum. The purpose of the above provisions is to make it possible for the Legislative Yuan, in representing the people in the exercise of the above powers, to submit to referendum controversies involving major policies for which direct vote by the people is necessary so that such issues may be decided directly by the people, provided that it is not against the fundamental principle of separation of powers under the Constitution. It is thus not contrary to the principle of representative democracy under our constitutional system, and is also consistent with the purpose of the Constitution that the sovereignty of the nation shall rest with the whole body of the people and that the people shall have the rights of initiative and referendum. It follows that the provision of Article 16, Paragraph 1, of the Referendum Act does not constitute an encroachment upon the executive power or leads to the situation of imbalance between the executive and the legislative powers.

In conclusion, the provision of Article 16, Paragraph 1, of the Referendum Act does not conflict with the Constitution in that it has not gone beyond the scope herein defined.

In order to safeguard the rights of initiative and referendum of the people and to ensure smooth and proper implementation of referendum, the legislative body shall establish comprehensive procedural and substantive regulations with respect to referendum. It shall in particular enact statutes to prescribe clearly and precisely the substantive elements required for the presentation of a bill of referendum and the procedure of holding the vote, and also establish a fair and impartial organization to take charge of the review of such bills so as to win the confidence of the people and to encourage the people to take part in referendum. To make such laws, however, the legislators must, in addition to making appropriate regulations on the principle of sovereignty by the people, adhere to the principle of separation of powers by refraining from making laws that go beyond the border of check and balance of powers to the extent of depriving completely the Executive Yuan of its power to make decisions on personnel management.

The Referendum Act provides in Article 34: "The Executive Yuan shall cause to be organized a National Referendum Review Committee, which shall take charge of the review of the following matters: 1. To determine the issue for national referendum, and 2. To determine whether the issue proposed for referendum is a same matter under Article 33 of the Act." Thus, the National Referendum Review Committee is organized internally by the Executive Yuan as the competent authority and is responsible for specific duty and functions. The Referendum Act provides additionally in Article 10, Paragraph 2: "The National Referendum Review Committee shall complete the review of the proposal for referendum within ten days after receipt thereof, and shall reject the proposal if it is found to be non-conformable with legal requirements," and in Paragraph 3 thereof: "If the proposed bill is found upon completion of the review process to be conformable with legal requirements, the Review Committee shall hold a hearing within ten days to identify the content of bill of referendum." The Act further provides in Article 14, Paragraph 2: "In the absence of any of the circumstances enumerated in the preceding paragraph, the bill of referendum shall be referred by the competent authority to the Review Committee for determination, and said Review

	Committee shall notify the competent authority of the conclusion of its determination within thirty days," and Paragraph 3: "The competent authority shall dismiss the bill of referendum if it is found to be non-conformable with the legal requirements, or request in writing the household registration offices to check up the sponsors of the bill within fifteen days if the bill of referendum is found to have met the legal requirements." It is also provided in Article 55, Paragraph 1, of the same Act: "Where a national or local bill of referendum is denied by the Review Committee, the leading sponsor may file an application for remedy pursuant to the administration proceeding within thirty days after receipt of the notification." Accordingly, the National Referendum Review Committee organized internally by the Executive Yuan is empowered to make actual decision on whether or not a bill of national referendum has been created and to make administrative dispositions externally in the name of the Executive Yuan, whereas Executive Yuan has no power to reexamine the decision made by the Review Committee. If the leading sponsor is dissatisfied with the decision, he may seek remedy through the channel of petition and administration action. In light of the fact that the National Referendum Review Committee is organized inside the Executive Yuan, it is not an independent agency. Rather, it is an organization for the performance of specific functions in administrative procedure and is thus a "committee participating in the rendering of administrative disposition" under the Administrative Procedure Act, Article 114, Paragraph1, Subparagraph. Its duty is to scrutinize individual proposal of national referendum to determine whether or not the proposal meets the legal requirements and is an issue that may be put to the people's initiative or referendum, and the Committee plays the role of assisting the people in properly exercising the rights of initiative and referendum, which role is by nature a part of the executive power. Because the executive branch is charged with the duty of law enforcement, and enforcement of law depends on people, the executive branch should be conferred by law with the right to make decisions with respect to the actual personnel structure including staff officers and political appointees. This right of

decision-making of the executive branch is a prerequisite that is indispensable for satisfactory performance of the functions of the executive power in a country of democracy that is ruled by law. Since said Committee is organized internally inside the Executive Yuan and takes part in the procedure for rendering administrative disposition by the Executive Yuan, the Executive Yuan has undoubtedly the right to make decisions on appointment of members of the Committee. Nevertheless, in light of the fact that the functions of the National Referendum Review Committee are different from those of the ordinary administrative agencies, which is required to make decisions on and to implement policies matters, the appointment of Committee members is not a function within the scope of Article 56 of the Constitution. Hence, while the Legislative Yuan is not prohibited from taking part in the appointment of members or exerting check and balance by other appropriate means, there must be a limit on such check and balance.

The Referendum Act provides in Article 35, Paragraph 1, that: "The Referendum Review Committee under the Executive Yuan shall be composed of 21 members, who shall each serve a term of three years. The members shall be recommended by all parties in proportion to the number of seats taken by each party caucus in the Legislative Yuan and appointed by the President upon nomination by the competent agency." Because the right to make decisions on personnel appointment is dominated by political parties and caucuses in proportion to their respective number of seats, and the Premier has no say whatsoever to nominate candidates for the posts of members and can only involuntarily accept the nominations and presented to the President for making appointments, the provision has virtually deprived the Executive Yuan of its power of personnel appointment under the Constitution and has obviously transgressed the limit of check and balance of powers. It is of course in conflict with the principles of separation of powers and must be made inoperative not later than one year as of the date of issuance of this Interpretation.

The petitioner further alleges to the effect that the procedure of deliberation by the Legislative Yuan of Article 18 of the Referendum Act involves problems of unconstitutionality.

	In making deliberation on a bill of law, the Legislative Yuan must do so pursuant to the rules of procedure established by itself within the scope of the Constitution. The issue of whether or not the process of deliberation of the Legislative Yuan on a bill of law that has been presented to the President for promulgation was made in pursuance of the procedure which the Legislative Yuan must follow in holding its sittings is an internal matter to be answered by itself on the principle of self-regulation of the parliamentary, rather than a matter subject to review by the authority responsible for Constitutional interpretation unless it is in clear conflict with the Constitution. This is the view we have expressed in our J. Y. Interpretation No. 342. Answer to the question whether Article 18 of the Referendum Act is against the Constitution in deliberation made by the Legislative Yuan is not clear and is pending survey. Under the current system, the power of the Constitutional interpretation authority to make survey into facts in such cases is limited, and in light of the essence of our statement above we have therefore decided not to make interpretation with respect to this part. With regard to the petitioner's allegation that the provisions of the Referendum Act, Article 2, Paragraph 2, Subparagraph 4; and Article 31, Subparagraph 4; are against the Constitution, Article 27, Paragraph 1, Subparagraph 4; and Article 174, Subparagraph 2; and the Amendments to the Constitution promulgated on April 25, 2000 Article 1, Paragraph 2, Subparagraph 1, there is no longer a need to make interpretation and consequently this part of the petition is dismissed by reason of the explicit provision under the Amendments to the Constitution promulgated on June 10, 2005, Article 1 and Article 12 that popular vote by the people is necessary for a bill of revision of the Constitution, thereby making the issue of unconstitutionality of the Referendum Act, Article 2, Paragraph 2, Subparagraph 4; and Article 31, Subparagraph 4; no longer exists. [1] Translated by Raymond T. Chu.

Anhang 17

J.Y. Interpretation	NO.261 (釋字第 261 號)
Date	1990/6/21
Issue	Should the first-term national representatives be allowed to exercise their powers indefinitely without periodical reelection?
Holding	The terms of office of the national representatives are expressly provided in the Constitution. Since the first-term national representatives were elected and took office, our nation has suffered severe calamities. As a result, reelection of the national representatives has been infeasible and all of the first-term national representatives have continued to exercise their powers. Such results were necessary for the maintenance of our constitutional system. However, periodical reelection of representatives is crucial for reflection of the will of the people and for implementation of constitutional democracy. Neither J.Y. Interpretation No. 31, nor Article 28, Paragraph 2, of the Constitution, nor Paragraph 6, Subparagraphs 2 and 3, of the Temporary Provisions Effective During the Period of National Mobilization for the Suppression of the Communist Rebellion were intended to allow the first-term national representatives to continue exercising their powers indefinitely. None of these provisions were intended to change their terms of office. Nor did they prohibit the election of the next-term national representatives from being held. In fact, since 1969, the Central Government has been holding regular elections of the national representatives in the Free Area, in order to reinforce our national representative bodies incrementally. To cope with the present situations, those first-term national representatives who have not been reelected on a periodical basis shall cease the exercise of their powers no later than December 31, 1991. Among them, those who have been de facto incapable of exercising or constantly failed to exercise their powers shall be immediately

	dismissed, after thorough investigation, from their offices. The Central Government is further mandated to hold, in due course, a nationwide second-term election of the national representatives, in accordance with the spirit of the Constitution, the essence of this Interpretation and the relevant regulations, so that the constitutional system will function properly.
Reasoning	When the Legislative Yuan exercised its budgetary powers, it cast doubt on the constitutional application of J.Y. Interpretation No. 31; Article 28, Paragraph 2, of the Constitution; and Paragraph 6, Subparagraphs 2 and 3, of the Temporary Provisions Effective During the Period of National Mobilization for the Suppression of the Communist Rebellion. It therefore petitioned for interpretation. In accordance with the resolution of the 118th Meeting of the Council of Grand Justices of the Judicial Yuan and Article 4, Paragraph 1, Subparagraph 1, of the Act of the Constitutional Interpretation Procedure of the Judicial Yuan, this petition is admitted. The Constitution provides specific terms of office for all national representatives: six years for the National Assembly Delegates, three years for the Legislators and six years for the Members of the Control Yuan, respectively. Such terms are expressly provided for in Article 28, Paragraph 1, and Articles 65 and 93 of the Constitution. After the current Constitution took effect, our nation suffered severe calamities. Upon expiration of the first term of the Legislators and Members of the Control Yuan, it was de facto impossible to hold elections of the second-term representatives in accordance with the laws. In order to prevent the Five-Yuans system as established by the Constitution from being weakened, J.Y. Interpretation No. 31 therefore declared that "before the second-term representatives are elected and convene in accordance with the laws, all of the first-term representatives of both the Legislative and Control Yuans shall continue to exercise their respective powers." As to the first-term National Assembly Delegates, they were allowed to keep exercising their powers after their first term expired, because Article 28, Paragraph 2, of the Constitution provides that "The term of office of the Delegates to each National Assembly term shall cease on the date upon which

the next National Assembly term convenes."Furthermore, on March 23, 1972, the Temporary Provisions Effective During the Period of National Mobilization for the Suppression of the Communist Rebellion were amended to include the following provisions: "The first-term national representatives were elected by the people of the entire nation and have been exercising their powers pursuant to the laws. Those elected through the by-elections shall have the same status" (Paragraph 6, Subparagraph 2) and "Those national representatives elected through the elections for additional members, together with the first-term national representatives, shall exercise their powers pursuant to the laws" (Paragraph 6, Subparagraph 3).

However, periodical election of representatives is an essential avenue for reflection of the will of the people and implementation of constitutional democracy. That the abovementioned national representatives were allowed to continue the exercise of their powers was necessary in order to deal with the then-existing situations and maintain the constitutional system. Since publication of the abovementioned Interpretation on January 29, 1954, the first-term national representatives have been exercising their powers for more than three decades. Nevertheless, the above-mentioned Interpretation was not intended to permit the indefinite exercise of powers by the first-term Legislators and Members of the Control Yuan, or to change their respective terms. Furthermore, Article 28, Paragraph 1, of the Constitution expressly provides "The National Assembly Delegates shall be elected every six years." Obviously, the intention of Paragraph 2 of this Article is to avoid any time gap between elections in the course of the National Assembly's exercise of their powers. It is not intended to extend the term of office of the National Assembly Delegates indefinitely.

Furthermore, the abovementioned provisions regarding the first-term national representatives' exercise of powers pursuant to the laws as provided for in Paragraph 6, Subparagraphs 2 and 3, of the Temporary Provisions Effective During the Period of National Mobilization for the Suppression of the Communist Rebellion were amended for those national representatives elected through both the by-elections and elections for additional members. In the spirit of the abovementioned J.Y.

	Interpretation No. 31, the intention of these two Subparagraphs was not to permit the indefinite exercise of powers by those national representatives who were not reelected periodically. Nor did they prohibit the government from holding the next-term elections of the national representatives. In fact, since 1969, the Central Government has been holding regular elections of the national representatives in the Free Area, in order to reinforce the national legislative bodies incrementally. To cope with the present situation, those first-term national representatives who have not been reelected on a periodical basis shall cease the exercise of their powers no later than December 31, 1991. Among them, those who have been de facto incapable of exercising or constantly failed to exercise their powers shall be immediately dismissed, after thorough investigation, from their offices. As stated above, those national representatives who have not been reelected on a regular basis shall cease the exercise of their powers. However, those provisions regarding election of the national representatives as provided for in Articles 26, 64 and 91 of the Constitution are still not entirely applicable in practice at the present time. Given such circumstances, the Central Government shall make an appropriate plan, in accordance with the spirit of the Constitution, the essence of this Interpretation and the relevant regulations, to hold in due course the next election of the national representatives, including a certain number of representatives-at-large, so that the constitutional system will continue to function. It should be noted here that those current national representatives elected through the elections for additional members shall continue to exercise their powers until the end of their term. ' Translator by Professor Jau-Yuan HWANG.

Abgerufen am 25.04.2011, 22:14, unter: http://www.judicial.gov.tw/constitutional-court/EN/p03_01.asp?expno=261

Anhang 18

J.Y. Interpretation	NO.520（釋字第 520 號）
Date	2001/1/15
Issue	Where a statutory bill drafted for the construction of the 4th nuclear power plant had been passed and upon the request of the Executive Yuan, reconsidered by the Legislative Yuan in accordance with the Constitution, may it still be constitutionally permissible for the Executive Yuan to withhold implementation of the said statutory bill in its discretion or based upon change of administration?
Holding	The statutory budget is a budgetary bill that has gone through the resolution and promulgation process of the Legislative Yuan, and is comparable in form to a statute. In J. Y. Interpretation No. 391, [this Yuan] referred to it as law of measures (Massnahmegesetz) in light of its differences from an ordinary statutory bill in terms of contents, regulatory target, and resolution process. Whether it is constitutional or lawful for an [administrative] agency charged with administering the budget to withhold a portion of the designated expenditure in that budget in its discretion should depend upon the circumstances. For funds designated for the maintenance of an agency's normal operations and carrying out its legally authorized duties, such a withholding is not permitted by law if it should affect the existence of that agency; for withholding that meets the conditions under the Budget Act and does not involve adjustment of a critical national policy, the authorized agency may, in its discretion that fits the duties of that agency, reduce the budgetary expenses or adjust the implementation of a [given] budget. With regard to a major policy change that involves the withholding of a statutory budget, based upon the constitutional purpose that the Executive Yuan shall be responsible to the Legislative Yuan, and in respect of the right of the Legislative Yuan to participate in the decision- making

	process regarding critical national issues, in accordance with Article 3 of the Amendment of the Constitution and Article 17 of the Legislative Yuan Functioning Act, the Premier or related ministers of the Executive Yuan shall within reasonable time submit a report to the Legislative Yuan and subject [themselves] to interpellation. In light of its effect on energy reserves, the environment, and related industries, and in consideration of its past policy-forming process as well as the complexity in the disposition of the aftermath in the event such withholding should indeed be carried out, the present statutory budget item that the Executive Yuan meeting resolved to withhold is indeed a change of a critical national policy that the above procedural requirement must be met as soon as possible. Having received the above report from the Executive Yuan, the Legislative Yuan is obligated to listen [to it]. The Executive Yuan, having submitted the above report, may carry on the previous budget withholding if and when such policy change acquires support from the majority of members of the Legislative Yuan. It should also be pointed out that if the Legislative Yuan should decide to oppose or form other resolutions, depending upon the contents of the resolution, all related agencies should then negotiate a solution based upon the meanings and purpose of this Interpretation, or to select a proper channel within the current constitutional mechanism to end the stalemate.
Reasoning	This petition for interpretation derives from the Executive Yuan's decision to halt the construction of the fourth nuclear power plant and withhold its related budget, which resulted in a constitutional dispute with the Legislative Yuan over the exercise of its duties and a different interpretation of the same law by the Legislative Yuan. On the part of constitutional interpretation, [this petition] should be granted since it is in conformity with Article 5, Paragraph 1, Subparagraph 1, of the Constitutional Interpretation Procedure Act in that one central [government] agency is in dispute with another [central government] agency on the application of the Constitution in exercising its functions and duties; on the part of uniform interpretation [of laws], the petition does not specify which provision[s] of the Budget Act applied by the legislative agency it differs with,

	which is not in conformity with Article 7, Paragraph 1, Subparagraph 1, of the abovementioned Interpretation Procedure Act. Yet no denial is issued since this part [of the petition] is based on the same facts as the part for constitutional interpretation. Furthermore, it must be pointed out that this petition concerns the controversy over the Executive Yuan's exercise of the statutory budget to that of the Legislative Yuan's application of the Constitution. It is not within the scope of this interpretation to deal with the underlying cause of the dispute, that is, whether nuclear-generated electricity is superior to other sources of supply, which as such belongs to the professional judgment in [laying out] the energy policy; nor should it be rendered by the constitutional interpretation agency in exercising its judicial authority. The budgetary system is a constitutional mechanism by which the executive branch realizes its policy goals, with the participation of the legislative branch. The legislature has the power and duty to review, resolve and supervise the execution of the budget. The statutory budget is a budgetary bill that has gone through the resolution and promulgation process of the Legislative Yuan, and is comparable in form to a statute. That is why in [this Yuan], it is referred to as law of measures (Massnahmegesetz) in light of its differences from an ordinary statutory bill in terms of contents, regulatory target, and resolution process. While the execution of both the statutory budget and the statute [itself] belongs to the Executive Branch, the differences are: [For] a law that provides the authority for an administrative agency, a certain legal effect takes place as long as all conditions laid out [in that law] are met. If the law itself does not provide or authorize any discretion in rendering a policy decision or options, the authorized agency is obligated to act in [full] compliance with what that law mandates. [On the other hand,] the statutory budget passed by the Legislative Yuan is considered an authorizing regulation concerning the annual expenditure, revenue and future commitment of national agencies (See Articles 6 to 8 of the Budget Act), with its effect being the setting of the maximum cost and purpose of expense items, regulation of the accounting and enforcement procedures that the authorized agencies must abide by in accordance with the

Budget Act, as well as supervision from the final accounting procedure and auditing agencies. With regard to the execution of revenues, various taxes, public bonds and related laws and regulations should be followed before it can be realized. Whether withholding of [certain] annual expenditures automatically constitutes a violation of the law or Constitution should depend upon the circumstances. For withholding that does not involve the adjustment of a critical national policy and meets the conditions under the Budget Act, such as the occurrence of special incidents or private economic administration changes due to management strategy or market factors, the authorized agency may, in its discretion according to the duties of that agency, reduce the budgetary expenses or adjust the implementation of a [given] budget. This is the so-called "flexibility of budget execution."

For funds under the statutory budget designated for the maintenance of an agency's normal operations and exercising its legally authorized duties, since the withholding of those funds would affect the existence of that agency, the law does not permit [the spending] to be left to the administrative agency's random discretion. For withholding of statutory budget [funds] that has the functional effect of changing administrative or critical national policies, it is contrary to the constitutional purpose of having the Legislative Yuan participate in the decision-making process of critical national issues if such withholding does not indeed involve the Legislative Yuan's participation. Hence, the abovementioned flexibility of budget execution does not mean that an authorized administrative agency may pick and choose items by itself in administering [the budget] without regard to the fact that the statutory budget is one that is passed by the Legislative Yuan and has the effect of a mandatory statute. Under the Budget Act, the status of appropriation and distribution of annual expenditures must be reviewed period-by-period and level-by-level, and the review reports must be submitted to the Legislative Yuan for further examination (Article 61); there is an express prohibition against commingling of funds among individual agencies, divisions, projects or budgetary items in administering the budget (see Article 62); moreover, the supervising personnel shall be sub-

	ject to disciplinary actions in accordance with the regulations if the discharging agency does not achieve 90% of the planned annual budget (See Item 4, Section 2, of the Operation Guidelines on the Examination, Reward, and Discipline Concerning the Execution of Planned Budgets by the Executive Yuan and All of Its Affiliated Agencies, promulgated by the Executive Yuan on August 3, 2000). All of these are monitoring mechanisms for administering the budget and the fulfillment of financial discipline. J. Y. Interpretation No. 391 was rendered with a focus on the review process of a budgetary bill. While it has indeed differentiated the nature between a statutory budget and a statutory [law], it did not negate the binding force of a statutory budget. [The Interpretation] only illustrated that the binding target of a budgetary bill passed by the legislature is not the general public but national agencies. Thus, it is not sufficient to argue, that an administrative agency always has the authority [or power] to withhold the statutory budget without regard to the nature of the expenditure. While the Budget Act does not expressly prohibit withholding [of funds] in carrying out the statutory budget, it cannot be abruptly concluded that the administrative agency may arbitrarily decide not to administer the budget. Although the Amendment of the Constitution revised Article 57 of the Constitution concerning the fact that the Executive Yuan shall be responsible to the Legislative Yuan, Article 3, Paragraph 2, Subparagraph 2, nevertheless provides: "Should the Executive Yuan deem a statutory, budgetary, or treaty bill passed by the Legislative Yuan difficult to execute, the Executive Yuan may, with the approval of the President and within ten days of the bill's submission to the Executive Yuan, request the Legislative Yuan to reconsider the bill. The Legislative Yuan shall reach a resolution on the returned bill within fifteen days after it is received. Should the Legislative Yuan be in recess, it shall convene of its own accord within seven days and reach a resolution within fifteen days after the session begins. Should the Legislative Yuan not reach a resolution within the said period of time, the original bill shall become invalid. Should more than one-half of the total number of Legislative Yuan members uphold the original bill,

	the President of the Executive Yuan shall immediately accept the said bill." It follows that if the Executive Yuan should consider a budgetary bill passed by the Legislative Yuan difficult and not intend to execute in accordance with its contents, it should indeed follow the above-indicated reconsideration process before a budgetary bill is promulgated to become a statutory budget. If the petition agency's argument is correct that carrying out the statutory budget is the core area of the executive power, and that there is room for the administrative agency to decide in its liberty whether to carry that out, then whenever a budgetary bill passed by the Legislative Yuan does not meet [the Executive Yuan's] satisfaction or there is difficulty in carrying it out, it can indeed simply decide not to execute or exercise some other discretions, and there is no need for the installation of the reconsideration process regarding a budgetary bill under the Constitution. In addition to specifying the concrete figures of the needed funding for the normal operations of national agencies and carrying out legally authorized duties, the budgetary bill also includes the necessary financial resources for the promotion of all kinds of policies. In accordance with modern financial economic theory, the budget [also] carries the function of guiding the economic development and affecting the cycles of prosperity. Under the system of representation through constitutional democracy, the legislature has the authority to review and resolve the budget. This is not only supervision, as the representative of public opinion, over the financial expenditures and relief of the citizens' taxation, but also the realization of national policies and formation of projects in carrying out those policies through the review of the budget, academically known as the parliamentary power of decision-making participation. In the present petition, having [first] passed the related budget concerning the fourth nuclear power plant, the Third Legislative Yuan in its 15th Meeting of the First Session on May 24, 1996, and in accordance with the then applicable Article 57, Subparagraph 2, of the Constitution, resolved to change the Executive Yuan's critical policy by abolishing the construction scheme of the nuclear power plant. All [related]

projects in progress had to be stopped immediately and thus could not take expenditure from the budget. Subsequently, the Executive Yuan, on the ground of disagreeing with [this] critical policy change, submitted [the resolution] to the Legislative Yuan for reconsideration on June 20 of the same year. It is apparent, therefore, that based upon the effect the construction of a nuclear power plant has on energy reserves, the environment, and related industries, together with the massive budget expenses and the complexity in the disposition of the aftermath in the event such withholding should be carried out, [the present withholding] should indeed be considered a change of a critical national policy, which was not disputed during the oral argument by representatives from either the Executive or Legislative Yuans. Consequently, since the Legislative Yuan participated in and resolved the budgetary bill concerning the construction of the nuclear power plant from its initiation, through its previous suspension or withholding, to reconsideration of the administration of [the budget], the Legislative Yuan should naturally be given the same opportunity to participate in or resolve the issue of further withholding [of funds]. Since this statutory budget touches upon a critical policy, its revision is obviously different from a simple adjustment of a budgetary item concerning non-critical national policies. Thus, the petitioning [administrative] agency does not have the discretionary leeway to decide and implement [the withholding] arbitrarily, on the ground that the so-called statutory budget is [in fact] a substantive administrative act, or [alternatively] relying on its self-imposed regulation, yet to be submitted to and reviewed by the Legislative Yuan, the Guidelines on the Execution of the Budget by the Central [Government] Agencies and Their Affiliated Units. It is not without merits for the Related Institution, the Legislative Yuan, to consider this [argument] to be unilateral decision-making.

Democratic governance is governance by public opinion. The path to realize the governance of public opinion is the election of the President and members of the Legislative Yuan as their terms expire. It is indeed a common occurrence in partisan politics that an elected presidential candidate seeks to promote what was promised during the campaign, so that

	the President, through his appointed Premier of the Executive Yuan, may change previously existing policies or orientation not [necessarily] consistent with his political views. Yet regardless of the change of ruling political party or reorganization of the Executive Yuan, any change of policy direction or critical policy should nevertheless abide by the check and balance of powers upon which the constitutional order is based. Under the rule-of-law principle, even substantive appropriateness is no substitute for due process. Article 57 of the Constitution is designed for the check and balance of powers between the Executive and Legislative Yuans. The ruling on the Legislative Yuan's resolution to change, and the Executive Yuan's request for reconsideration of critical policy is provided in Subparagraph 2 of the same Article. Although the Amendment of the Constitution of July 21, 1997, [in effect] deleted this provision, with Article 3, Paragraph 2, Subparagraph 3, being added to create the system by which the Legislative Yuan may cast its no-confidence vote against the Premier, the rules on the Legislative Yuan's duties, as provided in Article 63 of the Constitution, remain intact. Therefore, Article 16 of the Legislative Yuan Functioning Act nevertheless provides regulations on the process by which the Executive Yuan may submit its report on the administration's policies and orientation. Article 17 provides: "With the occurrence of a major event or change of policy orientation, the Premier of the Executive Yuan or ministers of related agencies (or departments) shall submit a report to the full session of the Legislative Yuan, and be subject to interpellation. At the occurrence of an event stated in the previous paragraph, if and when any member of the Legislative Yuan proposes, with more than 30 members endorsing or concurring and a resolution of the full session, [the Legislative Yuan] may invite the Premier of the Executive Yuan or ministers of related agencies (or departments) to report to the full session of the Legislative Yuan, and be subject to interpellation." The so-called "occurrence of a major event" means important national affairs as indicated in Article 63 of the Constitution. The so-called "change of policy orientation" includes the change of important policies after a new ruling political party is elected. In dealing with changes due to the occurrence of a major event

	or change of policy orientation, statutory amendments must be submitted to the Legislative Yuan for those that require modification of laws. Matters that require modifications or the implementation of new regulations must be promulgated and [a copy] be submitted to the Legislative Yuan for review. In addition, the above-indicated provision further imposes on the Executive Yuan the obligation to report to the Legislative Yuan and be subject to [the latter's] interpellation. As stated above, unlike a statute which may be recurrently implemented, a statutory budget is always restricted to a certain fiscal year without the need for amending propositions. In this situation [the occurrence of a major event or change of policy orientation], it is necessary for the Premier of the Executive Yuan or ministers of related agencies (or departments) to submit a report to the full session of the Legislative Yuan, and be subject to interpellation. The Legislative Yuan may, on its own initiative and in accordance with Paragraph 2 of the same Article, invite the Premier or ministers of related agencies (or departments) to report to the full session of the Legislative Yuan, and be subject to interpellation. With the exception of emergency circumstances and unforeseen events, all such reports must be made beforehand. The withholding in the present petition, while already involving the change of a critical national policy, is [procedurally] flawed because it was not handled in accordance with the abovementioned process. [On the other hand,] instead of following the procedure in carrying out its duties by notifying the related heads [of the Executive Yuan] to report to the Legislative Yuan, the Related Institution used the boycotting measure, which certainly did not constitute the proper course in maintaining the normal operation of the Constitution. The Executive Yuan shall promptly make up the abovementioned reporting and interpellation process as of the date this Interpretation is announced, whereas the Related Institutions are also obligated to hear the Executive Yuan's report. Having submitted the report to the Legislative Yuan in accordance with the abovementioned Article 3 of the Amendment of the Constitution and Article 17 of the Legislative Yuan Functionaries Act, and based upon the constitutional principle of democracy by representation, the Premier or ministers of the

	related agencies (or departments) may certainly carry on the previous budget withholding if and when such policy change acquires support by the majority members of the Legislative Yuan. If the Legislative Yuan should decide to oppose it or make other resolutions after listening to the report, however, while this resolution [in its appearance] serves as an objection to the change of policy, it in fact functions as a reaffirmation of the legal effect of the statutory budget, which should be distinguished from suggestive resolutions that only carry non-binding force. Depending upon the content of the resolution, all related agencies (and the Related Institution) must select the appropriate means to resolve [their dispute]: Either the Executive Yuan agrees to accept the majority view of the Legislative Yuan and continuously administers the statutory budget, or the Executive Yuan negotiates with all parties and interests within the Legislative Yuan in achieving a solution. If and when that is not possible, all related agencies (or departments) should take proper disposition in accordance with existing mechanisms under the Constitution. For example, to demonstrate his/her responsibility, the Premier may resign on the grounds that his/her critical policy or administrative orientation did not receive support from the Legislative Yuan; hence, the implementation of that policy lacks proper foundation and what the President has entrusted to him/her cannot be realized. The Legislative Yuan, in accordance with Article 3, Paragraph 2, Subparagraph 3, of the Amendment of the Constitution, may move for a no-confidence vote and force the Premier to resign (as soon as the no-confidence vote is passed, the Legislative Yuan may be disbanded and the political parties may then take this opportunity of re-election to appeal directly to the public, and this is also one common path in resolving major political conflicts in the system of democratic representation). When the Legislative Yuan enacted related bills concerning the construction of power plants, although the content of the law included provisions designed for specific, individual cases, it nevertheless belonged to a special category of laws, that is, the so-called legislation for an isolated case (Einzellfallgesetz), which is not disallowed by the Constitution. Which path should be taken is a matter of selection among all related agencies (or depart-

	ments), not an item for consideration by this Yuan. Yet [a successful outcome] depends upon both the ruling and opposition parties making the enhancement of the people's well-being a priority, being mindful of maintaining the order of the Constitution, so that the Constitution can resume its normal function and social developments can be guided in the right direction. ' Translated and edited by Professor Andy Y. Sun. Except as indicated otherwise, all notes are added by the translator.

Abgerufen am 25.04.2011, 22:54, unter: http://www.judicial.gov.tw/constitutionalcourt/EN/p03_01.asp?expno=520

Literaturverzeichnis

Arnim, Hans Herbert von — Parteien in der Kritik, DÖV 2007, 221 ff.

Ders. — Wer kümmert sich um das Gemeinwohl? – Auflösung der politischen Verantwortung im Parteienstaat, ZRP 2002, 223 ff.

Ders. — Politische Parteien, DÖV 1985, 593 ff.

Ders. — Die neue Parteienfinanzierung, DVBl. 2002, 1065 ff.

Ders. — Der strenge und der formale Gleichheitssatz, DÖV 1984, 85 ff.

Ders. — Parteienfinanzierung – eine verfassungsrechtliche Untersuchung, Karl-Bräuer-Institut: Wiesbaden, 1982.

Badura, Peter — Anhang zu Art. 38, in: Rudolf Dolzer (Hrsg.), Bonner Kommentar zum Grundgesetz, 2007. (Badura, in: BK, Anhang zu Art. 38)

Ders. — Staatsrecht – Systematische Erläuterung des Grundgesetzes für die Bundesrepublik Deutschland, 3. Aufl., C. H. Beck: München, 2003.

Battis, Ulrich/ Kersten, Jens — Regelungsdefizite des neuen Parteispendenrechts, JZ 2003, 655 ff.

Bauer, Hartmut — Art. 9, in: Horst Dreier (Hrsg.), Grundgesetz-Kommentar, Band I, 2. Aufl., Mohr Siebeck: Tübingen, 2004. (Bauer, in: Dreier, GG, Bd. I, Art. 9)

Burgi, Martin — § 7, in: Hans-Uwe Erichsen/ Dirk Ehlers (Hrsg.), Allgemeines Verwaltungsrecht, 13. Aufl., De Gruyter Recht: Berlin, 2005.

Campbell, William — Formosa Under the Dutch: Described from Contemporary Records, with Explanatory Notes and a Biography of the Island, London, 1903.

Chu, Wu-Hsien — Die Auslegung der Verfassung und die vereinheitlichende Auslegung von Gesetzen und Verordnungen durch die Versammlung der Hohen Richter – Ansätze einer Verfassungsgerichtsbarkeit in der Republik China, Diss. Saarbrücken, 1983.

Deutscher Bundestag Referat Öffentlichkeitsarbeit (Hrsg.), — Parteispenden – Bericht des 1. Untersuchungsausschusses, Deutscher Bundestag Referat Öffentlichkeitsarbeit: Berlin, 2002.

Drysch, Thomas — Staatliche Parteienfinanzierung und kein Ende: das neue Parteienfinanzierungsgesetz, NVwZ 1994, 218 ff.

Gerserich, Stephan — § 10b, in: Paul Kirchhof/ Hartmut Söhn/ Ruldolf Mellinghoff (Hrsg.), Einkommensteuergesetz – Kommentar, Bd. 10, C. F. Müller: Heidelberg, 2009. (Gerserich, in: Kirchhof/Söhn/Mellinghoff (Hrsg.), EStG, § 10b)

Grewe, Wilhelm — Zum Begriff der politischen Partei, in: Um Recht und Gerechtigkeit: Festgabe für Erich Kaufmann zu seinem 70. Geburtstage, Kohlhammer: Stuttgart, Köln, 1950, S. 78 ff.

Grimm, Dieter — § 14 Politische Parteien, in: Ernst Benda/ Werner Maihofer/ Hans-Jocher Vogel (Hrsg.), Handbuch des Verfassungsrechts der Bundesrepublik Deutschland, 2. Aufl., Walter de Gruyter: Berlin, 1994. (Grimm, in: HbVerfR, § 14)

Gusy, Christoph — Art. 21, in: Erhard Denninger/ Wolfgang Hoffmann-Riem/ Hans-Peter Schneider/ Ekkehart Stein (Hrsg.), Kommentar zum Grundgesetz für die Bundesrepublik Deutschland, 3. Aufl. Luchterhand: Neuwied; Kriftel, 2001. (Gusy, Ak-GG, Art. 21)

Hardmann, Clemens — Die Wahlkampfwerbung von Parteien in der Bundesrepublik Deutschland, Diss. Köln, 1992.

Henke, Wilhelm — Art. 21, in: Rudolf Dolzer (Hrsg.), Bonner Kommentar zum Grundgesetz, 1991. (Henke, in: BK, Art. 21)

Henke, Wilhelm — Das Recht der politischen Parteien, 2. Aufl., Otto Schwartz: Göttingen, 1972.

Hesse, Konrad — Grundzüge des Verfassungsrechts der Bundesrepublik Deutschland, 20. Aufl., C. F. Müller: Heidelberg, 1999.

Ders. — Die Verfassungsrechtliche Stellung der politischen Parteien im modernen Staat, VVDStRL 17, 41 ff.

Höfling, Wolfram — Art. 9, in: Michael Sachs (Hrsg.), Grundgesetz: Kommentar, 5. Aufl., C. H. Beck: München, 2009. (Höfling, in: Sachs, GG, Art. 9)

Hofmeister, Ferdinand — § 10b, in: Walter Blümich (Begr.), Einkommensteuergesetz, Körperschaftsteuergesetz, Gewerbesteuergesetz, Franz Vahlen: München, 2010. (Hofmeister, in: Blümich (Begr.), EStG, § 10b)

Hsü, Dau-lin/ Chu, Chi (Hrsg.) — Chronik der chinesisch-japanischen Beziehung – Eine Materialsammlung mit Vertragstexten, Dokumenten und einer Karte, Elsner: Berlin, 1931.

Huntington, Samuel P. — The third wave: democratization in the late twentieth century, Univ. of Oklahoma Pr.: Norman, 1991.

Ipsen, Jörn — Verfassungsfragen degressiv gestaffelter Globalzuschüsse an politischen Parteien, ZParl 1994, 401 ff.

Ders. — Das neue Parteienrecht – Eine kritische Bestandsaufnahme des Achten Gesetzes zur Änderung des Parteiengesetzes, NJW 2002, 1909 ff.

Ders. — Art. 20, in: Michael Sachs (Hrsg.), Grundgesetz: Kommentar, 4. Aufl., C. H. Beck: München, 2007. (Ipsen, in: Sachs, GG, Art. 21)

Ders. — § 2, in: Jörn Ipsen (Hrsg.), Parteiengesetz – Kommentar, C. H. Beck: München, 2008. (Ipsen, in: Ipsen, Parteiengesetz, § 2)

Jochum, Heike — § 27, in: Jörn Ipsen (Hrsg.), Parteiengesetz – Kommentar, C. H. Beck: München, 2008. (Jochum, in: Ipsen, Parteiengesetz, § 27)

Jülich, Heinz-Christian	Chancengleichheit der Parteien – Zur Grenze staatlichen Handelns gegenüber den politischen Parteien nach dem Grundsatz, Duncker & Humblot: Berlin, 1967.
Kepmer, Michael	Art. 9, in: Hermann v. Mangoldt/ Friedrich Klein/ Christian Starck (Hrsg.), Das Bonner Grundsatz, Bd. I, 5. Aufl., Franz Vahlen: München, 2005. (Kepmer, in: v. Mangoldt/ Klein/Starck, Art. 9)
Kersten, Jens	§ 25, in: Jens Kersten/ Stephan Rixen, Parteiengesetz und Europäisches Parteienrecht, Kohlhammer: Stuttgart; Berlin; Köln, 2009. (Kersten, in: Kersten/Rixen, Parteiengesetz, § 25)
Ders.	Parteispende oder Abgeordnetenspende? JA 2005, 360 ff.
Kirchner, Hildebert/ Pannier, Dietrich	Abkürzungsverzeichnis der Rechtssprache, 6. Aufl., de Gruyter Recht: Berlin, 2008.
Kißlinger, Andreas	Das Recht auf politische Chancengleichheit, Nomos: Baden-Baden, 1998.
Klapp, Theo	Chancengleichheit von Landesparteien im Verhältnis zu bundesweit organisierten Parteien – Zugleich ein Beitrag zu aktuellen Fragen des Parteien- und Rundfunkrechts, Hartung-Gorre Verlag: Konstanz, Diss. Konstanz, 1989.
Klein, Hans Hugo	Art. 21, in: Theodor Maunz/ Günter Dürig (Hrsg.), Grundgesetz – Kommentar, Bd III, C. H. Becker: München, 2001. (Klein, in: Maunz/Dürig, Art. 21)
Kluth, Winfried	Art. 21, in: Volker Epping/ Christian Hillgruber (Hrsg.), GG – Beck'scher Online Kommentar, 5. Edition. C. H. Beck: München, 2009. (Kluth, in: Epping/Hillgruber, GG, Art. 21)
Knöpfle, Franz	Der Zugang zu den politischen Parteien, Der Staat 1970, 321 ff.
Koch, Thorsten	§ 18, in: Jörn Ipsen (Hrsg.), Parteiengesetz – Kommentar, C. H. Beck: München, 2008. (Koch, in: Ipsen, Parteiengesetz, § 18)

Koch, Thorsten	Neutralitätspflicht und Chancengleichheit bei Leistungen an politische Parteien, ZParl. 2002, 694 ff.
Kröger, Klaus	Schematische Parteiengleichheit als Grundbedingung der modernen Demokratie, in: Friedrich J. Kroneck/ Thomas Oppermann (Hrsg.), In Dienste Deutschlands und des Rechtes – Festschrift für Wilhelm G. Grewe zum 70. Geburtstag am 16. Oktober 1981, Nomos: Baden-Baden, 1981, S. 507 ff.
Krüger, Herbert	Allgemeine Staatslehre, 2. Aufl., Kohlhammer: Stuttgart, Köln, 1966.
Kühnen, Sabine	§ 10b, in: Arno Bordewin/ Jürgen Brandt/ Wahlter Bode (Hrsg.), Kommentar zum Einkommensteuergesetz, Bd. 4, C. F. Müller: Heidelberg, 2008. (Kühnen, in: Bordewin/Brandt/Bode (Hrsg.), EStG, § 10b)
Kunig, Philip	Politische Parteien im Grundgesetz, Jura 1991, 247 ff.
Ders.	Art. 21, in: Ingo von Münch/ Philip Kunig (Hrsg.), Grundgesetz-Kommentar, Band II, 5. Aufl., C. H. Beck; München, 2001. (Kunig, in: von Münch/Kunig, GGK II, Art. 21)
Ders.	§ 40 Partei, in: Josef Isensee/ Paul Kirchhof (Hrsg.), Handbuch des Staatsrechts der Bundesrepublik Deutschland, Band III, 3. Aufl., C. F. Müller: Heidelberg, 2005, S. 298 ff. (Kunig, in: HbdStR III, § 40)
Küstermann, Burkhard	Das Transparenzgebot des Art. 21 Abs. 1 Satz 4 GG und seine Ausgestaltung durch das Parteiengesetz, V&R unipress: Göttingen, 2003.
Lee, Hwai-Tzong	Chancengleichheit der politischen Parteien – Eine sich aus der „Natur der Sache“ ergebende Betrachtung, Diss. München, 1994.
Lenz, Christofer	Das neue Parteienfinanzierungsgesetz, NVwZ 2002, 769 ff.
Lipphardt, Hanns-Rudolf	Die Gleichheit der politischen Parteien vor der öffentlichen Gewalt, Duncker & Humblot: Berlin, 1975.
Lorenz, Dieter/ Burgi, Martin	Der praktische Fall – Öffentliches Recht: Der Streit über die kommunalen Wählervereinigung, JuS 1990, 822 ff.

Löwer, Wolfgang — Art. 9, in: Ingo von Münch/ Philip Kunig (Hrsg.), Grundgesetz-Kommentar, Band I, 5. Aufl., C. H. Beck; München, 2000. (Löwer, in: von Münch/Kunig, GGK I, Art. 9)

Luthmann, Walter — Rechtsstellung der Mitglieder von politischen Parteien, DVBl. 1962, 166 ff.

Magiera, Siegfried — Der Rechtsanspruch auf Parteibeitritt, DÖV 1973, 762 ff.

Mauer, Hartmut — Allgemeines Verwaltungsrecht, 15. Aufl., C. H. Beck: München, 2004.

Ders. — Die Rechtsstellung der politischen Parteien, JuS 1991, 881 ff.

Mauersberger, Axel — Die Freiheit der Parteien: Der Rechtscharakter des Art. 21 GG, 1. Aufl., Nomos: Baden-Baden, 1994.

Menger, Christian-Friedrich — Zur verfassungsrechtlichen Stellung der deutschen politischen Partei, AöR 78, 149 ff.

Merten, Detlef — § 165 Vereinsfreiheit, in: Josef Isensee/ Paul Kirchhof (Hrsg.), Handbuch des Staatsrechts der Bundesrepublik Deutschland, Band VII, 3. Aufl., C. F. Müller: Heidelberg, 2009, S. 1035 ff. (Merten, in: HbdStR VII, § 165)

Meyer, Hans — § 46 Wahlgrundsätze, Wahlverfahren, Wahlprüfung, in: Josef Isensee/ Paul Kirchhof (Hrsg.), Handbuch des Staatsrechts der Bundesrepublik Deutschland, Band III, 3. Aufl., C. F. Müller: Heidelberg, 2005, S. 543 ff. (Meyer, in: HbdStR III, § 46)

Mon, Jau-Chaang — Die Politischeentwicklung Taiwans von 1949 bis 1990 unter besonderer Berücksichtigung der politischen Beteiligung, Diss. Freiburg, 1991.

Morlok, Martin — Das BVerfG als Hüter des Parteienwettbewerbs, NVwZ 2005, 157 ff.

Ders. — Art. 21, in: Horst Dreier (Hrsg.), Grundgesetz-Kommentar, Band II, 2. Aufl., Mohr Siebeck: Tübingen, 2006. (Morlok, in: Dreier, GG, Bd. II, Art. 21)

Ders. Der Anspruch auf Zugang zu den politischen Parteien, in: Detlef Merten/ Reiner Schmidt/ Rupert Stettner (Hrsg.), Der Verwaltungsstaat im Wandel – Festschrift für Franz Knöpfle zum 70. Geburtstag, C. H. Beck: München, 1996.

Ders. Demokratie und Wahlen, in: Peter Badura/ Horst Dreier (Hrsg.), Festschrift 50 Jahre Bundesverfassungsgericht, Bd. II, Mohr Siebeck: Tübingen, 2001, S. 559 ff.

Ders. Thesen zu Einzelaspekten der Politikfinanzierung, in: Dimitris Th. Tsatsos (Hrsg.), Politikfinanzierung in Deutschland und in Europa – Aspekt aus Wissenschaft und Politik, Nomos: Baden-Baden, 1997, S. 77 ff.

Ders. Spenden – Rechenschaft – Sanktionen, NJW 2000, 761 ff.

Ders. Erläuterungen zu § 25 PartG, in: Josef Kölble (Hrsg.), Das deutsche Bundesrecht – Systematische Sammlung der Gesetze und Verordnungen mit Erläuterungen, Nomos: Baden-Baden, 2007.

Morlok, Martin/ Alemann, Ulrich von/ Merten, Heike (Hrsg.) Gemeinwohl und politische Parteien, 1. Aufl., Nomos: Baden-Baden, 2008.

Müller, Udo/ Albrecht, Susanne Fraktionen und Parteien: Getrennt durch den Spendenbegriff – Zur Anwendung des Parteiengesetzes auf Fraktionszuwendungen, DVBl. 2000, 1315 ff.

Muthers, Kerstin Rechtsgrundlagen und Verfahren zur Festsetzung staatlicher Mittel zur Parteienfinanzierung, V&P unipress: Göttingen, 2004.

Neumann, Dieter/ Wesener, Wolfgang Rundfunkfreiheit, Grundsatz der Chancengleichheit und Wahlwerbung der politischen Parteien, DVBl. 1984, 914 ff.

Ohlberg, Kai-Uwe Die Parteigründungsfreiheit – eine vergessene Verfassungsnorm? Diss. Saarbrücken, 1987.

Pieroth, Bodo Art. 21, in: Hans. D Jarass/ Bodo Pieroth (Hrsg.), Grundgesetz für die Bundesrepublik Deutschland – Kommentar –, 10. Aufl., C. H. Beck: München, 2009. (Pieroth, in: Jarass/Pieroth, Art. 21)

Pieroth, Bodo/ Schlink, Berhard	Grundrechte Staatsrecht II, 25. Aufl., C. F. Müller: Heidelberg, 2009.
Robbers, Gerhard	Der Gleichheitssatz, DÖV 1988, 749 ff.
Roellecke, Gerd	Art. 21, in: Dieter C. Clemens/ Thomas Umbach (Hrsg.), Grundgesetz – Mitarbeiterkommentar und Handbuch, Bd. I, C. F. Müller: Heidelberg, 2002. (Roellecke, in Clemens/Umbach, Art. 21)
Saliger, Frank	Parteiengesetz und Strafrecht – Zur Strafbarkeit von Verstößen gegen das Parteiengesetz insbesondere wegen Untreue gemäß § 266 StGB, Mohr Siebeck: Tübingen, 2005.
Sannwald, Rüdiger	Art. 21, in: Hans Hofmann/ Axel Hopfauf (Hrsg.), Kommentar zum Grundgesetz, 11. Aufl., Carl Heymanns: Köln; München, 2008. (Sannwald, in: Hofmann/Hopfauf, GG, Art. 21)
Schindler, Alexandra	Die Partei als Unternehmer, Nomos: Baden-Baden, 2006.
Schleth, Uwe	Parteifinanzen – eine Studie über Kosten und Finanzierung der Parteientätigkeit, zu deren politischer Problematik und zu den Möglichkeiten einer Reform, Hain: Meisenheim am Glan, 1973.
Schmidt, Walter	Politische Parteien und andere Vereinigungen, NJW 1984, 762 ff.
Schoch, Friedrich	Der Gleichheitssatz, DVBl. 1988, 863 ff.
Scholz, Rupert	Art. 9, in: Theodor Maunz/ Günter Dürig (Hrsg.), Grundgesetz – Kommentar, C. H. Becker: München, 1999. (Scholz, in: Maunz/Dürig, Art. 9)
Schubert, Gunter/ Thompson, Marc R.	Demokratische Institutionalisierung in Ost- und Südostasien, in: Merkel, Wolfgang/ Sandschneider, Eberhard/ Segert, Dieter (Hrsg.), Systemwechsel, Bd. II, Leske+Budrich: Opladen, 1996, S. 384 ff.
Schwarz, Kyrill-A	§ 18, in: Jens Kersten/ Stephan Rixen, Parteiengesetz und Europäisches Parteienrecht, Kohlhammer: Stuttgart; Berlin; Köln, 2009. (Schwarz, in: Kersten/Rixen, Parteiengesetz, § 18)

Schwerdtner, Eberhard — Chancengleichheit und Minderheitenschutz in der Kommunalpolitik, DÖV 1990, 14 ff.

Seifert, Karl-Heinz — Die politischen Parteien im Recht der Bundesrepublik Deutschland, Carl Heymanns: Köln; Berlin; Bonn; München, 1975.

Sell, Michael — Parteienfinanzierung in Deutschland, in: Dimitris Th. Tsatsos (Hrsg.), Parteienfinanzierung im europäischen Vergleich – Die Finanzierung der politischen Parteien in den Staaten der europäischen Gemeinschaft, Nomos: Baden-Baden, 1992, S. 89 ff.

Sendler, Horst, — Verfassungsgemäße Parteienfinanzierung? NJW 1994, 365 ff.

Starck, Cristian — Art. 3, in: Hermann v. Mangoldt/ Friedrich Klein/ Christian Starck, Das Bonner Grundsatz, Band I, 5. Aufl., Franz Vahlen: München, 2005. (Starck, in: v. Mangoldt/ Klein/Starck, GG I, Art. 3)

Steinberger, Helmut — Politische Repräsentation in der Bundesrepublik Deutschland, in: Paul Krichhof/ Donald P. Kommers (Hrsg.), Deutschland und sein Grundgesetz – Themen einer deutsch-amerikanischen Konferenz, Nomos: Baden-Baden, 1993, S. 136 ff.

Ders. — Rechtsprechung des Bundesverfassungsgerichts zur staatlichen Parteienfinanzierung, in: Bitburger Gespräche Jahresbuch 1993/2, C. H. Becker: München, 1993, S. 25 ff.

Steiner, Axel — § 10b, in: Fritz Lademann (Hrsg.), Kommentar zum Einkommensteuergesetz, Bd. IV, Boorberg: Stuttgart, 2010. (Steiner, in: Lademann (Hrsg.), EStG, § 10b)

Stern, Klaus — Das Staatsrecht der Bundesrepublik Deutschland, Bd. III/1, C. H. Beck: München, 1988.

Sticker, Gregor — Der Parteienfinanzierungsstaat, Nomos: Baden-Baden, 1998.

Stoklossa, Uwe — Zugang zu den politischen Parteien im Spannungsfeld zwischen Vereinsautonomie und Parteienstaat, Nomos: Baden-Baden, 1989.

Streinz, Rudolf	Art. 21, in: Hermann v. Mangoldt/ Friedrich Klein/ Christian Starck, Das Bonner Grundsatz, Band II, 5. Aufl., Franz Vahlen: München, 2005. (Streinz, in: v. Mangoldt/ Klein/Starck, GG II, Art. 21)
Su, Yeong-Chin	Die Rolle des Verfassungsrechts in Taiwans staatlicher Entwicklung – Plädoyer für eine spezifisch taiwanesische Verfassungstheorie, in: Christian Starck (Hrsg.), Die Rolle der Verfassungsrechtswissenschaft im demokratischen Verfassungsstaat – Zweites deutsch-taiwanesisches Kolloquium vom 26. bis 28. September 2002 in Taipeh, Nomos: Baden-Baden, 2004, S. 149 ff.
Trautmann, Helmut	Innerparteiliche Demokratie im Parteienstaat, Druck & Humblot: Berlin, 1975.
Triepel, Heinrich	Die Staatsverfassung und die politischen Parteien, 2. Aufl., Verlag von Otto Liebmann: Berlin, 1930.
Tsatsos, Dimitris Th./ Morlok, Martin	Parteienrecht: eine verfassungsrechtliche Einführung, C. F. Müller: Heidelberg, 1982. (Tsatsos/Morlok, Parteienrecht)
Volkmann, Uwe	Politische Parteien und öffentliche Leistung, Duncker & Humblot: Berlin, 1993.
Ders.	Art. 21, in: Friauf/ Höfling (Hrsg.), Berliner Kommentar zum Grundgesetz, Schmidt Verlag: Berlin, 2001. (Volkmann, in: Friauf/Höfling (Hrsg.), BKGG, Art. 21)
Walther, Christoph J.	Wahlkampfrecht, Nomos: Baden-Baden, 1989.
Weggel, Oskar	Geschichte Taiwans – vom 17. Jahrhundert bis heute, 1. Aufl., Ed. Global: München, 2007.
Weng, Yueh-Sheng	Die neuere Entwicklung des national-chinesischen Verfassungsrechts, JöR NF. 27 (1978), 535 ff.
Whittome, Günter	Taiwan 1947 – Der Aufstand gegen die Kuomintang, Lit Verlag: Hamburg, 1991.
Wietschel, Wiebke	Der Parteibegriff – Zur verfassungsrechtlichen und verfassungspolitischen Funktion des Parteibegriffs unter besonderer Berücksichtigung der Verbotsproblematik, Nomos: Baden-Baden, 1996.

Wietschel, Wiebke — Unzulässige Parteiverbotsanträge wegen Nichtvorliegens der Parteieigenschaft, ZRP 1996, 208 ff.

Wißmann, Hinnerk — § 2, in: Jens Kersten/ Stephan Rixen, Parteiengesetz und Europäisches Parteienrecht, Kohlhammer: Stuttgart; Berlin; Köln, 2009. (Wißmann, in: Kersten/Rixen, Parteiengesetz, § 2)

Wolfrum, Rüdiger — Die innerparteiliche demokratische Ordnung nach dem Parteiengesetz, Druck & Humblot: Berlin, 1974.

Zippelius, Reinhold/ Würtenberger, Thomas — Deutsches Staatsrecht, 32. Aufl., C. H. Beck: München, 2008.

Zöllner, Reinhard — Geschichte Japans – von 1800 bis zur Gegenwart, 2. Aufl., Schöningh: Paderborn, 2009.

內政部編 (Ministerium des Inneren (Hrsg.)) — 政治獻金法研訂實錄，內政部：台北，2004。(Dokumente zur Debatte und zum Erlass des Gesetzes über politische Spenden, Innenministerium: Taipei, 2004.)

李惠宗 (Lee, Hui-Zong) — 憲法要義，第五版，元照出版：台北，2009。(Verfassungsprinzipien, 5. Aufl., Angle Publishing Co. Ltd: Taipei, 2009.)

李惠宗 (Lee, Hui-Zong) — 抗議！報導不公，月旦法學雜誌，第73期，2001.06，頁8以下。(Protest! Ungleiche Bericht, The Taiwan Law Review, Nr. 73, 06.2001, S. 8 f.)

周志宏 (Jhou, Jhi-Hung) — 憲法與政黨關係的重新定位 — 未來政黨法制之展望，月旦法學雜誌，第十二期，1996.04，頁23。(Die neue Stellung von Verfassung und Parteienverhältnis – eine Perspektive auf das zukünftige Parteiensystem, The Taiwan Law Review, Nr. 12, 04.1996, S. 23.)

法治斌 (Fa, Jhi-Bin) — 司法審查中之平等權：建構雙重基準之研究，式著：法治國家與表意自由，正典：台北，2003。(Gleichheitsrecht in der Rechtsprechung: eine Forschung zum Aufbau der Doppel Prüfungsmaßstäbe, in: ders., Rechtsstaat und Meinungsfreiheit, Chen-Dian Verlag: Taipei, 2003.)

法治斌、董保成 (Fa, Jhi-Bin/ Dong, Bao-Chen) — 中華民國憲法，第三版，空中大學出版：台北，2001。(Verfassung der Republik China, 3. Aufl., The Open University Press: Taipei, 2001.)

邱銘堂 (Chiu, Ming-Tang) 論平等原則在選舉權之落實與檢討，中興大學碩士論文，1998。(Die Diskussion über die Gleichheit im Wahlrecht, Magisterarbeit Chung-Xin Universität, 1998.)

侯坤宏 (Hou, Kun-hung) 戰後臺灣白色恐怖論析，國史館學術集刊，第十二期，台北，2007，頁139以下。(Weißer Terror in der Nachkriegszeit in Taiwan, Zeitschrift der Academia Historica, Nr. 12, Taipei, 2007, S. 139 ff.)

張玉法 (Chang, Yu-Fa) 民國初年的政黨，中央研究院現代史所：台北，1985。(Parteien am Anfang der Republik, Institut für moderne Geschichte der Academica Sinica: Taipei, 1985.)

張嘉尹 (Chang, Jia-Yin) 憲法改造的途徑選擇 — 以台灣憲法變遷為脈絡的思考，於：葉俊榮、張文貞編，新興民主的憲法改造，元照出版：台北，2008，頁91以下。(Der Weg der Verfassungsreform – Gedanken zur Entwicklung der Verfassung in Taiwan, in: Jun-Rong Ye/ Wen-Zhen Chang (Hrsg.), Verfassungsreform der neuen Demokratie, Angle Publishing Co. Ltd: Taipei, 2008, S. 91 ff.)

陳淑芳 (Chen, Shu-Fang) 國會改革及政黨陽光法案立法，氏著，民主與法治，元照出版：台北，2004，頁182以下。(Parlamentsreform und der Entwurf des Parteiengesetzes, in: ders., Demokratie und Rechtsstaat, Angle Publishing Co. Ltd: Taipei, 2004, S. 182 ff.)

陳愛娥 (Chen, Ai-Er) 對憲法平等權規定的檢討 — 由檢視司法院大法官相關解釋出發，於：湯德宗、廖福特編，憲法解釋之理論與實務，第五輯，中央研究院法律研究所籌備處：台北，2007，頁225以下。(Kritik an der Gleichheit in der Verfassung – Ausgehend von den Auslegungen der Hohen Richter, in: Te-Chung Tang/ Fu-Te Liao (Hrsg.), Verfassungsrechtliche Interpretation: Theorie und Praxis, Bd. 5, Institut für Rechtswissenschaft der Academia Sinica: Taipei, 2007, S. 225 ff.)

陳鵬 (Chen, Peng) 國家對政黨財物補助的正當性與憲法界線，台北大學碩士論文，2002。(Die Legitimität und die Grenze der staatlichen Zuwendung an Parteien, Magisterarbeit Taipei Universität, 2002.)

程明修
(Cherng, Ming-Shiou)
憲法基礎理論與國家組織，新學林出版：台北，2006。(Grundlagen der Verfassung und Staatsorganisation, Sharing Publishing Co. Ltd: Taipei, 2006.)

黃世鑫
(Huang, Shi-Xin)
正義重建抑或政黨公平競爭？ — 評中國國民黨黨產之處理間論政黨財源問題互動關係，於：台灣法學會主編，二十一世紀憲政風雲，元照出版：台北，2004，頁1以下。(Wiederaufbau der Gerechtigkeit oder Wettbewerbsgleichheit zwischen Parteien? Die Diskussion über das Parteienvermögen der KMT und die Finanzquellen der Parteien, in: Taiwan Law Society (Hrsg.), Verfassung im 21. Jh., Angle Publishing Co. Ltd: Taipei, 2004, S. 1 ff.)

廖元豪
(Liao, Yuan-Hao)
平等權：第二講　大法官對平等權之審查基準，月旦法學教室，第六十七期，2009.02，頁37以下。(Gleichheitsrecht II, Der Prüfungsmaßstab der Hohen Richter im Gleichheitsrecht, Taiwan Jurist, Nr. 67, 02.2009, S. 37 ff.)

蔡宗珍
(Tsai, Zong-Zhen)
參政權，於：許志雄等合著，現代憲法論，第四版，元照出版：台北，2008，頁225以下。(Wahlrecht, in: Zhi-Xiong Xu (Hrsg.), Verfassung, 4. Aufl., Angle Publishing Co. Ltd: Taipei, 2008, S. 225 ff.).

蔡宗珍
(Tsai, Zong-Zhen)
我國憲政體制下政黨的定位、發展及其危機，氏著，憲法與國家(一)，元照：台北，2004，頁207以下。(Die Stellung, Entwicklung und Gefährdung der Parteien im Verfassungssystem, in: ders., Verfassung und Staat I, Angle Publishing Co. Ltd: Taipei, 2004, S. 207 ff.).

蔡宗珍
(Tsai, Zong-Zhen)
從憲法的憲政角度看我國憲法體制改革之選擇，於：葉俊榮、張文貞編，新興民主的憲法改造，元照出版：台北，2008，頁257以下。(Die Wahl des Regierungssystems in der Verfassungsreform Taiwans: Zur Rolle der Präsidentschaft, in: Jun-Rong Ye/ Wen-Zhen Chang (Hrsg.), Verfassungsreform der neuen Demokratie, Angle Publishing Co. Ltd: Taipei, 2008, S. 257 ff.)

蕭文生
(Xiao, Wen-Sheng)
國家法I – 國家組織篇，元照出版：臺北，2008。(Staatsrecht I – Staatsorganisation, Angle Publishing Co. Ltd: Taipei, 2008.)

Rechtspolitisches Symposium
Legal Policy Symposium

Herausgegeben im Institut für Rechtspolitik an der Universität Trier
von Bernd von Hoffmann und Gerhard Robbers

Band 1 Bernd von Hoffmann (ed.): Towards a Common European Immigration Policy. Reports and Discussions of a Symposium held in Trier on October 24th and 25th, 2002. 2003.

Band 2 Bernd von Hoffmann (ed.): Global Governance. Reports and Discussions of a Symposium held in Trier on October 9th and 10th, 2003. 2004.

Band 3 Gerhard Robbers (ed.): Reforming Federalism – Foreign Experiences for a Reform in Germany. Reports of a Symposium held in Trier on December 2nd to 4th, 2004 hosted by the Institute for Legal Policy at the University of Trier in Cooperation with the German Bundesrat. 2005.

Band 4 Gerhard Robbers / Dieter C. Umbach / Klaus-Eckart Gebauer (Hrsg.): Innere Sicherheit, Menschenwürde, Gentechnologie. Kolloquium aus Anlass des 80. Geburtstages von Ernst Benda am 22. Januar 2005 in Trier, veranstaltet vom Institut für Rechtspolitik an der Universität Trier und den Professoren Dr. Gerhard Robbers (Trier), Dr. Dieter C. Umbach (Potsdam), Dr. Klaus-Eckart Gebauer (Mainz) in Zusammenarbeit mit dem Landtag Rheinland-Pfalz. 2005.

Band 5 Bernd von Hoffmann (Hrsg.): Rechtspolitische Herausforderungen. Kolloquium anlässlich des 75. Geburtstages von Ministerpräsident a.D. Dr. Carl-Ludwig Wagner. 2005.

Band 6 Joachim Mertes / Gerhard Robbers (Hrsg.): Antworten auf den internationalen Terrorismus. Gewährleistung der Inneren Sicherheit durch Bund und Länder. Mit Beiträgen von Manfred Baldus, Wolfgang Bosbach, Paul Dubois, Rüdiger Freiherr von Fritsch, Joachim Mertes, Wolf Plesmann, Gerhard Robbers, Dieter Wiefelspütz und Heinrich Amadeus Wolff. 2007.

Band 7 Bernd von Hoffmann (Hrsg.): Universalität der Menschenrechte. Kulturelle Pluralität. 2009.

Band 8 Katharina Knüppel: Religionsfreiheit und Apostasie in islamisch geprägten Staaten. 2010.

Band 9 Johan D. van der Vyver: Implementation of International Law in the United States. 2010.

Band 10 Michael Rahe: Begriff und Bedeutung der Staatspraxis in der Rechtsprechung des Bundesverfassungsgerichts. 2011.

Band 11 Kathrin Luise Lang: Das Antiterrordateigesetz. Zusammenarbeit von Polizei und Nachrichtendiensten im Lichte des Trennungsgebotes. 2011.

Band 12 Christoph Streiß: Das Trennungsgebot zwischen Polizei und Nachrichtendiensten. Im Lichte aktueller Herausforderungen des Sicherheitsrechts. 2011.

Band 13 Bernd von Hoffmann / Gerhard Robbers (Hrsg.): Demografischer Wandel in Rheinland-Pfalz. Auswirkungen, Herausforderungen und Perspektiven. Mit Beiträgen von Heinz Georg Bamberger, Jörg Berres, Hans-Jörg Dupprė, Bernd von Hoffmann, Josef Peter Mertes, Georg Müller-Fürstenberger, Gerhard Robbers, Hubert Schnabel, Rainer Wilhelm. 2011.

Band 14 Juan Ferreiro: Islam and State in the EU. Church-State Relationships, Reality of Islam, Imams Training Centres. 2011.

Band 15 Ying-Chu Wu: Die Parteienfinanzierung in Taiwan und in Deutschland. 2012.

www.peterlang.de

FSC
www.fsc.org
MIX
Papier | Fördert gute Waldnutzung
FSC® C083411

Kolibri 360 GmbH
Ferdinand-Jühlke-Straße 7
99095 Erfurt, Deutschland
produktsicherheit@kolibri360.de